中国最美 100 个地方

100 Most Beautiful Resorts of China

《图行世界》编辑部　编著

中国旅游出版社

目录 Contents

最佳季节最佳旅行地排行榜

最美桃源仙境 Chapter ❶

最美湖光水色 Chapter ❷

最美碧海蓝天 Chapter ❸

最美森林草原 Chapter ❹

最美大漠奇景 Chapter ❺

最美峡谷秘境 Chapter ❻

最美山岳福地 Chapter ❼

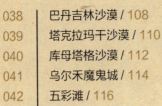

最美古村古镇 Chapter ❽

最美古都古建 Chapter ⑨

最美城市风情 Chapter ⑩

最佳季节最佳
旅行地排行榜

春季
Spring

TOP1 婺源

TOP1 | 婺源

烟雨蒙蒙，白墙黛瓦掩映在漫天金灿灿的油菜花中，这几乎已经成为婺源的一张名片，成为每个想起婺源的人脑海中必定浮现的画面。有什么理由不在春天的时候去婺源？是不喜欢烟雨中的白墙黛瓦，还是不喜欢灿烂的油菜花田？

TOP2 | 丹巴

如果在春天，如果你想要去一个春花绚烂且风情独韵的地方观景赏花，那就去丹巴吧！片片桃花映衬下的甲居藏寨，湛蓝的天、粉红的花、雪白的墙、藏青的碉楼、黑色的土地，从河谷到山脊，散落在青山绿水中，错落有致，风姿卓然。

TOP3 | 扎龙

这里是丹顶鹤的故乡，是中国最大的一片芦苇湿地，是观鸟的不二之选。暮春时节，芦苇青青，星星点点的野花开遍，大小湖泊星罗棋布，丹顶鹤、白鹤、草鹭、大天鹅……辗转盘旋，自由翱翔，回归大自然的感觉从未如此强烈。

TOP4 | 四姑娘山

四姑娘山的春天是短暂而绚丽的。仿佛昨天还在领略冬天的寒冷，一夜春风，漫山的绿，点点的红。山脚下，红的、黄的、蓝的、紫的，山花绚烂，山顶，蓝天白云下白雪皑皑。跟随春天的脚步去登山吧！看山花浪漫，听飞鸟歌唱。

TOP5 | 凤凰古城

南方的春雨是绵绵的。正因为这绵绵，才让沱江升起薄薄水雾，正因为这水雾，才让水汽笼罩下的吊脚楼、虹桥和跳岩展示出了一种不真实的美，如同一幅空灵淡雅的水墨画。仔细看，你会发现，这幅水墨画中还有点点红，那是星星点点娇艳的桃花林。

TOP2 丹巴

TOP3 扎龙

TOP4 四姑娘山

TOP5 凤凰古城

TOP1 喀纳斯

TOP1 | 喀纳斯

　　夏季的喀纳斯河静静流淌，不停变换着颜色，从淡蓝到深绿，从藏青到殷红；两岸无边的原始森林也已经呈现出斑斓的色彩，黄的、红的、绿的，再加上繁花似锦的草甸、晶莹的冰川、如镜的湖泊、古朴的图瓦人，征服了无数人挑剔的眼光。

TOP2 | 庐山

　　当外面夏日炎炎，酷暑难耐的时候，这里却是一片清凉世界。从牯岭镇那片历经百年沧桑的别墅群，以及国共两党最高领袖都曾住过的"美庐别墅"，就能感受到庐山曾经作为"夏都"的地位。更何况，当清晨云雾升起，花开似锦的锦绣谷就是人间仙境。

TOP3 | 厦门

　　厦门夏季空气清爽，天空几乎总是湛蓝湛蓝的，这里有干净的街道，齐整的花木、美丽的建筑，加之怒放的三角梅，把这个城市打扮得美艳无比。

TOP4 | 呼伦贝尔大草原

　　8月的呼伦贝尔大草原空气透净，鲜花盛开，牛羊如珍珠般点缀其中，炊烟袅袅，牧歌悠扬，一派欣欣向荣的美好景象，如同一场流动的视觉盛宴。

TOP5 | 青海湖

　　7月是青海湖最美的时节，完全没有流火的炎热，只有湛蓝的青海湖、金黄的油菜花、翠绿的草原、成群的牛羊，还有就是激烈的青海湖环湖自行车赛。上百辆自行车在浩瀚的青海湖边，在金色的油菜花海中飞驰，人与自然从未如此和谐。

TOP2 庐山

TOP3 厦门

TOP4 呼伦贝尔大草原

TOP5 青海湖

选美中国排行榜

秋季
Autumn

TOP1 九寨沟

TOP1 | 九寨沟

秋天的九寨沟五彩缤纷，分外妖娆。水还是一如既往透彻地蓝，如璀璨的珍珠在繁茂的原始森林中绽放异彩。满山的碧绿已经开始向着色彩纷呈转变，如火焰流金，绚丽夺目。湛蓝、墨绿、金黄、粉红、雪白……这时的九寨沟就是一个童话的世界。

TOP2 | 稻城亚丁

秋天，傍河边万亩胡杨林在蓝天白云之下金灿灿的，树林前的河滩长满红艳欲滴的水草。精美的藏族民居里炊烟升起，宁静祥和。亚丁也已换上彩装，黄绿相间的树林、晶莹巍峨的雪峰、碧蓝清透的湖泊，简直就是一幅自然天成的巨幅油画。

TOP1 九寨沟

TOP3 | 香格里拉

这是香格里拉最美的季节。普达措公园天高云近、树叶斑斓、牛羊点点、湖水蓝蓝，一派仙境风光。秋天已经不适合观赏梅里雪山了，却是前往雨崩的最佳季节。没有雨季的干扰，雨崩是最接近《消失的地平线》中描述的景致的地方。行走其间有一种旷世桃源的感觉。

TOP4 | 额济纳

额济纳拥有世界三大胡杨林之一。秋天的胡杨林已经开始慢慢转为金色了，千姿百态的胡杨林在夕阳下，在金色的沙漠中，随着光影的不断变化分外闪耀、分外鲜活。同时变色的，还有居延海的芦苇。秋天的额济纳是一片金色的海洋。

TOP5 | 轮台胡杨林

这是世界上最大的一片胡杨林。塔里木河流经这里的时候散落成众多的支流，美丽的胡杨林就遍布在流水间，顺着塔里木河一直延伸到天际。秋天，金灿灿的胡杨林夹杂着清澈的河水、湛蓝的天空、洁白的芦苇荡，犹如一幅浓墨重彩的油画，如诗如梦。

TOP2 稻城亚丁

TOP3 贡嘎雪山

TOP4 额济纳

TOP5 轮台胡杨林

选美中国排行榜

冬季
Winter

TOP1 海南三亚

TOP1 | 海南三亚

　　寒冷的冬季几乎没有人能抵抗得住三亚的诱惑，没有人不渴望沙滩、阳光的环绕。冬季去三亚，晒着暖暖的太阳、吹着咸湿的海风、踏着细软的沙滩、品尝鲜美的海鲜，兴致来时，去清澈多姿的海里游游泳、潜潜水，似乎已经成为全体中国人的梦想。

TOP2 | 哈尔滨

　　冬日的哈尔滨是一个童话般美丽的冰雪世界。玲珑剔透的冰雕、巧夺天工的冰灯美不胜收。当然，你还可以去亚布力——中国最好的滑雪场滑雪。也可以在街头闲逛，去看看那些古老的洋楼、华丽的教堂。19世纪末，这里曾是各国建筑爱好者的乐园。

TOP3 | 元阳梯田

　　冬季的元阳梯田最易看到云海，在光照下，水面泛着缤纷的色彩，云雾若有似无，梯田弯曲盘旋的线条清晰可见。如果幸运的话，春节前后，满山的野樱花、野桃花、野棉花竞相绽放，神奇壮丽。

TOP4 | 北海

　　1月的北海无冬日的严寒，反而展示着一幅海滨城市特有的美丽。而且北海全年花繁叶绿，空气清新，堪称中国最大的城市氧吧。

TOP5 | 西双版纳

　　这里有中国独一无二的热带风光。这里花开四季，绿树常青。这里的冬季温暖如初夏。即使在冬季，澜沧江畔依然可以看到绿树成荫、花果飘香；橄榄坝终年不变的热带景致是西双版纳最完美的缩影；热带雨林里望天树依然参天蔽日。

TOP2 哈尔滨冰雕

TOP3 元阳梯田

TOP4 北海

TOP5 西双版纳

最美桃源仙境 Chapter ①

　　有那样一种景致，让人忘却俗事，只愿沉醉其中；有那样一些地方，让人放下红尘纷扰，只想长住其间。我们总在向往陶渊明笔下的桃花源，寻找《消失的地平线》所描述的净土，其实它就在九寨沟宝石般纯净的水中，在稻城亚丁仙境般纯粹的景中，在林芝油画般绚烂的桃林中，在罗平金子般闪耀的油菜花中……

九寨沟 /

001

最美理由 /
　　有人说"九寨归来不看水"，九寨沟是"童话世界"，人类所有语言都难以将其美丽准确描绘。九寨沟是中国知名景区中游客认为门票最物超所值的景区之一。

最美看点 / 五花海、诺日朗瀑布、树正群海景区、长海

最美气候 / 秋季和冬季

最美看点 / 各个海子，以及冬季时与彩池呼应的冰瀑、冰凌、冰雪

最美搜索 / 四川

起伏的树林、晶莹的海子，都如油画般绚烂

　　蜿蜒的山脉、起伏的树林、晶莹的海子、灵动的瀑布，九寨沟如同一幅最辉煌、最璀璨的巨大画卷：洋红、紫砂红、明黄、金黄、翠绿……世界上任何一种鸟的羽毛都不如它夺目，任何一幅名画都不如它绚烂。它是触手可及的诗歌，它是可以看到的交响乐！

　　九寨沟位于四川省阿坝藏族羌族自治州九寨沟县漳扎镇，距成都 500 余公里。九寨沟景区长达 50 公里，大多数景点分布在呈"Y"形分布的日则、树正、则查洼 3 条主沟内，平均海拔 2000 米以上。其中，五花海位于日则沟孔雀河上游尽头，海拔 2472 米，深 5 米，

是九寨沟秋色中最迷人的所在。这里的彩叶大多数集中在出水口附近的湖畔，常年的钙华沉积、丰富种类的湖藻，使整个"海子"呈现出鹅黄、墨绿、深蓝、藏青等多种颜色，透过清澈的水面，你甚至可以看到湖底泉水上涌，如同仙女佩戴在胸前的宝石，在倒映的湖畔彩林中，盈盈地流动。

诺日朗瀑布位于九寨沟"Y"形风景区的中心位置，在藏语中意为"雄伟壮观"。这里海拔 2365 米，瀑宽 270 米，高 24.5 米，是中国大型钙华瀑布之一，也是中国最宽的瀑布。如果正逢雨季，会发现，数十股粗大的水柱，从凹口处冲出直砸悬崖脚下的深潭，气势雄浑磅礴，澎湃激扬。顺着诺日朗瀑布向北行走数公里，便是电视剧《西游记》片头曲师徒四人取经的取景地，宽 200 米、落差达 40 米的珍珠滩瀑布，水声直冲谷底，吼声如雷，让你需要调动所有听觉和视觉，才能接受一场刻骨铭心的震撼。

树正群海景区位于树正沟，共有大小海子 19 个，高差 100 余米，其中，海拔 2295 米、高 25 米、瀑顶宽 72 米的树正瀑布虽然是九寨沟四大瀑布中最小的一个，却因激扬的云雾和或灰黄或洁白的钙华流，成为九寨沟奔腾生命的魂魄。景区对面便是整个九寨沟内面积最大的寨子树正寨，飘扬的经幡、红色的小楼，讲述着九寨沟藏族群众殷实富足的生活。

长海位于则查洼沟终端，是距离九寨沟沟口最远的景点之一，海拔 3100 米，最高处达 4475 米，平均水深 44.57 米，最深处可达 80 米。它是九寨沟面积最大、湖水最深的"海

TIPS

🔲 锅庄

一种藏族舞蹈，即围绕篝火跳圆圈舞，旋转不停。这种舞蹈在九寨沟藏族人中非常盛行，也是游客的一种重要体验。跳锅庄的队伍时而牵着手呈圆圈，时而跌脚跳呈圆盘，时而呈蜗牛状，层层叠叠，围成一团。跳得高兴的时候，踢脚声、吆喝声将锅庄推向高潮。

📷 最美摄影时间

九寨沟开放的三条沟，树正沟、则查洼沟和日则沟均呈南北走向，夏季阳光在沟内的时间亦是 8：00 ～ 17：00，最佳摄影效果的时间：火花海 9：00 ～ 10：00，树正群海 9：30，树正瀑布和老虎海 11：00，诺日朗瀑布 10：00 ～ 12：00。九寨沟拍摄时以阴天为ь佳，因为阴天的散射光更能很好地表现景物的层次和色彩，不过，阴天拍摄时镜头应避开天空，曝光以景物的阴影部为准。

💬 游览提示

九寨沟著名景点均可乘坐观光车到达，反复乘坐不再收费，但因整个景区长达数十公里，车程相对遥远，若时间有限，建议取其精华。除常规游览线路外，九寨沟还开放了许多另外收费、但别具特色的生态旅游线路，如则查洼沟地质探秘寻访游、扎如沟生态民俗特种旅游等。

🍴 美食

九寨沟盛产松茸和各种高原菇类，味道相当鲜美。小吃以洋芋糍粑最有名，做法是将九寨沟当地产土豆煮熟后，放在专用器具里捶捣直至成为黏性很强的土豆泥，配酸菜汤食用，口感极其细腻柔润。

⚠ 注意事项

九寨沟沟口海拔约 1900 米，景区内最高点海拔约 3100 米，大部分游客都不会有明显的高原反应，但游览时仍要注意休息，不要剧烈运动。九寨沟内严禁吸烟、踩水、乱扔垃圾、投食喂鱼，被发现一律会遭受 500 元的重罚；景区内唯一可以吸烟的地方是诺日朗游客中心站。

水是九寨沟美景的灵魂

子"，但因为湖面呈"S"形，你看到的，只是它最羞涩朦胧的一角，大多数的湖面都静悄悄地隐藏在你视野之外的原始森林中，默默地把整个秋日的九寨沟演绎成清澈通透的宝石，在青藏高原辽远的东北角晶莹地漂泊着，数千年数万年，只为最终等待你的到来。

镜海位于日则沟，海拔 2390 米，平均水深 11 米，最深处 24.3 米，长 925 米，因水面平滑如镜而得名，是九寨沟中景色变化最多的海子之一。每日清晨云雾缥缈，"镜外"风景和"镜内"倒影，便会在轻盈水面的连接下融为一体。

盆景滩位于树正沟，海拔 2140 米，数不胜数的杜鹃、杨柳、松树、柏树、高山柳，扎根于坡度舒缓的钙华滩上，把整个河滩打造成一个巨大的背景，精致而充满诗意。

扎如寺是九寨沟附近规模最大的庙宇，寺院占地面积约 3 万平方米，始建于 762 年，后几经翻修，形成由大殿、藏经楼、乐台等组成的建筑格局，每年农历三月十五的麻孜会是这里最重要的宗教盛典，附近的信众们都要身着盛装来此烧香敬神，朝佛转山。

黄龙 /

002

最美理由 /
　　黄龙以规模宏大、类型繁多、结构奇巧、色彩艳丽的地表钙华景观为主景，内有 3000 多个绮丽的彩池及钙华滩流、瀑布及洞穴等，是一座名副其实的天然钙华博物馆。黄龙以"彩池、雪山、峡谷、森林"著称于世。亿万年来的钙华池群凝聚了无数的水光天影，四野的群山、森林和池中的树被誉为"人间瑶池"

最美季节 / 4 ～ 11 月
最美看点 / 黄龙沟、黄龙寺
最美搜索 / 四川

9月，黄龙层林尽染，杜鹃怒放，红枫似火，与大小彩池交相辉映

　　黄龙景区由黄龙沟、丹云峡、雪宝顶、雪山梁、红星岩、西沟等景区组成，素以彩池、雪山、森林、峡谷、滩流、古寺、民俗七绝著称于世。黄龙，原名黄龙寺，因山谷中建有前、中、后三座寺庙纪念助大禹治水有功的东海黄龙而得名。

黄龙，池群精巧别致，水质明丽，彩池错落有致地分布在远山近树间，天光云影共徘徊

　　黄龙景区有着当今世界上规模最大、保存最完好、造型奇特的露天喀斯特景观，有世界上最长的钙华滩流——金沙铺地，世界上最大的钙华壁——洗身洞，世界上数量最多、色彩艳丽、结构精巧的钙华彩池群落。整个景观高处俯瞰状如一条"金龙"，有着惟妙惟肖的

龙头、龙身和龙尾，属于世界罕见的低温高钙露天大型钙华岩溶景观。"玉璋参天，一径苍松迎白雪；金沙铺地，千层碧水走黄龙"，这是清人胡世荣对黄龙美丽风光的深情描述。

　　来黄龙主要是欣赏高山峡谷间金黄而巨大的钙华奇观。登高俯瞰，蓝、绿、黄色的"龙鳞"熠熠生辉，蜿蜒地依附于绿色山谷间，从雪山而来，再游向远方。

　　黄龙沟连绵分布的钙华段长达3600米，最长钙华滩长1300米；彩池多达3400余个；水台石坝最高达7.2米。除此之外，黄龙还有长达2.5公里的"金沙铺地"，在阳光下金光闪闪。

黄龙寺

　　相传，很久以前曾有"黄龙真人"于此隐居修道。《松潘县志》记载，明代黄龙有前、中、后3座寺庙，殿阁相望，香火旺盛。后来前两寺大都颓败，留下中寺一间观音殿和沟谷顶端的后寺建筑基本完好。后寺现为道家神庙，殿内供奉黄龙真人像。每逢农历六月中黄龙寺传统庙会期间，方圆数百里的藏、羌、回、汉各族群众便会聚在此，敬香朝山，入寺祈祷，游乐赏景、欢歌喜舞。如今，在黄龙核心景区高点能清晰地见到古建筑遗迹即将被钙华掩埋的景象，令人遐想到大自然的神奇。

稻城亚丁 /

003

最美理由 /
　　一个因"香格里拉"而出名的地方，风光如画，让人目不暇接。藏族风情、神秘的香巴拉、神秘的温泉、刚毅的胡杨林，让稻城之旅变得如梦似幻，如今已经成为背包旅行者的必到之地。

最美季节 / 4 ~ 5 月，9 ~ 10 月
最美看点 / 蚌普寺、红草地、海子山、亚丁自然保护区
最美搜索 / 四川

金色的胡杨林和鲜艳的红草地是稻城的标志性景点

　　最早发现四川稻城亚丁的是美国传教士约瑟夫·洛克。1928 年，他从云南丽江出发，经四川木里县到达稻城，并把所拍到的照片发表在《美国国家地理》杂志上，引起巨大轰动。

　　在稻城亚丁航线没有开通前，要一睹 3 座圣山的盛景，成都出发需要经历极为漫长而艰难行车，并有折多山、高尔寺山、剪子弯山、卡拉子山、海子山五座海拔超过 4000 米

的高山垭口需要翻越，至少需要 2 天时间。当然，成都到稻城亚丁的行车过程也是非常有魅力的。其中，理塘毛垭草原、长春青科尔寺、格聂山、海子山以及 4 座高山垭口都是极为精彩的美景地。

　　稻城有以温泉出名的茹布查卡村，村子里每家每户都修建了洗浴池，喝完主人亲手煮的酥油茶后去泡温泉，可以沐浴从贡巴神山上

亚丁附近还有俄初山，藏语意为"闪光的山"，山形怪异，林木茂盛。

亚丁的圣山拥有雪山最美的锐锋，和最纯净晶莹的色彩

流下的神水。在离稻城 28 公里处有一片被称为"红草地"的沼泽，9 月末 10 月初高原的天空碧蓝如洗，在明媚阳光的照耀下，红色的火焰映衬着后面的金色胡杨，鲜艳夺目。

稻城的胡杨林是世界上海拔最高、面积最大的人造胡杨林，周围数十公里是典型的康巴南部田园风光带，在被农学家认为 4000 米海拔不能生长农作物的地方，照样郁郁葱葱，一派丰收景象，到处是金光闪烁的胡杨树，滩

宽水浅的小河，炊烟袅袅的碉房，洁白丰满的佛塔。傍河与色拉是拍摄黄杨林与红草地的最佳地点，尽管稻城步步皆美景，但此处的色彩对比度是最鲜明的，赶上晴天，黄昏和日初时分的景色令人激动，蓝天、白云、黄杨、红草、雪山、绿水，每样都纯粹到极点。

蚌普寺

稻城最古老的寺庙，距县城 30 公里，海拔 3940 米，距今已有 900 年的历史，是藏传佛教白教的寺庙，藏语叫"噶举派"。在后山的岩壁上，有很多古老的岩画和修行的山洞，其中有一幅古老的文字，是噶玛巴·都钦松巴用自己的鼻血亲手所写，这段藏文的意思是："我走遍康区，这里是最美丽的地方。"

海子山

位于稻城北部，是青藏高原最大的古冰体遗迹，即"稻城古冰帽"。冰蚀后的怪石及大小海子（冰蚀岩盆）星罗棋布，大小海子的规模密度是中国之最。金秋 10 月，桑堆红草滩的旖旎美景是稻城上镜率最高的景点。

亚丁自然保护区

亚丁，藏语意为"向阳之地"，是稻城的中心景区。保护区由 3 座呈"品"字形排列的雪峰构成其主体部分，3 座峭拔如剑的雪峰是：北峰仙乃日、南峰央迈勇、东峰夏诺多吉。这 3 座雪山佛名"三怙主"，在佛教二十四圣地中排名第 11 位。据史料记载，8 世纪，莲花生大师为念青贡嘎日松贡布开光，以佛教中观音、文殊、金刚手菩萨分别为 3 座雪峰命名加持。藏族信徒认为一生当中至少应该去一次贡嘎日松贡布转山朝圣。

张家界 /

004

最美理由 /
　　三千座奇峰拔地而起，八百里溪流蜿蜒曲折，云雾缭绕恰似神仙寓所，溶洞震撼前所未有，让你相信"桃花源"真的存在！

最美气候 / 4 月、10 月
最美看点 / 天子山、黄石寨、杨家界、袁家界、老屋场
最美搜索 / 湖南

只有到了张家界，才能真正明白什么叫大自然的"鬼斧神工"

TIPS

🏮 张家界高花灯

起源于东汉。它是一种民族特色舞蹈，被称为"中国舞蹈历史上的活化石"。高花灯的灯代表光明幸福，12盏灯代表12个月。表演有专门的程序，12~24人不等，以锣鼓唢呐等为伴奏，每人手拿一盏纸灯，内点蜡烛，顶扎木偶。舞者的队形有20多种变化。

🍜 美食

由于张家界一带山珍奇多，故而有"干锅野味"的吃法，将各种飞禽走兽做成干锅，讲究香、辣、麻。"土家和菜"是土家人宴席上的保留菜，采用土家自制的干菜与粉丝、瘦肉、干黄花等同蒸。"血粑粑"是土家人采用农家猪后腿，配以花椒、辣椒、盐等各种作料灌制而成，再进行熏制的香肠。

神奇的张家界集平台、方山、峰墙、峰丛、残林等于一体

张家界以它倾世而独立的山水溶洞成为中华大地上的一道亮丽风景。张家界的美在于其砂岩峰林地貌，这种地貌的形成是晚第三纪以来地壳缓慢、间歇性抬升，外加流水长时间侵蚀切割的结果。现在的张家界耸立着3000多座拔地而起的石崖，集合了演变过程中平台、方山、峰墙、峰丛、残林等不同形态，有的边缘陡峭、相对高差达几十米甚至几百米，有的突兀成墙，没有任何多余的支撑，有的挺拔俊俏如华表，有的诡异如洞穴。只有到了张家界，才能真正明白什么叫"鬼斧神工"，而正因为这里是自然一手打造的神奇之地，很少受外界的打扰，张家界还保持着原生态的自然环境，是名副其实的天然氧吧。

2009年风靡全球的电影《阿凡达》把张家界重新包装后推到世界面前，张家界的乾坤柱在电影中有了新的名字"哈里路亚山"。随着《阿凡达》票房的节节攀升，张家界的名气也席卷全球，升级为全世界最知名的旅游景点之一。现在，张家界专门推出了"阿凡达之旅"，带游客们重温电影中的场景。

天子山景区

主峰天子峰海拔1262.5米。幽谷万丈，峰峦叠翠，山泉飞瀑、深林奇树。这里有数十座错落有致的秀峰突起，如御笔峰、将军岩等。那座御笔峰如倒插的御笔，旁边的石峰似搁笔的"江山"。而且群山被云雾缭绕，被绿树装点，形成妩媚动人的图景。

索溪峪景区

景区的十里画廊在长达十余里的山谷两侧的岩石上形成了两百多尊似物、似鸟、似

三千奇峰拔地而起，云雾缭绕恰似神仙寓所

兽、似人的造型。婀娜多姿的"孔雀开屏"、相互偎依的"母子峰""寿星迎宾""猛虎啸天""三姐妹"等，让人感慨大自然的鬼斧神工。

黄龙洞

位于索溪峪镇东 7 公里的山腰处，被称为"世界溶洞奇观""世界溶洞全能冠军"。全洞长约 12 公里，共 4 层，有旱洞和水洞，分为两宫八厅九十六廊，洞中有洞，洞中有河，不愧为"地下迷宫"。洞内有无数根石柱、石笋、石钟乳，形状各异，晶莹剔透，色彩缤纷。最神奇的当数定海神针，它不到 1 米粗，却长到了 21 米高，看似摇摇欲坠。

金鞭溪

张家界景区秀水的典范。溪水在峡谷中盘旋而过，蜿蜒数十里。溪流清澈，可见卵石历历，游鱼悠悠。随着林深水更幽，溪流将两岸滋润，生长出奇花异草。金鞭溪又是群山的一面"美人镜"，山映水中，浑然天成。

宝峰湖

有"张家界之魂"的美称。它是一座罕见的高峡平湖，湖长 2.5 公里，平均水深 72 米，水色碧绿。湖的四周奇峰环抱，山水争辉。这里的宝峰瀑布是当年拍摄《西游记》的水帘洞所在地。瀑水落在山腰的巨石上，又形成 3 层不同角度的跌水瀑布，与翠绿的竹林相映成趣。

元阳梯田 /   005

最美理由 /
当收获过的梯田注满水、在清晨的山雾与霞光的映衬下、被烟雨做成一派徐渭笔下的水墨画。连绵起伏的梯田在雾气中若隐若现。如果在春节前后，还经

常能见到云海；元宵节前后漫山遍野花开，姹紫嫣红。
最美季节 / 1 月
最美看点 / 坝达、老虎嘴、多依树、箐口哈尼民俗村
最美搜索 / 云南

水光中梯田如同徐渭笔下的水墨画，浓淡皆宜

没有到过元阳之前，人们很难相信"梯田"这种农耕文化的代表物居然能美得不可思议。来到元阳后，遂相信梯田竟然成了大自然的最佳调色板，是一场视觉的盛宴。尤其是当鲜花遍野的时节，如果再有蒙蒙烟雨来增加效果，元阳梯田绝对堪称世间最美的画卷。

元阳梯田是哈尼族人的惊世杰作。他们

在云南红河南岸的红河、元阳、绿春及金平等县开垦种田，将大地变成了一件雕塑艺术品。元阳县境内有 17 万亩梯田，是哈尼梯田的核心区，形状各异，连绵成片。元阳梯田还创造出了"四绝"：面积大、地势陡、级数多、海拔高。梯田分布于从 15° 的缓坡到 75° 的峭壁上，地势陡峭，而且有众多级数。最多的在一

面坡上能开出 3000 多级阶梯，蔚为大观。梯田由河谷一直延伸到海拔 2000 多米的山上。

哈尼族人自唐朝初年在此开垦梯田，繁衍生息，1000 多年来留下了如今所见到的大地杰作。登上元阳任意一座山，只见梯田层层叠叠，色彩斑斓，就像一块调色板，形成震撼的视觉效果。而且梯田生态系统也非常科学，被称为"江河—森林—村寨—梯田"四度同构。在每一个村寨的上方，都有茂密的森林提供能源之用。寨神林是神圣不可侵犯的。村寨下方便是层层相叠的千百级梯田，为哈尼人提供了生活用粮。中间的村寨由蘑菇房组成，这是哈尼人的居所。这一结构体现了人与自然的高度协调，符合可持续发展的良性循环生态系统。

要想体验哈尼族文化风情，一定要去箐口。这里的哈尼族村寨，远远望去如同蘑菇，所以被称作"蘑菇房"。"蘑菇房"共分 3 层，茅草搭成，底下用来养牲畜，2 层住人，顶层是仓库。田中无稻的梯田层层透亮，光影流转，是拍摄的好时节。蘑菇房点缀在梯田间，美不胜收。

元阳梯田主要有 3 大景区：坝达景区、老虎嘴景区和多依树景区。早晨最美的是在多依树景区。阳光将层层梯田染上金光，如诗如画。日落最美是在坝达和老虎嘴景区，晚霞将梯田变成一片红色的海洋，雄伟瑰丽。

TIPS

1. 元阳的最佳赏景的时间是 10 月~次年 3 月间，其中春节前后最佳，此时极易看到云海。1 月的元阳，野樱花、野木棉花、野桃花和棠梨花开，满山的红白色，极为壮观。

2. 龙树坝和多依树的日出可算是元阳梯田中非常精彩的部分。那里的梯田线条曲美，风韵独特，再加上似有似无的雾，田间挺拔的树，附近的哈尼寨子，当第一缕光线射下来的时候，梯田的水面开始闪光。老虎嘴更有航拍的感觉。从老虎嘴观景台看下去，三面都是梯田，气势雄伟。另外，老勐星期天有赶集，傣、苗、哈尼、彝、瑶等民族风情浓厚，特别衣饰上色彩斑斓，建议提早前去，看赶集的同时可抽时间逛逛周边的寨子。

3. 元阳梯田多数在元阳至绿春公路两旁。元阳老县城往绿春方向 5 公里就是土锅寨梯田，在公路的左边，早晨拍摄最好；由土锅寨前行 11 公里到猛品梯田，在公路右侧，下午、黄昏拍摄效果最好。

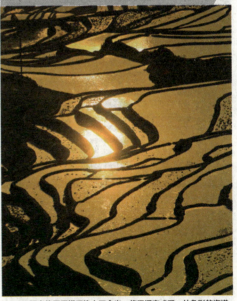

阳光将层层梯田染上了金光，将田间变成了一片色彩的海洋

丹巴 /

006

最美理由 /

　　春天来临，梨花盛开，丹巴一片雪白。这雪白映着雪山，伴着暖暖的风，在阳光下更加夺目。碉楼间、田野上，满是身着嘉绒藏装的丹巴美女。她们亲切地和你交谈，邀请你到藏寨中做客。那里有鲜花，有美酒，有歌声，有锅庄。这里蕴藏着最五彩斑斓的色，最宁静而有致的春，最亲近而自然的调。丹巴，在2005年《中国国家地理》杂志主办的"中国最美"评选中当选"中国最美乡村"之首。

最美季节 / 3～5月

最美看点 / 中路乡、甲居藏寨、巴底乡、梭坡

最美搜索 / 四川

青山中，白色屋顶的碉楼，造型独特而别致

　　丹巴最美的时候是春季，当漫山遍野的梨花如冰雪一样挂上树梢，色彩斑斓的藏寨在一片冰清玉洁中显得鲜艳无比。丹巴素有"千碉之国""美人谷"之称，是嘉绒文化的发祥地之一，民族文化悠久，有国内独有、世界罕见的中路、梭坡古碉群，有天人合一、具有浓烈的民族风格的嘉绒藏族民居。

　　所有到过丹巴的人都会惊叹丹巴的"三绝"：甲居藏寨、碉楼群、嘉绒美女。丹巴是嘉绒文化的发祥地，传说丹巴人是西夏王朝贵族的后裔。丹巴的地质之美融进富贵的血质，天生的冰肌玉肤似乎永远含烟凝碧，瘦长而丰腴的体态似乎永远婉转有致，使得丹巴又有"美人谷"的美誉。

中路乡（中国景观村落）

　　丹巴中路，藏语意为"人和神向往的地方"，距丹巴县城9公里，是看古碉和藏寨的绝美地。初春搭配梨花，秋季色彩斑斓，夏季可以避暑，加之还有考古发现的新石器时代古人类生活遗址、战国时代的古石棺墓葬群，亦能领略英俊潇洒的中路汉子，是藏族聚居区有名的俊男帅哥之乡。

　　中路乡的若干村落集中点缀于小金川东岸坡地半山腰的一个开阔坝子上，与藏族聚居区四大神山之一的"墨尔多神山"隔小金川河流相望。站在山顶可以俯瞰整个嘉绒峡谷及周边的藏族村寨。清晨的第一抹朝霞照在山顶上，整个山谷完全敞亮的2个多小时的时间里，景色旖旎而壮观。

甲居藏寨

　　甲居藏寨位于丹巴县城的北面，距县城

8 公里。1100 多个藏寨星罗棋布。甲居全景以绿色、白色为基调，造型独特、别致，绝大部分民居为 4 层，石木结构建筑，完整保留了嘉绒民居的基本特征，保持了历史的面貌和风格。山脊三面悬空的巨石上矗立着碉楼，整座藏寨都处在它的威仪之下。它们是生命和美丽的保佑者，一种执着的坚守，守望灵魂永恒的驿站。

甲居藏寨是自然环境与建筑的完美结合，具有极高的观赏价值和艺术价值，是中国民族建筑的典范，被世人称为"中国最美丽的乡村"。

巴底乡（美人谷）

常听说丹巴亦被誉为"美人谷"。其实，真正的美人谷在丹巴的巴底乡。美人谷的女孩大都不施粉黛，清新自然且能歌善舞。

据说，丹巴一带原是古西夏国的领地，成吉思汗灭西夏后，西夏大批皇亲国戚、后宫妃嫔从甘肃经川西高原流入丹巴一带，因这里山清水秀、气候宜宜，便定居了下来，将美丽与富贵的血统注入了这膏腴之地，制造出了美丽的传奇。丹巴美女脸形圆润，五官端正，许多人还有浅浅的酒窝。丹巴女子身高多在 1.7 米左右，挺拔而不失纤细，随着百褶裙的摆动顿生风韵。

梭坡

梭坡，为古碉云集之地。隔河望去，高山上、丛林中、河岸边处处是雄浑古朴的碉楼，千姿百态，巍然屹立。这些被外国游客称之为"东方金字塔"的碉楼最早建于汉代，距今已有 2000 多年历史，古碉从造型上有 4、5、6、8、12、13 角之分；从功能上分，有建于村寨

清晨，翠松掩映中，炊烟袅袅的丹巴民居分外清丽

要塞上的军事防御碉，有作通信预警用的瞭望碉、高山哨碉、烽火碉，有专为土司等统治者守备用的土司官寨碉，有建于村寨中心以镇邪伏魔的伏魔碉，有用来祈福保平安的风水碉，此外还有寨碉、家碉、界碉……这些石碉棱角分明、墙面光洁、下宽上窄，一般高 20 ～ 50 米，碉内有 10 ～ 20 层，每层都有小巧的瞭望射击孔。千百年来，它们经受了战争的洗礼、风雨的侵蚀，以及地震、雷击、山火等自然灾害的考验，至今仍雄风不减。

禾木 /

007

最美理由 /
　　新疆有太多著名的地方，无非都是以风光和人文而著称，唯有禾木独树一帜。这处被称作上帝自留地的地方，除了拥有绚丽的秋色和图瓦人村寨风情，最与众不同的就是那梦幻般的彩色晨雾，每日清晨的云雾炊烟儿乎成了禾木永恒的标签。

最美季节 / 夏季、秋季
最美看点 / 小木屋、清晨的村庄
最美搜索 / 新疆

每日清晨的云烟轻绕几乎成了禾木永恒的标签

　　很多到过禾木的人，都会恋上这里，他们把梦留在了禾木，把仙境一般的美景带到了外面的世界，让许许多多没来过的人一见倾心，从此便把禾木当成了朝思暮想的梦中情人，成了日日期盼的向往之地。

　　禾木是新疆最北端的一个小村落，地处中国雄鸡版图高翘的尾端，深藏在我国与蒙古、俄罗斯、哈萨克斯坦交界的群山中。北面从中俄交界的友谊峰源源不断奔流而下的禾木河，由平缓的河谷地带自东北向西南流过小村，依水而居的村民只有几百户人家，这条清澈圣洁的冰水就是他们生命的源泉。禾木村是蒙古族

乡著名的图瓦人村落，是喀纳斯地区仅存的3个图瓦人村落中最大的一个，村里除了图瓦人还有蒙古族和哈萨克族，都是以游牧为生的少数民族，那些散落在河谷盆地中的古朴的小木屋就是图瓦人的标志。

平坦开阔的狭长河谷被四周的雪峰、森林和草地层层包围着，村子的对岸就是一片茂密的森林，地处1100米的海拔高度和冰冷河水散发的凉意，让盛夏的村庄一点也不会感觉到闷热。绿茵茵的草地上开满了各色的野花，成群结队的牛羊在蓝天白云下悠然自得地享受着清新的天然大氧吧。

图瓦人的家是一座座用松木和桦木盖起的尖顶的木楞屋，这与南疆维吾尔族的平顶土屋截然不同，虽然都是就地取材，但是因为森林山地的雨雪较多，图瓦人用木板钉成的尖尖的"人"字形屋顶便可以有效地防止存水，更不会被厚厚的积雪压垮。木楞屋的墙体全是用一根根直径三四十厘米的原木层层叠起，既能保暖又可防潮，朴素的原木透着一份原始自然的气息。家家户户的房子外面都有一个用木栏围起的牲口圈，牛马是家家户户必不可少的成员之一，也是这片峡谷绿毯真正的主人。

清晨，山谷中被层层迷雾遮掩，犹如飞舞的轻纱，若隐若现地轻拂着沉睡的村庄。当第一缕阳光投来爱慕的眼神，远处山顶上裸露肌肤的冰雪仙子立刻就羞红了脸庞，即使飘在腰间的云雾也无法遮挡住这赤裸裸的光芒。山脚下的禾木人家，在奶牛的憨叫声中渐渐苏醒，开始了一天最忙碌的时候。屋顶上升起淡淡的炊烟，弥散在青云白雾中。女主人提着木桶到

TIPS

📷 **摄影攻略**

喀纳斯地区最美的秋色在禾木，层林尽染，绚丽多彩的原始生态风光让人痴迷不已。对于摄影人来说，想要拍出禾木本真的韵味，除了北坡上可观全景的最佳机位，还可以在白桦林中的小河边、禾木村的老木桥拍摄。那些骑马放牧的牧民，挤牛奶的妇女，图瓦人家的儿童，都是最好的人文拍摄题材。

散落在河谷盆地中的木楞屋是图瓦人的标志

牛圈里挤牛奶，男人在屋前劈砍着木柴，童话般的木屋和木围栏在阳光的照耀下拉出长长的光影，仿佛在演奏着大地的晨曲乐章。

早年的禾木曾经是摄影家的自留地，有着"摄影家天堂"的美称，然而，当那些优秀的获奖作品被越来越多的人欣赏到，禾木的金秋时节就再也没有安宁过。大批的游客蜂拥而至，村子对岸北坡上的木栈道观景台，已经成了长枪短炮的阵地。晨雾中的木屋村落几乎成了每一位到访者给禾木的标准照，整个山头人头攒动，摩肩接踵，来迟一步的人几乎都找不到一处没有人遮挡的落脚点。从山坡上俯瞰整个禾木村全景，山脚下的白桦林被晨光映得金黄一片，炊烟、晨雾、河水、木屋和牛羊，汇成了一幅优美的风景长卷。

雾凇岛 /

008

整个天地间仿佛只剩下白色，蓬松的白，万条垂下白丝绦的白

　　"吉林雾凇天下奇"。吉林雾凇形成于 12 月下旬到翌年 2 月底，尤其是 1 月气温最低的时候，雾凇最美，成为中国四大自然奇景之一。雾凇俗名"树挂"，即雾气和水汽遇冷凝结在枝叶上的冰晶。雾凇分为粒状和晶状两种，吉林雾凇属于晶状。晶状雾凇结构松散，呈较大的片状。

　　吉林市区有一条十里长堤是观赏雾凇的好地方。在距离市区 35 公里的雾凇岛更是雾凇的天地。这里地势较市区低，又有松花江环抱小岛。小岛面积有 6 平方公里，江两岸树木枝繁叶茂，当冷热空气在此交汇后，便形成了一个冰雕玉琢的世界，蔚为大观。冬季时节雾凇几乎天天有，而且几日都不掉落。升腾的大雾将小岛完全笼罩，一天也见不到太阳。所以这里的雾凇几乎是白天挂一层，夜里再挂一层。

"赏雾凇，到曾通"。雾凇岛的曾通屯是欣赏雾凇最佳处。这里的树形原本就奇特，沿江的垂柳本无片叶，谁知挂满了洁白的霜花，将每一根枝杈都装点得十分秀丽。高高的树干如一个身披银甲的卫士，傲视天地。江风吹过，银丝曼舞。远远望去，一排排如雪浪翻飞，一团团如白云过隙，一簇簇如雪莲绽放。而走近观看，又会觉得双眸被照得晶晶莹莹，恰似置身童话世界。用手去敲击树干，细微的霜叶就会从天空中洒下，有种"落花人独立"的意境。"夜看雾，晨看挂，待到近午赏落花"，正是概括出了欣赏雾凇的方式。雾凇美得惊世骇俗，如同天外来客，不惹一丝尘埃，没有人间烟火气息，将树木扮成一树树银簪玉钏。午间的阳光让雾凇变得晶莹亮丽，夜间的霓虹又让雾凇蒙上了迷离色彩。接近雾凇，让人不禁屏住呼吸，生怕惊扰了这超凡的美。

雾凇岛对面的乌拉街镇韩屯村是个满族人居住地。村上是典型的北方人家，生火炕，纸糊窗户、墙壁。一家人吃着农家菜，喝着玉米烧酒，充满了黑土地风情。游人可在此住一夜，第二天去看雾凇岛的松花江日出。日出时分，江上泛着蒸汽，构成一幅仙境图画，满树银花又被朝霞染红，真是"日出江花红胜火"！

乌拉街镇

这里是满族主要发祥地之一，充满了浓郁的满族风情。镇上有许多满族风格的建筑物，还有许多满族特色小吃。著名景点有：乌拉古城遗址、白花点将台、圆通楼、后府、保宁庵、魁府、萨府等。

📖 满族婚俗

满族人结婚，第一个程序是婚前"相看"，即男方母亲要去姑娘家看姑娘的容貌，询问芳龄，考察对方家庭。如果双方满意，就送女家一份礼物，算是订婚了。结婚前几天，男方家要给女家送彩礼。结婚这天由父母子女俱全的长辈妇女来布置洞房。被子周围要摆上寓意"早生贵子"的食物，洞房内还要奏乐，喜轿要装饰得漂漂亮亮。迎亲这天，新郎去女家要向岳父岳母叩头后才可迎娶新娘。接到家里后，新郎新娘拜天地、祖宗、父母、对拜，晚上也有闹洞房的习俗。

📷 贴士

对于摄影爱好者来说，理想的雾凇拍摄时间在10：00～11：30。此时阳光照在雾凇上，仿佛镀上了金光，色彩感格外强。

雾凇时节高高的树干如同身披银甲的卫士，傲视天地。江风吹过，银丝曼舞

林芝 / 009

最美理由 /
当远方的雪峰还盖着皑皑白雪，林芝的桃花却已如醉霞绯云般地争相斗艳。每年 3 月中旬至 4 月初，漫山遍野的桃花开始铺满山坡，绵延至河谷；漫步其中，可见雪峰耸立，桃花怒放，清泉嬉戏，藏寨悠然，美到令人窒息。每年这个时候，摄影师们最喜欢扛着长枪短炮来到林芝，因为林芝的桃花，绝对可用"惊艳"来形容。

最美季节 / 3 ~ 4 月
最美看点 / 桃花沟、尼洋河、巴松错
最美搜索 / 西藏

每年春天林芝满山的桃花开遍，别有一番"西藏江南"的味道

西藏除了气势磅礴的神山圣湖，也有柔情妩媚的桃花仙境。

林芝，在藏语中意为"太阳的宝座"，就西藏其他大多数地区来讲，这的确是太阳每天升起的地方。它地处藏东南雅鲁藏布江下游，平均海拔 3000 米左右，海拔最低的地方仅仅 900 米，气候湿润，景色宜人。绿色的林芝离不开大山的怀抱，喜马拉雅山脉和念青唐古拉山脉似两条巨龙由西向东平行伸展，"南迦巴瓦"则正是龙脊上的白色雪峰，它海拔 7782 米，是南段喜马拉雅的最高雪峰，与横断山脉对接，形成了群山环绕的独特地形。

当 3 月桃花盛开，藏东南谷地的林芝桃红柳绿，与远处的雪山相映成趣，碧水青山，一派秀丽的江南景象，无法让人将它与"高寒缺氧、风沙遍地"的青藏高原相联系。

桃花沟

位于县城东南方向约 5 公里处的嘎拉桃花村，有一片天然野生桃林，人们称它为桃花沟。桃花沟三面环山，高处有水源，四周林木葱茏，终年碧绿苍翠，间有流水，清澈见底。沟内野桃漫山遍野，林间鸟雀欢噪，既静僻又幽雅，是尼洋河畔赏桃花的最佳地点。

每年3月中旬至4月初，当远方的雪峰还覆盖着皑皑白雪，桃花却已如醉霞绯云般地争相斗艳。

满山遍野的桃花铺陈在清亮的尼洋河边，远远望去，318国道边的山谷里宛若升起了一片美丽的云彩，让人不敢相信在高原上还有这样艳丽盛开的桃花。林芝的桃树多为野桃。野桃树树干粗大而遒劲，花朵小巧而繁多，密密匝匝，层层叠叠，宛若朝霞。

桃花村因为左右两山相伴，两山交界处又有积雪融化、流水潺潺，故也被人们称作"桃花谷"或"桃花沟"，也有人称其为"桃花源"。掩映在桃树丛中的红蓝屋顶的农牧民新居，小块的错落有致、绿油油的青稞地以及在桃树下自在喝茶或在青稞地里除草的农牧民，再配上山间没有融化完的一抹积雪和积雪上面的蓝天白云，真不愧为一幅美丽的田园春景图，是旅游赏花和摄影采风的绝佳去处。

游客来到这仙境般的桃花村，不仅可以领略到藏族姑娘的热情好客，还可以体会到劳动的欢乐场面。藏族姑娘们会热情地敬上一杯杯青稞酒，献上一首首祝酒歌。

尼洋河

在西藏林芝地区悠悠流淌着一条美丽的河，生活在两岸的工布人称这条河为"娘曲"，也叫尼洋河，相传是神山流出的眼泪。尼洋河水清澈碧绿，两岸有着丰富的森林植被，是工布人的"母亲河"。

尼洋河之美，美在它的水色。那个清澈，那个翡翠般的绿，那个飞溅的洁白的浪花。清澈、翠绿、洁白，这三种视觉效果纷纷攘攘、难分难辨地交融在一起。藏族人崇拜大自然，他们祖祖辈辈用神话故事、美妙歌舞膜拜大山、赞美江河。他们形容西藏的江河用了一个词：飞花碎玉。

巴松错

巴松错又名错高湖，藏语中是"绿色的水"的意思，湖面海拔3700多米，湖面面积达6000多亩，位于距林芝地区工布江达县50多公里的巴河上游的高峡深谷里，是藏传佛教宁玛派的一处著名神湖和圣地。

巴松错湖水清澈见底，四周环绕的雪山倒映其中。沙鸥、白鹤浮游湖面，湖水透明可见游鱼如织，情趣盎然。每到春季，湖四周群花烂漫，雪峰阵列并倒映湖中，景色宜人至极。

罗平 /

010

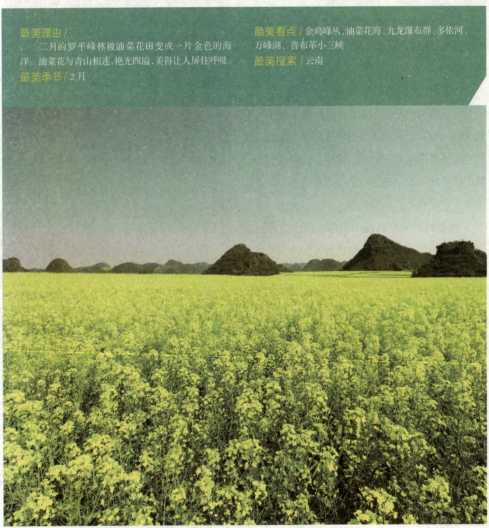

30 万亩油菜花盛开的时节，罗平是"世界上最大的天然花园"

　　亿万年前的地质运动形成了罗平"峰如剑立，岩如斧劈"的峰林风光。周边平坝梯田中有 30 万亩油菜花开，春季花开形成一片金灿灿的海洋，与黛色的青山相连。

　　2 月冬春交接时节，罗平坝子里 30 万亩油菜花盛开，漫山遍野荡漾着金黄的波浪，使这里成为"世界最大的天然花园"。花海从白腊山山脚开始。湛蓝的天幕下，油菜花在阳光里竞相开放，将四野染成金黄。花海中点缀着玉带湖、腊山湖、湾子湖，如三面宝镜，将青山的倩影摄于水中。茫茫油菜花海里，有星罗棋布的村落，纵横交织的溪流。那一座座峰林被化作花海中的点点帆樯。

罗平峰林地处滇、桂、黔三省接合部，有"滇东门户""滇黔锁钥"之称。这一带碳酸盐类岩石广布，造就了面积约 1000 平方公里的峰林，形成了典型的喀斯特地貌奇观。金鸡峰丛、十万大山、野猴谷等都是不可不看的景区。

位于罗平县城东北的金鸡峰林是看油菜花的最佳地点，也是摄影的首选之地。青山绵绵，山尖似锥，重峦叠嶂。峰林高度从几百米到几十米不等，形态各异，气势恢宏，再加上油菜花镶嵌上的金边，于静态中又增添了动态的美感。走进峰林，嗅一嗅油菜花，侧耳倾听那"金鸡报晓"的歌声，抬眼望"峭壁仙子"飘飘欲飞的衣袂，虔诚膜拜"大佛讲经"，观赏"双狮对戏"等峰峦的造型，真是人生的一件快事！

罗平县城东北 22 公里的九龙河上的九龙瀑布 2 月份水量也不小。九龙河水势湍急，雷霆万钧，轰轰然如从天而降，形成十道高低宽窄不等的瀑布。每一挂瀑布风情各异，就像不同的乐章，表现出或雄伟激昂，或舒缓优美的旋律，有的细若柔丝，有的水花翻飞，有的一泻千里，各显风流。瀑布之间还有无数的浅滩和深潭。全程 12 公里的多依河两岸青山对峙，山水相依。划竹筏欣赏烂漫的山花、青翠欲滴的竹林，还有别致的吊脚楼和浣纱的布依族少女，只觉山水迤逦，美不胜收。

2 月的罗平，金色的油菜花如同一片金色的海洋

阳朔 /

011

最美理由 /
　　碧绿葱茏的树木、晶莹清澈的漓江，将桂林的山装扮得花枝招展，将桂林的水映衬得摇曳多姿，还有那随处可见的四季桂，香飘云天外。

最美季节 / 5 ~ 11 月
最美看点 / 漓江、阳朔西街、银子岩、象鼻山、兴坪古镇、龙脊梯田
最美搜索 / 广西

群峰倒影山浮水，无山无水不入神

　　"桂林山水甲天下，阳朔山水甲桂林"。每一位对山水抱有理想情怀的游人，一生必去一次桂林，这里将满足您对山水的一切关乎美的想象。

　　桂林的山是典型的喀斯特岩溶地貌。山体平地而起，线条阴柔秀美，千姿百态。山山有洞，洞洞奇美，桂林的溶洞亦是天下奇观。

　　好山又有好水相配，这是桂林的幸运。

　　长达 48 公里的漓江是"百里漓江，百里画廊"。漓江水清见底，蜿蜒于群山之间，山的倩影倒映水中，又相映成趣。泛舟漓江观山水，只见两岸青山激发人们的无穷想象。有的似人物，有的似飞禽走兽，人行水上，欣赏青山，宛如步入山水画卷当中。"桂林山水甲天下，阳朔山水甲桂林，群峰倒影山浮水，无山无水不入神"。

　　大榕树

　　大榕树是阳朔这个大盆景中最美的点缀，

犹如一幅中国水墨画。大榕树已有1400多年树龄,相传是刘三姐和情人阿牛哥的定情处。著名的音乐电影《刘三姐》中许多场景就是在此拍摄的。至今,人们来到这里都会想起刘三姐那动人的歌声。大榕树下有条缓缓流淌的金宝河,附近还有猩猩山、水狮岩、骆驼峰等,加之周围村舍,俨然成为一幅绝世田园风光好图。

阳朔十里画廊

位于阳朔月亮山,这一带风景如诗如画。坐在竹排上漂流而下,欣赏美好山水,是阳朔自助游中不容错过的一项。十里画廊主要景观有:海豚出水、龙角山、火焰山、八戒晒肚、金猫出洞、美女梳妆等。沿路奇峰美景令人遐想。当年美国总统卡特来阳朔游览,特意借了几辆自行车漫游十里画廊。如今这里已建成一条近10里的自行车道、观景台、休息亭等,被称为"卡特风景道"。

西街

阳朔的西街也是一个千年古镇,而如今

桂林风光,阳朔美景,犹如画中行

攻略

👥 壮族民俗

看过电影《刘三姐》的观众都会对壮族同胞的赛歌留下深刻印象。著名的歌仙刘三姐家喻户晓。每年三月三有歌节。传说,曾经有位壮族老歌手,他的女儿生得十分漂亮,而且会唱山歌。老人为择佳婿,特于这天举办歌节,各地青年歌手纷纷赶来,赛歌求婚。

🍜 美食

"桂林米粉"是桂林美食的代表作。先将上好大米磨成浆,装袋沥干,揣成粉团煮熟后压榨成圆根或片状即成,洁白、细嫩、软滑、爽口,配以猪、牛骨、罗汉果和各式作料熬煮的汤,香味浓郁。桂林米粉大致有马肉米粉、生菜粉、牛腩粉、三鲜粉、原汤、担子米粉等。

却变成了地地道道的地球村,中西合璧的建筑,各种肤色的人们,各式各样的酒吧、餐馆、工艺品店等,在夜色迷离中变得如梦如幻,散发出它特有的异国风情,一出嘉年华在这里上演。而且此处还是中国最大的"英语角"和跨国婚姻比例最高的地方,街头卖货的老太太都能说一口流利的英文,混血儿随处可见。

象鼻山

位于漓江与桃花江汇流处。山体酷似一头伸鼻汲水的大象,是桂林山的杰出代表。每一位来过桂林的游人都要在这里留影纪念。

兴坪古镇

位于阳朔县东北部。20元人民币上的那幅桂林山水画真实版本就在阳朔的兴坪。千年古镇兴坪充满了宁静质朴的气息,恰似一颗璀璨的明珠镶嵌在桂林山水中。这里依山傍水,奇峰环绕,兴坪河在此汇流漓江。兴坪有"一潭、三洲、三条滩、三岩、五井、十二山",是漓江风光荟萃之地,素有"漓江佳胜在兴坪"之说。

普者黑 /

012

普者黑是一片令人向往的净土

　　普者黑为彝族聚居地，普者黑也是彝语地名，意思是"盛满鱼虾的湖"。按说"水至清则无鱼"，但这个湖却清澈见底，泛舟湖面时能看到水中的鱼潜花草，其水质更是可以随手掬一捧解渴。

　　因与广西交界，这里也有大片喀斯特地貌，且是洞湖相连相依、群峰相连的秀美景致，孤峰屹立清澈的湖水之上，溶洞则千姿百态于

湖畔，你中有我，我中有你地交错在一起。最美的季节是万亩荷花开放的夏季，荷香四溢时更给这清峰秀水添了一份幽幽的清凉。因为水域较广，所以在这里几乎以乘船游览为主要方式。可乘三四人的独木舟是当地彝族的交通工具，连卖当地美食的也是划着船在你的独木舟四周销售，泛舟湖上品尝当地的特色的水上烧烤应该是一种特别的体验吧。

洞湖相依，群峰相连，普者黑如同一个世外桃源

　　水上烧烤之所以是当地特有，是因为食物的品种都是当地的包谷、臭豆腐、洋芋和现从湖里打捞上来的鱼虾，然后在船上架火烧烤而成。连中午饭都可以在湖面的船上用这种方式解决，看着湖峰洞穴的美景，胃口也会不错的。

　　除了荷花盛开的夏季外，壮族的祭龙节、彝族的抹花脸、火把节、摔跤节，苗族的采花山都是这里最热闹的日子，也可以想见，这里是一个多民族的聚居地。

TIPS

贴士
　　普者黑的莲子粥、荷叶包鸡、荷叶饭等都是难得的美味，荷花瓣还能美容养颜，就是有些苦涩。

最美湖光水色

水波轻柔的湖面总能让人不由自主地放轻松，将呼吸放缓，将五官打开，去感受清风拂面、阳光璀璨、湖水涟漪、渔歌唱晚……在青海湖，还有绵延的油菜花海，在喀纳斯还有层林尽染，在泸沽湖还有摩梭风情，在纳木错还有虔诚朝拜，在赛里木湖还有繁花似锦……

青海湖 /

013

最美理由 /
　　它是我国第一大内陆湖泊，也是我国最大的咸水湖。它浩瀚缥缈、波澜壮阔，是大自然赐予青海高原的一面巨大宝镜。碧波连天的青海湖被四周的高山环抱，就像是一个巨大的翡翠玉盘平嵌在高山、草原之间，构成了山、湖、草原相映成趣的壮美风光和绮丽景色。湛蓝的湖水带来盎然生机，湖边牛羊漫步，湖内鸟飞鱼戏，一派牧歌图景。每年春天，大批海鸟从印度、尼泊尔等地千里迢迢来到青海湖的鸟岛繁衍生息，形成独特景观。

最美季节 / 每年 8、9 月，青海湖北岸有大片的油菜花开放，成为青海湖的一处主要景点。想观看鸟岛，则 5 月为最佳。

最美看点 / 鸟岛、海心山、沙岛、泉湾

最美搜索 / 青海

金灿灿的油菜花田，湖水与蓝天相连，白云悠悠飘过……

青海湖东西长 106 公里，南北宽 63 公里，环湖一周 360 余公里，湖水面积 4500 平方公里。原是一片汪洋大海，2000 多万年前，由于地壳运动，大陆板块挤压，海底隆起而青海湖地区断层陷落，形成了这个巨大的盆地湖泊。青海湖中盛产无鳞湟鱼，肥嫩鲜美。由于湖中各处深浅不一或因流入的河水水文特征的差异，或不同季节天气状况的变化，即使在同一天的早、中、晚间，湖水的颜色也会发生巨大的变化，给人以神秘莫测之感。湖中 5 座小岛（海西山、海西皮、海心山、沙岛、三块石岛），以不同的形态呈现出各自独有的风光。每年 4 月，来自我国南方云贵一带及印度洋岛国的斑头雁、鱼鸥、棕头鸥和其他数十万只候鸟在湖中岛上筑巢栖息，鸟声喧嚣，声闻数里之外。

TIPS

🏞 **青海湖祭祀活动**

祭祀青海湖最初源于蒙古族传统。蒙古族原来信奉萨满教，对大自然有顶礼膜拜的传统。到了清代，对青海湖的祭祀活动规模加大。环湖地区的藏族人也参与了这项活动。清雍正二年（1724 年），大将军年羹尧奉命平定青海蒙古族首领丹津的叛乱。大军行至青海湖时，饮水不够。而青海湖是咸水湖，无法饮用。正当犯愁之际，来了一队骑兵，马蹄子踏上了地上的泉眼，淡水喷涌而出，解决了大军的饮水问题。年将军认为是青海湖的神灵在保佑，雍正帝闻之，封青海湖"灵显宣威青海湖"，并赐神位，安放在海神庙，并下诏，每年农历七月十五祭海。如今"祭海"已成为一种带有浓郁宗教色彩的民俗活动，列入《国家级非物质文化遗产名录》。

📍 **贴士**

骑单车环湖看花要避开每年 7 月青海湖举行的环湖国际自行车大赛时段，届时会封路。

鸟岛

青海湖西北部布哈河三角洲西边的一座

每年春天，青海湖中的鸟岛会聚集十多万只候鸟，成为名副其实的"鸟的天空"

远望青海湖，如一面明镜镶嵌于高原之上

海心山

海心山是青海湖里最大的岛屿。盛夏时节，站在海心山的高处，远眺青海湖的全景，是一件很惬意的事情。

海心山是藏传佛教僧人修行的宝地。僧人在冬季进入小岛，整年不再出来。历史上，海心山以产"龙驹"而闻名，故称"龙驹岛"。传说，当时有人将良牝马置此山，至来春牧之，马皆有孕，所生之驹，号为龙种，必多骏异，因此称为"龙驹"，海心山也因而称为"龙驹岛"。传说隋炀帝西征时曾到岛上求过龙驹。

沙岛

这处新月形的沙丘，原是湖中的小岛，因青海湖水位逐年下降而成。沙岛长 36 公里，南北宽 3 公里，景区内有两个淡水湖泊。湖泊周围水草丰美，与瀚海沙丘相伴，形成了一道独特的景观。

泉湾

每年 10 月份开始，众多的大天鹅从俄罗斯等地迁来，11 月底数量达到最多，目前来青海湖越冬的天鹅有 1000 只左右，最多时可达 2500 多只。

泉湾位于青海湖西南边，每当旭日东升时，一缕缕霞光洒在晶莹剔透的湖面上，便成了观赏天鹅的最佳时光。4 月初，随着冰面的缩小，天鹅开始分散活动，5 月初便飞离青海湖。

小岛叫海西山（实为半岛），面积仅 0.27 平方公里，却有十余万只鸟在此筑巢栖息。产卵之季，鸟蛋遍地，故又称为"蛋岛"。距海西山岛东 1000 米是海西皮岛，海西皮岛以东十多米处，有一巨石矗立在湖中，面积不足 30 平方米，其上筑满了鸬鹚窝巢，数以万计的鸬鹚在此栖宿，俨然一座"鸟的城堡"。通常把海西山和海西皮这两座岛合称为"鸟岛"。

喀纳斯湖 /   014

最美理由 /
　　喀纳斯美在春夏时节，湖水会随着季节和天气的变化而变换颜色。5 月的青灰色，6 月的浅绿碧蓝，7 月微带蓝绿的乳白色，8 月的墨绿色，一直到 9、10 月的一池翡翠，流光溢彩，犹如梦幻。受强劲谷风吹送，倒入喀纳斯湖的浮木会逆水上漂，在湖上游湖湾处聚

堆成千米枯木长堤，成为喀纳斯湖的一大奇观。同时，这里还是我国唯一的南西伯利亚区系动植物分布区，许多种类的花木鸟兽在全疆乃至全国都绝无仅有。
最美季节 / 7 ～ 9 月中旬，9 月 10 日～ 10 月 10 日尤佳
最美看点 / 月亮湾、神仙湾、图瓦村、禾木乡、白哈巴
最美搜索 / 新疆

这个让人爱到极致的童话世界，被称为新疆最美的风景也不为过

　　喀纳斯湖是一个坐落在阿尔泰深山密林中的高山湖泊，比著名的博格达天池整整大 10 倍。湖面碧波万顷，群峰倒映，湖面还会随着季节和天气的变化而时时变换颜色。

　　这里被称为"东方瑞士"，这里有色彩纷呈的草甸、无边的原始泰加林、神秘的高山湖泊和磅礴的冰川，还被"湖怪"和"变色湖"的神秘，以及许许多多古老的传说笼罩着。罕见的千米木长堤、能看到湖区三道湾的观鱼亭、可以俯视"n"形河曲全景的卧龙湾、喀纳斯

的标志景点——月亮湾都是景区中最经典的景点。从湖区的乘船游湖码头起程，可依次游览六道湾，最后到达浮木长堤，大约需要 2 小时。环湖四周原始森林密布，阳坡被茂密的草丛覆盖，每至秋季层林尽染，景色如画。

　　月亮湾

　　夹在东西两山之间，河道随山势迂回，恰似一牙初升的弯月。在"弯月"之中有两座平坦小岛格外引人注目，犹如两只巨型脚印，传说是西海龙王当年在此降伏河怪时留下的脚

📷 喀纳斯摄影技巧

对于那些到喀纳斯追逐夕阳与晨曦光影的摄影人来说，秋天的喀纳斯最具诱惑力。每年 9 月中旬到"十一"前，大片的原始森林被秋风染成了五彩斑斓的世界，湛蓝的天空白云朵朵，月亮湾、神仙湾和卧龙湾虽然已经不知被多少艺术大师创作出无法超越的完美画面，但是依旧是最美丽、最著名、最上镜的主角。想要拍摄三湾的晨雾，一定要离开公路尽可能地贴近这片秘境，当然还需要上天的厚爱，才能出其不意地拍到令人惊艳的美图。

有人说，这里是最接近天堂的地方，也有人说，这里是上帝私藏的自留地

印；也有人说是大脚嫦娥在凡间找不到丈夫而被迫上天寻夫时不小心留下的足迹；还有人说这是一代天骄成吉思汗在追击敌人健步如飞时留下的。

神仙湾

河滩的河水将森林和草地切分成一块块似连似断的小岛，人称"神仙湾"。实际上就是喀纳斯河在山涧低缓处形成的一片沼泽浅滩，在阳光照射下河水流光溢彩，闪闪发光。

图瓦村落

位于喀纳斯湖南岸 3 公里处的喀纳斯河谷地带。村里住有 100 多户，1400 多人。图瓦人多居住在用松木搭建的塔形木屋中，这种建筑称作"木楞屋"，四壁均为原木垒砌，有天棚有地板，屋顶尖斜，以适应山区多雨雪的环境。图瓦人的生产生活方式主要以牧业为主，以狩猎、捕鱼和采集为辅。他们使用的是一种我国仅存的稀有语种——图瓦语，属于阿尔泰语系中的突厥语族，是已知使用突厥语族语言中唯一信仰藏传佛教的部落。

禾木

禾木是仅存的 3 个图瓦人村落（禾木村、喀纳斯村和白哈巴村）中最远和最大的村庄。在这里的山地草原上，到处都是木屋和用桦树搭建的牲口圈。

村边禾木河上一座古朴的木桥，桥面很宽，几乎成了禾木乡的标志性建筑。7 月，禾木野草莓遍地，雨后河边的树林里蘑菇也很多，夹杂其间的是各种盛开的野花。这里的特产有蜂蜜、黄油和各种草药。9 月，万山红遍的醉人秋色装扮下的禾木，炊烟在秋色中冉冉升起，形成一条梦幻般的烟雾带，胜似仙境。

白哈巴

白哈巴村是一个图瓦人小村落，因为地处边陲，村子成了"西北第一村"，村边的哨所成了"西北第一哨"，连清浅的白哈巴河也当仁不让地成了"西北第一河"。白哈巴是宁静悠然的，原始森林、原木小屋、袅袅炊烟、淡淡晨雾和豪爽却带点神秘色彩的居民共同构成了一个童话王国。白哈巴的居民世代生活在这里，山林间穿着蒙古长袍、腰系彩色缎带的图瓦人骑在马背上，绿色原野上是成群的牛羊。在这里可以充分感受图瓦人独特的民风民俗。

泸沽湖 / 015

如画的旖旎风光，独特的母系氏族遗风，湖水清澈透明，湖畔阡陌纵横，木楞房舍，炊烟袅袅，一派世外之景

　　泸沽湖是中国最深的淡水湖之一，分布在云南和四川交界处。湖水清澈，犹如一颗明珠镶嵌在群山环抱之中，碧波荡漾，风光迷人，有"高原明珠""滇西北的一片净土""东方第一奇景"等美称。

　　泸沽湖湖面海拔2690米，湖水面积52平方公里，平均水深45米，最深处达93米，透明度高达11米。湖中有5个岛，3个半岛，形态各异。四周青山环绕、山势蜿蜒起伏，植被茂密，色彩碧绿，湖水清澈透明，缓缓滑行在碧波中的猪槽船和仿佛飘浮于天水之间的摩梭民歌，更显出其古朴宁静。景区内有神奇的格姆山，有风情独特的摩梭村寨，有著名的高原温泉，有地下迷宫古意溶洞，还有土司府、扎美喇嘛寺、忽必烈南征驻军遗址——日月和、茶马古道重镇永宁等人文景点及许多与自然景

TIPS

摩梭人

摩梭人生活在云南省西北，四川、云南交界处风光秀丽的泸沽湖畔，人口约 5 万，有自己的本民族语言，但没有文字。摩梭人是中国唯一仍存在的母系氏族社会，实行"男不娶、女不嫁"的"走婚"制度。子女从母居，血缘世系按母系计算。

物有关的美丽动人的传说故事。

泸沽湖不仅以其自然生态美使人流连忘返，当地特有的风俗民情也引人入胜。作为人类母系氏族的最后遗迹，摩梭人世世代代生活在泸沽湖畔，独特的"阿夏"婚姻、自然而原始的民俗风情，为这片古老的土地涂上了一层神秘而美丽的色彩，被称为"神奇的东方女儿国"。因此，摩梭人也被称为"人类历史的活化石"。摩梭的转山节和成丁礼，以及彝族的火把节都是当地传统风俗。

摩梭村寨

摩梭人至今在婚姻上实行"阿夏婚"，即男不娶、女不嫁的走婚习俗，同时保留着以母系为纽带传延世系的母系大家庭。摩梭民居为干栏式建筑，四周都用圆木垒墙，上盖木板，中间设门，俗称"木楞房"，村寨布局古朴自然。

草海

在四川境内，是泸沽湖的出水口，天然形成一片巨大的湿地，生长着大片芦苇。草海上有一长长的木桥，连接两岸，又叫走婚桥。草海四五月的时候最漂亮。草海上可以划船，和泸沽湖划船相比是另一种风格和滋味。女神湾是正对格姆女神山的一个湖湾，非常漂亮，居住的人很少，很安静，湖光山色，尽揽在怀，是整个环湖景点中最经典、景色最好的地方。也是拍照摄影的最佳地点。

碧绿的泸沽湖如一枚宝石，湖光山色，璀璨夺目

纳木错 /

016

最美理由 /
　　湖水清澈透明，湖面呈天蓝色，水天相融、浑然一体，是闻名西藏的三大圣湖之一、我国的第二大咸水湖、世界上海拔最高的咸水湖。

最美季节 / 春、夏、秋季，每天的清晨和傍晚
最美看点 / 引宾石（夫妻石）、合掌石、善恶洞
最美搜索 / 西藏

水天相融的纳木错是西藏三大圣湖之一

　　纳木错是西藏最大的湖泊，也是世界上海拔最高的大湖，位于念青唐古拉山峰北麓，湖面海拔 4718 米。它的东南部是直插云霄、终年积雪的念青唐古拉山的主峰，北侧依偎着和缓连绵的高原丘陵，广阔的草原绕湖四周，天湖像一面巨大的宝镜，镶嵌在藏北的草原上。传说，纳木错是帝释之女，念青唐古拉之妻，藏语为"天湖"之意。这里是藏传佛教的著名圣地，信徒们尊其为四大威猛湖之一，相传为密宗本尊胜乐金刚的道场。

　　纳木错的形状像静卧的金刚度母，湖的南面有乌龟梁、孔雀梁等 18 道梁，湖的北面有黄鸭岛、鹏鸟岛等 18 个岛。湖的四面建有 4 座寺庙，即东有扎西多波切寺，南有古尔琼白玛寺，西有多加寺，北有恰妥寺，象征着佛教上所说的愠、怒、权、势。

　　清晨，湖面霭霭茫茫，周围群山若隐若现，太阳升起，云消雾散，浩瀚无际的

贴士

1. 纳木错海拔较高容易产生高原反应，初上高原建议在拉萨休整后，再前往纳木错旅行。

2. 纳木错的日落很漂亮，这里的紫外线很强，注意防晒。

3. 纳木错吃住很方便，但是很贵。

4. 摄影：拍摄以春夏秋三季为宜，尤以 5 ~ 9 月为最佳。冬季有时会因大雪封山有意想不到的光影效果。引宾石是摄影发烧友最喜欢的地点。

5. 纳木错为咸水湖，但水不是特别咸，烧开或过滤后还可以喝。转湖途中补给很差，需充分准备水和食物，背东西的牦牛、马需提前在班戈县预订准备。徒步转湖一定先在拉萨做好高原适应，因为会一直在海拔将近 5000 米的地方行走，户外装备一定做好充分准备，尤其做好防雨工作。

湖面荡起涟漪，远处的念青唐古拉山的主峰格外清晰。傍晚，湖水被夕阳的余晖照得霞光闪烁。这就是纳木错一天的光影变换。也正因如此，纳木错被《中国国家地理》"选美中国"活动评选为"中国最美的五大湖泊"第三名。

扎西半岛

纳木错有 5 个岛屿兀立于万顷碧波之中，佛教徒们传说它们是五方佛的化身，凡去神湖朝佛敬香者，莫不虔诚顶礼膜拜。另外还有 5 个半岛，以扎西半岛最大。扎西半岛也叫吉祥爱情岛，位于纳木错的东南端，向北延伸到湖中，是个由石灰岩构成的约 10 平方公里的半岛。中间是几十米高的小山，最北端纷杂林立着无数石柱和奇异的石峰，峰林之间还有自然连接的石桥。由于曾长期被天湖水侵蚀，因此，岛上分布着许多幽静的岩洞，洞里布满了钟乳石，形成了独特的喀斯特地貌。

扎西半岛是纳木错宗教活动最为集中的地方，半岛上有扎西寺（扎西，藏语意为吉祥的意思），至今仍香烟缭绕，晨钟暮鼓。半岛的转经路旁，有一个很大的山洞，称之为莲花生洞，据说洞里有自然生成的莲花生灵塔。

引宾石

也被称为纳木错的门神或者夫妻石。相传纳木错是一位女神，她掌管着藏北草原的财富，所以当商贩外出做生意时，必先来到此地祈求门神，在得到门神的同意后方可朝拜纳木错，以保证生意兴隆。两块巨石上常年悬挂着五色经幡，四周摆满了嘛呢石和牦牛头骨，是拍摄湖景的绝好前景。

经多恰寺，前行 6 公里来到布谷杂日。这里是当地牧民心中的世界奇迹。这里的山洞里到处都能看到飞禽走兽、花卉草木、云纹、字母等各种图案，奇怪的是，这些图案时而清晰可见，时而模糊不清，变化无穷。晚上可在湖边布拉然卡宿营。

继续前行，经过恰多南卡岛。岛上有许多佛像和文字的自成物，以及许多山洞。岛上有几块竖立的大石头正对着唐古拉山，被称为念青唐古拉的大门。晚上可赶到昂巴空龙岛扎营。这附近经常可以看到黄羊和石羊。

离开昂巴空龙岛，经过纳木错四大浴门之一的加长崔泉浴门，可在湖边扎营。

赶到扎西半岛，至此正好绕湖一周。扎西岛是湖边最大的一个半岛，也是一个大本营，这里目前已是个帐篷城，来自各地牧区的藏族群众在这里相聚、朝圣。

碧蓝的纳木错远处是白雪皑皑的念青唐古拉山

纳木错转湖

　　马年转山、羊年转湖、猴年转森林，这好像是佛祖留给人们的旨意。"纳木错"在藏人心中是圣湖，每到藏历羊年的四月十五，西藏当地和青海、四川、甘肃、云南的佛教徒们迢迢千万里来转湖朝圣，以寻求灵魂的超越。12年一次的纳木错羊年转湖很久以前就被藏民族列为传统活动，许多高僧在这里弘扬佛道，至今仍有噶举教派僧人在湖边或湖心岛闭关修行，特别是羊年，虔诚的佛教徒纷纷前来转湖朝佛，把各种供品投入湖中，祈求风调雨顺，吉祥如意。

　　纳木错都是按顺时针开始转湖。转湖一圈，沿湖岸线 280 公里左右，沿简易公路线 320 公里左右，全程徒步，根据体力情况需 8 ～ 15 天。前几十公里的视野特别开阔，牛羊成群，风景迷人。35 公里处经过嘎拉木山口，这里有很多经幡、嘛呢堆，有两顶大帐篷，可以休息喝茶。65 公里处经过巴里村，这里的牛粪墙很壮观。沿着湖岸线开始向北行进，进入班戈境内，经过德庆乡到达多恰寺，这里可住寺庙帐篷。多恰寺尽管只有 15 个僧人，但它是纳木错湖边最大的寺庙。寺庙建在湖边的岛上，有很多山洞，是个修行的好地方。多加寺有个不解之谜，每到晚上，在岛上及寺内都可听到凿刻嘛呢石的声音，人一走近，声音便停了；走开后，声音又响起。

赛里木湖 /

017

最美理由 /
　　赛里木湖是新疆最令人难忘的一处高山湖泊，那是群山环抱中一池碧蓝无比的深邃的眼眸，每一位经过这里的旅人，都会情不自禁地停下脚步，想伸手抚开睫毛上的朵朵浮云，而后深情地凝望水中的倒影，似乎只有在这里才能找回内心的平静，才能看清本真的内心

最美季节 / 7 月底、8 月初，当地的蒙古族和哈萨克族的牧民会在这里举行赛里木湖那达慕大会
最美看点 / 环湖游览、哈萨克人的毡房、空中草原
最美搜索 / 新疆

如同蓝宝石一样的湖面在雪山、草地、牛羊的衬托下，演绎着绝美惊艳的交响曲

　　赛里木湖位于博乐市境内天山西段的高山盆地中，贯穿中国东西两端的连霍公路正从湖的南岸擦边而过，这条交通要道曾是古代丝绸之路的北道，相信路旁这片汪洋之海也一定曾给那些千里迢迢长途跋涉的商旅驼队带来过无限的喜悦和感动。这片海拔 2073 米的深邃大湖，最深处足有 90 多米，400 多平方公里的椭圆形湖面是新疆境内海拔最高、面积最大的内陆湖泊，倘若没有天际云海与湖面间的绵延雪山，真叫人会误以为这是一片茫茫大海。当地的蒙古人称它为"赛里木卓尔"，意思是"山脊梁上的湖"，而哈萨克语则是祝愿的意思，突厥语"赛里木"又是"平安"之意，这些美好的寓意和称谓都是世代生活在赛里木湖周围的牧民赋予它的爱和崇敬之情。

　　但凡见过赛里木湖的人，无不会被它的湛蓝所折服，那是一种幽怨深情的蓝，是纯净无邪的蓝，是诡异神秘的蓝，即使就看一眼，或

只凝视片刻，都能让人的心为之颤抖和痴狂。在人们一阵阵的惊呼声中，湖水一如既往地随着节拍像海浪一样轻拍着岸边，从不会因此而骄傲地掀起惊涛骇浪。只是岸边的茵茵草地却禁不住湖水经年累月的诱惑，一点一点陷入了蓝湖的情网，以至于南岸的古道无奈之下只好往南一挪再挪，最终成了今日飞跃山峦的高速公路。

相传，赛里木湖东侧的两座小岛，是一对殉情恋人为了忠贞不渝的爱情而变成的形影不离的伴侣，湖水中不知道有多少是来自他们的眼泪，感天动地的爱情故事成了无数情侣追逐探访的坚定理由，也让这里当仁不让地成为新疆最浪漫的婚纱外景地之一，甚至连内地的情侣游客都带着婚纱来这里拍写真。

赛里木湖之大让人很难一次就能完全领略到它的完美，想要仔细打量万顷碧波的赛里木湖，非要从不同角度、不同时间来感受欣赏，才能发掘它那与众不同的完美。首先可以乘坐

快艇，以最亲近湖面的方式感受它的深邃与博大，然后可以骑行或自驾环湖游览一圈，以360°的方位膜拜欣赏一番，最后还要骑上骏马穿过哈萨克人的一座座毡房，登上岸边的空中草原俯瞰传说中西王母的瑶池。那一刻才是最令人震撼和感动的瞬间，巨大的蓝宝石一样的湖面镶嵌在雪山环抱的绿茵草原上，四周镶满了金色的、红色的花海，湖面上反射着点点荧光，云朵把湖面当成了施展魔术的大舞台，在晨曦与夕阳制造的光影中，演绎着绝美惊艳的交响曲。

但凡到过赛里木湖的人，无不被它的湛蓝所折服

太湖 /

018

湖光山色，相映生辉的太湖素有"太湖天下秀"的美誉

　　太湖是中国第三大淡水湖，北临无锡，南濒湖州，西接宜兴，东临苏州。太湖号称"三万六千顷，周围八百里"，纵横交织的江、河、溪、渎，使太湖周围形成了极富特色的江南水乡，湖光山色，相映生辉，素有"太湖天下秀"之称。太湖旅游度假区包括无锡

和苏州两部分。2000 多年前，西施与范蠡功成身退就是从太湖泛舟而去，今有蠡园可让后人凭吊芳踪。

鼋头渚

　　位于无锡的鼋头渚是横卧太湖西北岸的一座半岛，因巨石突入湖中形状酷似神龟昂首

而得名。郭沫若诗吟："太湖佳绝处，毕竟在鼋头。"这里是一个以天然山水为主，人工修饰为辅的园林。建园采用了"欲露先藏"的手法，因此初入园时难觅太湖踪影，只有花木庭院。而登高时，浩瀚壮美的太湖才奔来眼底。鼋头渚公园花木扶疏，怪石嶙峋，现有充山隐秀、鹿顶迎晖、鼋渚春涛、万浪卷雪、湖山真意、十里芳径、太湖仙岛、江南兰苑及犊山晨雾、广福古寺 10 多处景点。

太湖仙岛

在鼋头渚可以看见太湖上有 3 座仙岛，被称为太湖"三山"，它们是由西鸭、大矶和小矶 3 座湖岛组成。山上筑有环山公路，又有石桥使 3 岛连成一体。岛上遍植松、竹、枫、樟，还有猴群与游人戏耍，更添野趣。

蠡园

坐落在无锡蠡湖畔，属于太湖的一部分，又名五里湖。这里是为纪念范蠡和西施泛舟五里湖而建的。蠡园布局分两部分：太湖石假山和千步长廊。以湖边长堤为主。千步长廊一边紧靠碧波荡漾的蠡湖，一边是长墙，墙上砌有不同图案的 89 扇花窗，还嵌着一些珍贵的石刻。

苏州太湖旅游度假区

位于苏州城西 15 公里处。太湖七十二峰、四十八岛中大半分布在度假区内。这里山清水秀，风光旖旎，在西山附近散落着诸多如珍珠般的古村落，历史悠久，文化积淀深厚。每年正月十五到二月正是太湖梅花盛开时节，林屋梅海和光福香雪海是太湖两大赏梅区，清乾隆帝曾六赴香雪海。

太湖美呀太湖美，美就美在太湖水

洞庭湖 / 019

最美理由 /

　　八百里洞庭美如画，湖平岸阔，万鸟翔集。红嘴鸥在水面上划出清涟的波痕。小白额雁从头顶飞过时展现优雅的身姿，白鹤在水草深处淡定地浅吟低唱。每到冬季来临的时候，走进东洞庭湖湿地，映入眼帘的就是这一幅幅诗意美景。

最美季节 /四季皆宜

最美看点 /君山、采桑湖、丁字堤

最美搜索 /湖南

每年入冬，沃野万顷的东洞庭湖国家级保护区便成了候鸟避寒过冬的天堂

　　洞庭湖入湖水量相当于鄱阳湖的 3 倍，太湖的 10 倍，为我国第二大淡水湖。湖的北面是湖北省，南面是湖南省。其南有湘、资、沅、澧四水汇入，湖水最后在岳阳城陵矶注入长江。整个洞庭湖分为五部分：东、南、西、北洞庭湖以及大通湖，其中东洞庭湖面积最大，君山也在此湖面上。洞庭湖不仅风光绝佳，而且素称鱼米之乡，自古为我国淡水鱼著名产地。洞庭湖湿地面积占我国亚热带湿地面积的 1/4。

　　作为洞庭湖本底湖的东洞庭湖，面积最大，广袤湖区独特的湿地系统、适宜的温度、

季节性的湿地、丰富的植物、鱼类，让东洞庭湖成了东北亚湿地水禽主要越冬地和一些鹭类、鸥类的繁殖地。

每年入冬，沃野万顷的东洞庭湖国家级保护区便成了候鸟避寒过冬的天堂。东洞庭湖保护区面积有 19 万公顷，明水、沼泽、草滩、农田、林地、村落，不同的栖息环境下有不同的鸟类，而且每年鸟类栖息的情况都可能变化。每年有白鹳、黑鹳、白鹤、白鹭等 255 种国家级保护候鸟在这里越冬。白头鹤、大鸨、白尾海雕、鸿雁等稀有鸟类也经常在这里嬉戏。冬天到洞庭湖来看鸟，应该是一个非常不错的选择。

君山

君山，古称"洞庭山""湘山""有缘山"，是八百里洞庭湖中的一个小岛，与千古名楼岳阳楼遥遥相对，被"道书"列为"天下第十一福地"。

采桑湖

采桑湖则是观雁的好地方，登上采桑湖

TIPS

1. 双筒望远镜 7 ~ 10 倍，用于看林鸟；单筒望远镜 20 ~ 60 倍，用于看水鸟。服装推荐大地色系，不要穿颜色鲜艳的服装。穿徒步鞋或旅游鞋。

2. 东洞庭湖自然保护区核心区采桑湖观察站离岳阳市区 40 公里，乘去钱粮湖的长途车一个多小时就到。观察站可供 30 人吃住，但条件简陋。住在核心区从早到晚可看壮观的雁群和小天鹅、涉禽等，然后转至丁字堤看鹤，回岳阳。因每月鸟情不同，请遵从保护区安排的具体观鸟线路。

管理站 2 楼，架起望远镜，可以看到大群的罗纹鸭、赤膀鸭和湖边水草上休息的雁群。除此之外，在这里可以看到白琵鹭群、普通鸬鹚群、红嘴鸥群、翘鼻麻鸭、黑腹滨鹬、凤头麦鸡、游隼等，还有珍贵的东方白鹳。东洞庭湖的宣传资料中有张照片，几千只反嘴鹬一齐起飞，就出自这里。

丁字堤

东洞庭湖自然保护区的丁字堤一线，是著名的观鹤点。

八百里洞庭烟波浩渺

最美碧海蓝天

Chapter ③

并不是只有巴厘岛、马尔代夫才有碧海蓝天，三亚的椰影婆娑、厦门的鼓浪声声、青岛的异国风情、澎湖的海天一色、霞浦的渔歌唱晚……都是碧海蓝天下最美的风景，可戏水、可浮潜、可出海捕鱼、可沙滩漫步，也可以什么都不做，只是静静地迎着微咸的海风，看潮起潮落，看云卷云舒。

三亚 /

020

最美理由 /
　　上帝把最宜人的气候、最清新的空气、最和煦的阳光、最湛蓝的海水、最柔和的沙滩、最风情万种的少数民族、最美味的海鲜……都赐予了这座海南岛最南端的海滨旅游城市。

最美看点 / 亚龙湾、南山、天涯海角、南天一柱、蜈支洲岛
最美气候 / 9 月至农历春节
最美搜索 / 海南

三亚有最优质的海滨、洁白细腻的沙滩、婆娑摇曳的椰树

还记得冯小刚的电影《非诚勿扰 II》吗？碧波荡漾的大海、湛蓝的天空、郁郁葱葱的热带植物、美丽的姑娘、奢华的度假酒店……你可能猜它是马尔代夫，误以为是夏威夷，抑或将这里当作梦中的天堂。

三亚是我国唯一的热带海滨旅游城市，空气质量、负氧离子含量位居全国第一位。1 月来这里能让人遗忘了北方的严寒，投入这热带海岛当中。亚龙湾、大东海、三亚湾等都是优质海滨。亚龙湾位于三亚市东南 28 公里处。这里三面青山环绕，砂砾洁白细腻，长达 8 公里，开阔平缓，是三亚最优质的海滩。其海水能见度达 7～9 米，海底世界资源丰富，有珊瑚礁、各种热带鱼、名贵贝类等，所以这里也是中国最大、最佳的潜水基地。"三亚归来不看海，除却亚龙不是湾"的说法并不夸张。有位名人也曾夸赞："亚龙湾具有得天独厚的自然条件，银色的沙滩、清澈的海水、

蜈支洲岛被称为"南中国海最纯净的乐土"

南山文化旅游区奉有世界最高的观世音菩萨像

绵延优美的海滨、未被破坏的山峰和海岛上原始粗犷的植被，这是一个真正的天堂。"

大东海沙平水暖，是著名的冬泳胜地。而三亚湾则是由阳光、海水、沙滩构成的休闲热带海滨，气候宜人，空气清新，让人能得到全身心的放松。

来三亚一定要去礼佛，沾一沾南山风景区的吉祥气儿。"福如东海，寿比南山"的南山就是指这里。南山上有世界最大的金玉佛像"金玉观世音"。圣像高108米，为世界之最。而它最让人惊诧的是，居然是用100多公斤黄金、120多克拉南非钻石、100多公斤翠玉、千粒红蓝宝石、祖母绿、珊瑚、松石、珍珠等奇珍异宝装饰的，价值1.92亿元，并装有释迦牟尼佛祖舍利一颗、古佛舍利一颗。

除此之外，三亚也是中国最佳养生城市，被联合国誉为"世界最适合人类居住的城市"。1月来三亚更是让人爱恋这里的空气和美景，乐不思返。

南山文化旅游区

位于三亚市西南20公里处。这里是中国最南端的山，被称为"吉祥福泽之地"。观音菩萨为了普度众生，曾发"常居南海愿"，所以这里奉有世界最高的观世音菩萨像。唐代著名大和尚鉴真法师东渡日本五次未果，漂流到南山，在此居住一年半，并建造佛寺，随后第六次东渡日本终获成功。

蜈支洲岛

坐落于三亚市北部的海棠湾内，被称为"南中国海最纯净的乐土"。蜈支洲岛呈不规则蝴蝶状，面积1.48平方公里，三面叠翠，

TIPS

⊕ 妈祖文化

我国沿海地区信奉"妈祖"始于宋代，繁荣于近代。这是由于沿海民众以海为生，需要得到海神妈祖的庇护。"妈祖"本是民间渔女，名叫林默，自小有神异，并有妙手回春术，带救济百姓。清康熙年间，朝廷将"妈祖祭祀"作为最高祭祀，妈祖成为"海上女神"。如今沿海地区每年都有大规模的妈祖祭祀活动。

⊕ 美食

海南的美食是将热带美食混合了民族风情，呈现出新鲜、天然、奇特、丰富四大特点。海南四大招牌菜之一的"文昌鸡"色泽油亮，口味醇香，滑而不腻；"东山羊"则汤味浓鲜，肥而不腻；"嘉积鸭"本身皮薄、骨软、肉嫩，可以做成白切鸭、板鸭、烧鸭；"和乐蟹"膏满肉肥，金黄油亮。海南是热带地区，椰子随处可见，所以"椰子"成为海南特色食材。比如，瓦罐椰奶鸡、椰子煲等，椰汁爽快，椰肉嫩滑。炎夏之中，来一杯由冰糖加椰水制成的"清凉补"，顿时暑气尽消。

原生植物郁郁葱葱，还生长着地球上最古老的植物——龙血树。临海山石嶙峋陡峭，惊涛拍岸。中部山林草地起伏。北部滩平浪静，也是一个潜水的热门地。

天涯海角

位于三亚市区约 20 公里处。"天涯貌貌，地角悠悠"，这里就是爱情誓言中所说的"天涯"和"海角"。"天涯石"又称"平安石"，方方正正，四平八稳，已有亿万年的历史。清雍正年间在石上刻上了"天涯"二字。距此东 300 米处便是"南天一柱"石，即第四版 2 元人民币背面的图案。石高约 7 米，高大兀立，呈圆锥形，正面看像哲人的头，侧面看像古船上升起的"双桅帆"。"南天一柱"代表着财富的灵气。

美丽三亚，碧海蓝天，如酒如歌，如诗如画

厦门 /   021

最美理由 /
　　"城在海上，海在城中"，厦门是一座风姿绰约的"海上花园"。岛、礁、岩、寺、花、木相互映衬，侨乡风情、闽台习俗、海滨美食、异国建筑融为一体，四季如春的气候更为海的魅力锦上添花。你可以在宁静的鼓浪屿、长长的环岛路上徜徉，闯入这由海岸线、榕树、古老建筑构成的图画中，让往事和杂乱都烟消云散，心灵变得一尘不染。你也可以选择独自在植物园斜斜的草坡上，数数那些熟悉和不熟悉的植物的名字。你还可以在 9 月的清晨去爬南普陀寺，看摩崖石刻，倾听菩提谦卑无语，晚饭一定要在小吃一条街度过。

最美季节 / 春秋、初夏最佳

最美看点 / 鼓浪屿、日光岩、环岛路、环岛海滨浴场、南普陀寺

最美搜索 / 福建

厦门鼓浪屿是童话式的，小小的，精致无比

　　厦门是一个看得见、听得到，值得全身心去体验的城市。看得见的是风景，看不尽的也是风景。在看不尽的风景背后，是听得到的厦门，不是车马的喧哗，不是人声的鼎沸，而是久违的鸟叫声，是环岛路沿岸的涛声，是老街银发老人们聊天时的闽南语，是戏台上咿呀

🔊 美食

这里以海鲜大酱、闽南传统风味小吃、南普陀素宴、药膳为特色。"厦门菜"作为闽菜的主要组成部分，以清淡鲜嫩见长。"南普陀素宴"非常雅致，主要以香菇、面筋为食材，著名的菜品有"半江沉月""南海金莲"等。

厦门人爱吃，当地有两百多种小吃能让胃得到极大欢愉，而且好吃不贵又给人平添了幸福感。著名的有沙茶面、花生汤、肉粽、土笋冻等。沙茶面的汤头是用猪大骨汤加沙茶酱熬制成的，味道鲜美；花生汤是将花生熬汤后放糖食用，可以与多种主食搭配；肉粽多以虾仁、香菇、猪肉、栗子为馅儿，油润不腻；"土笋"是一种沙虫，熬制后凝固，然后调上酱料食用。

的古老的南音歌仔戏，更是鼓浪屿小巷深幽的琴声……

鼓浪屿

有人说，喜欢厦门，很大程度上是因为鼓浪屿，喜欢漫步在沙滩上的感觉，喜欢走在高高低低的街道上欣赏那些老旧的别墅建筑。更让人不舍的要数鼓浪屿那些风情小店，随便找上一处，在暖暖的阳光里吹着海风到"号外奶茶"来一杯，抑或走到静芬杂货铺挑选自己喜爱的小物件，或者到米糖小店给朋

厦门是一座风姿绰约的"海上花园"

友捎点礼物。

鼓浪屿是童话式的，小小的，精致无比，蓝的天，层层的彩色屋顶，几乎每段路都是在上坡或下坡，每走几步又必然要拐弯，虽然每家门口都有几级石级，却绝对不是"庭院深深"的感觉，每扇掩着的门背后，藏着的不是古怪鬼魅的故事，而是亲切如童话中的场景，是累了的白雪公主走到一间小木屋，就是可以休息的地方。悠闲与惬意，这就是鼓浪屿。

没到日光岩，就不算真正到过厦门。如果想看日出，就去日光岩吧！那是鼓浪屿最高的地方。对鼓浪屿而言，每天的第一缕阳光，从日光岩开始。

日光岩是鼓浪屿的龙头景点，包括日光岩和琴园两部分。顶峰一直径 40 多米的巨石凌空耸立，是厦门的象征。郑成功曾在此留下许多传说。景区奇石叠垒，洞壑天成，海浪拍岸，树海叠嶂，繁花如星，富有亚热带浪漫风情。

环岛路

厦门环岛路全程 31 公里，有的依山傍海，有的凌海架桥，有的穿石钻洞。无论什么季节、什么时候来到这里，迎接你的，总是那碧波绿树和似锦鲜花。在这座既养眼又温柔的城市生活，本来就够让人羡慕的了。而偏偏在咫尺之遥，还有这样一座神仙般的小岛。它并不高，也不大，绿意盎然的岛上，若隐若现地跳跃着各式建筑，在蔚蓝的海水里，像浮在水面的一处仙境。

环岛海滨浴场

鼓浪屿周围有很多天然的海水浴场。这些浴场坡缓沙细，很适合海滨休闲、游泳。加上鼓浪屿岛屿的美丽景色，随海浪起伏的隐隐琴声，令人惬意无比。最热门的有：大德记海滨浴场、皓月园内海滨浴场、美华海滨浴场、观海园海滨浴场、港仔后海滨浴场等。

南普陀寺

厦门南普陀寺是闽南著名的古刹，寺内主要供奉着千手千眼观音菩萨，已有近千年历史，至今香火旺盛，冠于闽南诸寺。古谚道"一年来南普，三年免受苦"，南普陀寺成为香客们朝拜的圣地。到了南普陀寺，可别错过这里的素菜。南普陀寺素菜已经有百年的历史了，这在南普陀寺原"无我厅"里的一副对联可以印证："勿道山家禅味淡，也知尘俗世情浓"，说明了寺庙素菜的历史是很悠久的，百年历史是肯定有的。

青岛 /

022

最美理由 /
　　所有人都知道"青岛啤酒"。当"夏天"和"青岛"两个词同时出现时，所有人最先想到的肯定就是青岛每年一度盛大而热闹的国际啤酒节。偌大的啤酒城里，挤满了从各地来的爱酒之人，聚在这里尽情地狂欢。热辣，豪情，海风，海鲜，啤酒，构成了青岛所有的休闲元素。有人说，青岛最美的季节是夏季。海水温暖，沙滩细软，无烈日高温，是旅游的黄金季节。

最美季节 / 6 ～ 8 月
最美看点 / 八大关洋派旧居、青岛第一海水浴场、海滨步行道、小青岛、栈桥
最美搜索 / 山东

海风轻拂，海浪轻拍，青岛八大关沉淀了太多的故事

青岛依山傍海、风光秀丽、气候宜人。红瓦、绿树、碧海、蓝天交相映出青岛美丽的身姿；赤礁、细浪、彩帆、金色沙滩构成青岛美丽的风景线；历史、宗教、民俗、风土人情、节日庆典赋予了青岛旅游丰富的文化内涵。

青岛的海滨，有一条国内最长的海滨步行道。从青岛最西边的团岛环路一直修到了最东边的石老人公园，全长 36.9 公里，想要从头到尾走上一遍，恐怕要几天了。步行道大部分是用木材和天然石材铺设的，还结合了自然风景和海岸边特有野趣，修建了很多小景观。沿途有很多餐厅和冷饮摊子，走累了可以随时坐在路边的椅子上或是凉亭里，边吹海风，边欣赏无处不在的美景。

八大关洋派旧居

八大关虽然紧邻闹市，却又是闹中取静。第一次到青岛的人，最先去的地方一定是八大关。蜿蜒而整洁的街道两旁，布满了欧洲异国风情的建筑，而每栋别致的建筑中，又藏匿着许多不为人知的历史往事——名人故居更是不胜枚举。八大关里最有名的建筑——蒋介石旧居花石楼，建于 20 世纪 30 年代，是典型的欧洲哥特式建筑。由于楼内由大理石贴墙面，楼外又砌有鹅卵石，多年来人们一直称之为"花石楼"。

青岛第一海水浴场

青岛第一海水浴场位于汇泉湾畔，拥有长 580 米、宽 40 余米的沙滩，曾是亚洲最大的海水浴场。这里三面环山，绿树葱茏，现代的高层建筑与传统的别墅建筑巧妙地结合在一起，景色非常秀丽。海湾内水清波小，滩平坡缓，

TIPS

🍺 青岛啤酒文化

来青岛，一定要喝喝著名的青岛啤酒。登州路 56 号是青啤发祥地。这里的大街小巷中弥漫着啤酒的香气。每年 8 月，这里要举行青岛啤酒国际啤酒节，是整个城市的嘉年华。

🍴 美食

青岛菜在鲁菜中自成一派。由于临近大海，青岛海产品十分鲜美。著名佳肴有"肉末海参"，嫩中带鲜，美味无穷。"原壳鲍鱼"则是鲜到极点。"油爆海螺"鲜香扑鼻。尤其要提的是口味甘醇的"青岛啤酒"，以及甘醇爽口的"崂山矿泉水"，让青岛美食吃喝均够水准。

沙质细软，作为海水浴场，自然条件极为优越。青岛的海滨浴场有很多，但是一定要去一次第一海水浴场，感受一下青岛的火热夏天。几万人共游大海的场面，单是想想都觉得火爆。

海滨步行道

青岛的海滨步行道，可以说是国内最长的一条海滨步行道。推荐大家走一走太平湾观景区，从花石楼开始沿步行道向西走，经过第二海水浴场、第一海水浴场、海产博物馆、鲁迅公园，直到海军博物馆，如果还有体力，就一定要去小青岛上看看。这一路下来，基本上就算是把青岛几个比较重要的景观都尽收眼底了，汇泉广场、汇泉角、小鱼山、观象山、太平山远景都在这一线沿途。

如果喜欢看海浪翻滚，惊涛拍岸，就一定要选个有风的日子，走一走五四广场到第三海水浴场的那一段，保证让你过足看海的瘾！

小青岛

小青岛，也称为琴岛。自古以来都是这座城市的守护者，总是淡定地屹立在海中央。

依山傍海的青岛红瓦、绿林、碧海、蓝天交相辉映

1900 年，德国人在岛上建立八角形白色灯塔一座，为进出胶州湾的船只导航，每当暮色笼罩，标灯吐辉，灯影波光辉映，虚无缥缈，这就是青岛十景中的"琴屿飘灯"。如今小青岛上的灯光已不再指引归途，但它那俊秀的身影和夜晚璀璨的光亮，风采依然。

栈桥

栈桥是青岛的象征。游人漫步于栈桥海滨，可见青岛外形如弯月，栈桥似长虹卧波，回澜阁熠熠生辉。所谓"长虹远引""飞阁回澜"所指即此。远处，小青岛如螺，岛上树影婆娑、绿荫浓浓，一座白灯塔亭亭玉立。湾东侧和北侧，红瓦绿树交相辉映，各式建筑参差错落地分布在海岬坡地之上。

崂山

位于青岛市东北部，被誉为"海上名山第一"。《崂山道士》的故事又让崂山家喻户晓。崂山景区面积 480 平方公里，海岸线长 87 公里。主峰巨峰海拔 1133 米，是我国海岸线最高点。崂山风景区分为东线（太平宫、仰口、华严寺、那罗延窟、棋盘石）、西线（华楼宫、法海寺、月子口）、南线（太清宫、龙潭瀑、八仙墩），北线（北九水、潮音瀑、蔚竹庵）、中线（巨峰、虑女峰）。

澎湖列岛 /

023

最美理由 /
　　入夜时分，海滨帆樯林立，渔火点点，宛如星汉撒落人间，"澎湖渔火"因此被列入台湾八景之一。

最美季节 / 4 ~ 9 月
最美看点 / 澎湖渔火
最美搜索 / 台湾

海风轻拂的澎湖湾有白浪沙滩、碧海蓝天

澎湖列岛位于台湾省西部的台湾海峡中，由 64 个岛屿组成，面积约 126 平方公里。这里地理位置优越，东隔澎湖水道，与台湾岛相对，最短距离约 45 公里，与福建省厦门市隔海相望，最短距离 140 公里。澎湖列岛是我国东海和南海的天然分界线，自古以来即是兵家必争之地，是大陆文化传入台湾的跳板，也是台湾最早开发的地方。

澎湖列岛的开发比台湾本岛早 3801 年，历史上曾是大陆移民去台湾岛的踏脚石，故也有"台湾海峡之键""海上桥墩"之称。按位置可分南、北两个岛群：南岛群在八罩水道以南，有望安岛（八罩岛）七美屿、花屿、猫屿、东吉屿、西吉屿、草屿、南塭、将军澳屿、西屿坪、头巾屿、钟仔岩、锄头屿、大塭、白沙塭等，几乎所有岛都为火山岛；北岛群分布在八罩水道以北，包括有面积最大的澎湖岛和渔

翁岛（西屿）、白沙岛、吉贝屿、岛屿、姑婆屿、虎井屿、桶盘屿、大仓屿、毛常屿、金屿、目斗屿等岛屿。

澎湖列岛的自然景观优美，著名的景点有"风柜涛声""鲸鱼洞""望安玄武岩""虎井沈城""将军屿帆船石""花屿仙人脚印"等。台湾导演侯孝贤有一部叙述少年青涩成长的诗性影片《风柜来的人》，故事一开始呈现平静、悠闲的渔村景象，就取景自澎湖列岛的小渔村风柜，使澎湖列岛的幽静之美广为人知。渔港居民 60% 以上以捕鱼为生，以海为田，以船为家，兼采珊瑚、珍珠。

桶盘屿

桶盘屿以气势磅礴的玄武岩地质地貌而著称，柱状节理十分明显，玄武岩石柱犹如希腊罗马神殿的石柱，罗列于整个桶盘屿，形成陡峭的海崖，十分震撼。因侧看酷似倒盖的桶

悠闲宁静的小渔村是澎湖列岛最吸引人的魅力之一

状圆盘，故名桶盘屿。遇到退潮时，站在海蚀的平台上望去，平均高 20 米、宽 1.1 ～ 1.5 米的玄武岩石柱一根根排列整齐，状若石墙。石柱区约占全岛外围 1/3 面积，是桶盘屿最吸引游人的景观。

桶盘屿西南海岸海蚀平台上，由玄武岩熔浆涌出所形成的同心圆孔洞，人称"莲花台"，为火山口遗迹。而俗称"猫公石"的蜂巢状玄武岩也为海岸赏景增色不少。临码头的福海宫，主要供奉温府王爷，庙貌堂皇，是澎湖各离岛中香火鼎盛者之一。此外，附近海底有偌大瑰丽的片状珊瑚礁林，是潜水乐园。

二坎聚落保存区

二坎聚落保存区位于澎湖县西屿乡二坎村，为台湾第一个传统聚落保存区，是澎湖县历史建筑十景之一，更成为台湾历史建筑百景之一。

二坎聚落保存区中拥有许多传统建筑。每栋建筑物都是博物馆，保有澎湖当地的传统文化；二坎小区博物馆内则展示着二坎数百年来的聚落小区文化。

中央街

俗称"街内"的妈宫（马公）中央街在数百年前随天后宫兴旺的香火而兴起，是澎湖开发史上最早发展的老街道，有"澎湖第一街"之称。

早在清乾隆年间，中央街即发展成澎湖极具规模的商业街，各式店铺、商家、杂货店

林立，形成当时妈宫城"七街一市"的繁荣景象。所谓的七街，大部分都涵盖在今日的中央街里，一市则指妈祖宫（即天后宫）前的鱼市、菜市，昔时人潮来往，喝声鼎沸，一派热闹富足。

从天后宫旁进入中央街一巷，两旁的旧宅是光复后荣民所搭建，为闽式建筑整修加盖，朴拙的外貌已显得有些凌乱，但短短的巷道内，却蕴藏着几处人文足迹，万军井、施公祠都在这里。

风柜尾半岛

有人说，到澎湖游赏的人一定要到风柜听听涛声，否则便不能算是到过澎湖，这话一点也不假。由于海潮深入岩层下方蚀沟槽，水花自地面上空隙迸射而出，犹如风箱鼓风，风柜之名因而得之，有时涛声响彻云霄，又似鲸鱼喷水，交映着绚丽彩虹，景观奇特。风柜附近海岸有甚为发达的柱状节理玄武岩及特殊的海蚀洞、海蚀沟景观。

七美岛

七美岛位在澎湖群岛最南边，古称大屿，曾是大陆移民的中继站。全岛海岸线长 14.4 公里，面积 6.98 平方公里，是澎湖第五大岛，也是离澎湖本岛最远的离岛。岛屿地形属切割方山，东高西低，地势平坦。岛上共有 6 个村子，石砌的漳泉式古宅和高大华丽的楼房夹错并置，成为澎湖群岛中最受欢迎的旅游胜地之一。

北海 /

024

最美理由 /
　　北海全年无冬，常年展示着一幅海滨城市特有的美丽。而且北海全年花繁叶绿，空气清新，堪称中国最大的城市氧吧。

最美看点 / 北海银滩、涠洲岛、星岛湖
最美气候 / 5~9 月
最美搜索 / 广西

滩平、沙白、水净、浪柔，这就是北海银滩

　　"南濒北部湾，背倚万重山。云起连琼岛，波涌动越南"。北海地处北部湾东北岸，风光旖旎，气候宜人，情调浪漫。这里还有众多天然优良海滩，成为度假胜地。来北海，可以在银滩漫步，深藏功与名，感受大海的气息。

　　"天下第一滩"北海银滩是必去之地。它以"滩长平、沙细白、水温净、浪柔软、无鲨鱼、无污染"而著称。这里的海水温净碧透，自净力强，水质为国家一级标准，海水透明度大于 2 米。而且沙滩细白绵软，脚感非常

舒适。这里的沙子是高品位石英砂，细如粉末，色泽如银。

　　在北海市正南面的海域上有座涠洲岛，号称"南国蓬莱"，是中国最美丽的海岛之一。它是火山喷发堆积和珊瑚沉积融为一体而形成的，是中国最年轻的火山岛。在火山口保留了火山熔岩冲刷出的洞穴和流动痕迹，与海蚀、热带植物等构成了"天外来客"的独特景观。涠洲岛的珊瑚分布广泛，是世界上在最高纬度上繁衍的珊瑚。当潮位低时，可以直接看到海

里珊瑚的情景。候鸟也把涠洲岛当作迁徙的驿站，一年会两度光临。

北海的街景也极美。1876年中英《烟台条约》签订后，北海即成为开放口岸，先后有英、德、奥、匈等8个国家在此设立领事馆、教堂、医院、海关、洋行、学校等，因而保留下了一批西洋建筑，成为历史的见证。在北海的老街上就可以欣赏到这些西洋建筑物。老街建筑主要受19世纪末欧洲诸国影响，大多数2~3层，为西方卷柱式建筑。最突出的是临街的骑楼。下雨时人们行走在骑楼中，外出不受影响；烈日炎炎下，骑楼又为人们撑起一片阴凉。骑楼多是罗马柱，为游人勾勒出一幅中世纪的欧洲图景。

北海银滩

国家4A级旅游景区，分为海滩公园和银滩公园。海滩公园内有亚洲第一大激光音乐喷泉，世界第一的九龙玉船。银滩公园有能容纳万人以上的大浴场。北海银滩东西绵延24公里，以"滩长平、沙细白、水温净、浪柔软、无鲨鱼、无污染"闻名。这里空气清新，负氧离子含量是内陆城市的50~100倍，被认为是中国最理想的海滨浴场和疗养胜地。

涠洲岛

位于广西北海市正南面21海里的海面上。涠洲岛南部高峻险奇，北部开阔平缓，海水碧蓝，可以清楚地看见海底的活珊瑚、名贵海产等。在涠洲岛东南方向的"斜阳岛"，与其合称为"大小蓬莱"。值得一提的是，19世纪60年代法国传教士到涠洲传教，兴建教堂，这里至今还存有涠洲天主教堂、法国天主圣母教堂、

> **🏠 疍家风俗**
> 疍家是"以舟楫为家，捕鱼为业"的水上人家，有着独特的风俗。他们一般居住在傍岸临水架设的棚户里，棚户简陋，但十分卫生，称为"疍家棚"。疍家婚嫁贯穿始终的都是"唱"。闺女出嫁前要例行"哭嫁"，即唱歌对答，曲调哀婉动听。新娘在众女伴的簇拥下登艇，一路歌声四起。酒席散后是一个以男青年为主的说唱文艺晚会。

> **🍴 美食**
> 北海海产丰富，在当地的美食中，"鱼"占有重要地位。北海人餐餐有鱼吃，著名的是这里的"全鱼宴"，囊括鱼的各式各样做法。有道著名菜品叫"梅香鱼"，是用鱼和各种腌制的小菜、腐乳混在一起吃，虽然不好闻，但口感极佳。

涠洲岛是中国最年轻的火山岛，也是中国最美的海岛之一

三婆庙等教堂，为这里又增添了人文色彩。每年3、4、9、10月还可以在此观鸟。

星岛湖

位于合浦县，是电视连续剧《水浒传》中"水泊梁山寨"所在地。这里是利用洪潮江水库而建的一个内陆湖旅游度假区。水库水面面积6660公顷，湖面宽阔，湖水最深达32米。湖中散落着1026座岛屿，如满天繁星。星岛湖冬暖夏凉，湖水湛蓝。湖中岛上林木苍翠。整个星岛湖有一种"山在水中长，水在林中流"之感。

霞浦 /   025

6 月的霞浦常常出现在摄影作品中

　　霞浦，被誉为"中国最美的滩涂"。这里是中国最安静的一片海，没有水上摩托的喧闹，没有比基尼、遮阳伞的驻扎，唯有竹竿上迎风飘扬的海带、紫菜，滩涂上的木屐舟，间或掠过海面的白鹭。

　　这里常年温润，充足的光照、丰沛的雨水，南面的东冲半岛，像一个仙人的巨臂，神气地伸入大海，揽回一湾海水，成了内海的"东吾洋"和"官井洋"，两洋是少有的湖泊性海洋，造就了曲曲折折的海岸线，而曲折多姿的海岸线，造就了霞浦瑰丽壮美的海洋风光。

　　滩涂上的日出日落，沙海边的潮涨潮平，岸礁上的鸥鸟翔集，星光下的海风轻拂……

美丽独特的海滨风光吸引了大量旅游和摄影爱好者。因其少有的美丽，现在越来越多的常规游客奔赴霞浦，霞浦已不再是少数摄影人的专线了。

北岐

北岐，是福建霞浦沿海的一个小小渔村，有渔港，有肥沃的滩涂，也有壮阔的海面。那里依山傍水，是个近海拍摄的好地方，虽然只是一片"小海"，但海上劳动作业内容丰富，海面光影变化复杂，无论春夏秋冬季节更替，那里都是海洋滩涂风光摄影的绝佳去处，因此，在闽东摄影圈里它还有一个别名，叫作"滩涂拍摄一号点"。

小皓

小皓是以沙质为主的沙滩，没有确定的水道，从山上流下的淡水的水道每次潮汐过后就现出新的曲折水道，在各色光线的折射下远远看去仿佛道道亮丽的霓虹。被海水冲刷修饰过的沙滩，纹理线条变得十分柔美，使一个小

TIPS

🏠 畲族文化

霞浦是畲族的主要居住地。畲族崇尚青蓝色，衣料多为麻布。妇女的衣领、袖口、右襟多镶有花边，下身是短裤裹绑腿。少女的发式是用红色绒线与头发缠在一起，编成长辫子盘在头顶。已婚妇女头戴凤冠，为纪念始祖的妻子"三公主"。畲族的主要姓氏是盘、兰、雷、钟。饮食方面，喜欢吃热菜，喝米酒，重视传统节日和祭祖活动。

🍴 美食

霞浦基本以海鲜为主。这里是滩涂海鲜，比之深海、外海的味道，更为鲜嫩。主要为白灼吃法，更能体现原汁原味。剑蛏、虾姑、弹跳鱼、墨鱼、白虾，海地龙等非常可口。霞浦当地有许多海鲜大排档，6月正是海鲜丰富的季节，正好过一把嘴瘾。

皓沙滩每时每刻都呈现出别样风情！所以这里的沙滩也被称为"五彩滩""金沙滩"。

到霞浦，必到小皓。那里阳光照耀下的金黄沙滩、不断亲吻着沙滩泛着天空湛蓝的海浪、沙滩上三三两两劳作的渔民和一群群贴着沙滩飞过的白色鹭鸟，必会使你如痴如醉，流连忘返！

褐色的滩涂，一排排竹竿，碧绿的网阵，就是一幅现成的山水画

西沙群岛 / 　　　　　　　　　　　026

最美理由 /
　　这里有洁白如雪的沙滩、细腻光滑的沙砾、明净清澈的海水，被称为中国的"马尔代夫"。同时，西沙群岛海水能见度极高。在附近海域还有连绵数公里的珊瑚礁，以及各色海洋植物，美不胜收。

最美季节 / 2 月的西沙群岛难得地风平浪静、气温舒适，是潜水的好时节
最美看点 / 永兴岛、七连屿、海洋博物馆、石岛、东岛
最美搜索 / 海南

碧浪白沙，海天一色的西沙群岛被称为"千里长沙，万里石塘"

　　西沙群岛是我国四大群岛之一，被称为"千里长沙，万里石塘"。与东沙、中沙、南沙群岛构成中国最南端的海疆，自古以来就是中国神圣不可侵犯的领土。34 座小岛如同朵朵睡莲，点缀在碧波万顷的南中国海面上。由于它远离大陆，人迹罕至，尚处于原生态之美，形成一段隔世的秘境。

永兴岛

　　来西沙群岛享受一段天堂般的时光，绝对是终生难忘的一件美事。永兴岛是整个南海诸岛中最大的岛屿，位于西沙群岛的中央，面积 2.1 平方公里。它是西沙、南沙、东沙、中沙 4 个群岛的军事、政治中心，是海南省三沙市政府驻地。海岛上空气清爽，林木葱郁，沙滩细白。最美的是永兴岛上的椰林，百年以上树龄的就有 1000 多棵，还有枇杷树、羊角树、马王藤、马凤桐、美人蕉、野蓖麻、野棉花等热带植物，将海岛装扮得风姿绰约。

七连屿

永兴岛西南方的七连屿是西沙群岛中 7 个相邻不远的岛屿，岛礁紧密相连，组成一串珍珠项链。"七连屿"即西沙洲、北岛、中岛、三峙仔、北沙洲、中沙洲、南沙洲，面积都不大。小岛上热带植物繁茂，海水晶莹剔透，可见度高，是最佳的潜水地。潜入海底能看到雪白的葵花珊瑚、金黄色的鹿角珊瑚、鲜艳的红珊瑚，五光十色；还有错落的礁石和大片的礁盘、海星、海胆、各式贝壳，以及成群的游鱼。

TIPS

1. 永兴岛北京路上有我国最南端的邮局，可以在那里寄一张明信片，盖上邮戳留念。

2. 岛上淡水紧缺，供水时间是 7:00 – 24:00，一定要节约用水。

七连屿还是观日落最美的地方。

石岛

与永兴岛由人工筑成的堤坝相连。它已有一万多岁，是西沙群岛中最老的一位，也是

西沙仿佛遗世而独立的美人，有种孤傲，有种神秘，有种魅惑

西沙群岛中最高的岛。石岛外形像金字塔，富
有神秘色彩。蓝蓝绿绿的大片珊瑚礁滩包围着
石岛，退潮时能清楚历数水底的礁石。石岛的
礁岩很独特，每一个石垛都是由一层层的黑灰
色礁岩组成。石头底下有好几个绿莹莹的水潭，
有两三米深。石岛迎风，浪比别处大。石岛靠
海的礁岩上有海浪冲击出的密密麻麻的小孔，
比蜂窝还要密。

东岛

东岛位于永兴岛东面四五十海里的地方，
面积不到 1 平方公里。岛上生活着鲣鸟、燕鸥、
灰斑鸟、金鸟等鸟类，是鸟儿的乐园，属国
家重点自然保护区。东岛由珊瑚礁堆积而
成，岛上树丛茂密，葱翠欲滴，东南侧有一
个小小的淡水潟湖。优越的自然环境，吸引
了众多的海鸟前来栖息，岛上约有 6 万只海
鸟。每天早上，晨光熹微的时候，海鸟便唧
唧喳喳地叫个不停，在巢边跳来跳去，为展
翅长空做准备。待到日落时分，海面夕阳如
彤，海鸟便三五成群地从四面八方飞回海岛。
霎时间，所有的树上停满了海鸟，整个岛屿
成了鸟的王国，人们形象地称其为"鸟岛"。
海鸟中最有趣的是鲣鸟，它会在大海中给渔
船导航，白天渔民根据鲣鸟集结和寻食方向，
驾船扬帆前去撒网捕鱼，傍晚跟随它们飞回
的路线，把渔船从茫茫大海驶往附近的海岛
停泊。渔民们称鲣鸟为"导航鸟"。西沙群岛
也是"鸟的天堂"。岛上栖息着鸟类 40 多种，
6 万多只。常见的有鲣鸟、乌燕鸥、黑枕燕鸥、
大凤头燕鸥和暗缘乡眼等。它们在树林间徘
徊，蓝天上翱翔，千鸣万啭，蔚为大观。

明净清澈的海水、细腻光滑的沙滩、远离尘世的境地，为西沙群岛赢得了"中国的马尔代夫"的美誉

最美林海草原 Chapter ④

　　对于久住于都市的人来说，无论是"林深无人鸟相呼"的莽莽林海，还是"风吹草低见牛羊"的茫茫草原，都是藏于心灵深处的向往，是在身心疲倦时，能放松呼吸的所在。无论是在林中穿梭，淋浴新鲜甘甜的空气，还是在草原上策马奔腾，都是我们抵抗不了的诱惑。

西双版纳 /   **027**

最美理由 /
　　这里有大片的热带原始森林，因独特的热带雨林风光，曼妙的傣族姑娘，鲜明的小乘佛教，四季花开的气候，以及边境口岸而为人们所熟悉。

最美季节 / 10 月至次年 6 月
最美看点 / 橄榄坝、空中走廊、独木成林、野象台
最美搜索 / 云南

阳光明媚、光影婆娑的西双版纳还有多姿多彩的民族风情

　　西双版纳，古代傣语为"勐巴拉那西"，意思是"理想而神奇的乐土"。西双版纳空气清新，既有绮丽秀美的热带风光，又有多姿多彩的民族风情。它的热带雨林是地球北回归线沙漠带上唯一的一块绿洲，是中国热带雨林生态系统保存最完整、最典型、面积最大的地区，也是当今地球上少有的动植物基因库，被联合国教科文组织接纳为"生物圈保护区"网络成员。

　　西双版纳是傣族之乡，由于临近泰国、缅甸等佛教国家，小乘佛教在这里深入人心，傣族人基本上都是虔诚的佛教徒。西双版纳境内佛教建筑星罗棋布。佛塔寺庙与傣家竹楼、翠竹古木交相掩映，一派神圣景象。

　　西双版纳还是名副其实的"动物王国"和"植物王国"，境内有种类繁多的动植物资源，其中许多珍稀、古老、奇特、濒危的动植物又是西双版纳独有的。穿行在遮天蔽日的热带雨

林中，层层叠叠、莽莽苍苍的绿足以让人眼花
缭乱。可以通过四驱自驾、溯溪、徒步、骑象
等方式穿越热带雨林，充分感受其民俗文化和
雨林风情。

不管是神秘的雨林、婀娜的傣家风情，
还是掩映在凤尾竹下那庄严的佛塔、佛寺，都
让人难以忘怀。

橄榄坝

橄榄坝花开四季、青山绿水，傣家竹楼
和曼阁佛寺掩映在椰树竹林丛中，是西双版纳
傣族民居和热带风光最具代表性的地方。

从某个角度来说，橄榄坝就是西双版纳
的代名词。橄榄坝中心广场旁就有一个很大的
集贸市场，摆满了各色各样的、难以记住名字
的热带水果。沿着澜沧江分布有 10 多个傣寨，
其中傣族园位于镇南约 1 公里，园内有 5 个美

TIPS

1. 傣族园内勐巴拉那西歌舞剧场是云南省最大的露天
剧院，向游客展示傣族各支系的舞蹈艺术，其代表节目有《傣
王招亲》《赶摆路》。

2. 如果有时间，也喜欢徒步运动的旅行者，建议不要
错过在热带雨林中徒步的机会，那是一种特别的体验。不过，
在深入热带雨林探险徒步之前，为了避免迷路，还是找个
导游比较好。

3. 野象谷有现驯养大象表演，有我国第一所驯象表演
学校。每天 11:00 ～ 12:00、14:00 ～ 15:00 为游客表演
节目。

4. 每年泼水节期间，曼飞龙寨子的傣族群众相聚在塔
前，追逐泼水，欢度傣历新年。

丽的傣寨：曼将（藤篾寨）、曼春满（花园寨）、
曼乍（厨师寨）、曼嘎（赶街寨）、曼听（种花
人寨，寨中曾多孔雀，别名孔雀寨，现还有孔
雀坟及美丽的传说）。无论你走进哪一个寨子，
都会看到典型的缅寺佛塔和传统的傣家竹楼。

花开四季的橄榄坝是西双版纳最具傣族风情的地方

望天树公园是世界上唯一保存完好、连片大面积的热带森林

景区内的椰子树、槟榔树、果树、波罗蜜、绣球果等热带植物和花卉布满整个村寨。

树丛中掩映着座座傣家竹楼。不少反映西双版纳知青生活题材的文学作品、电影、电视剧都是以橄榄坝为背景拍摄的，许多摄影、美术作品也都取材于橄榄坝。

望天树公园

位于西双版纳州景洪、勐腊、勐海 3 市县交界处，总面积 2420.2 平方公里，是世界上唯一保存完好、连片大面积的热带森林，同时也是我国高纬度、高海拔地带保存最完整的热带雨林。这里的热带雨林、南亚热带常绿阔叶林、珍稀动植物种群，以及整个森林生态都有极高的观赏价值。

这里就有高达 60 多米的"望天树"，其

青枝绿叶聚集于树的顶端，形如一把把撑开的绿色巨伞，高出其他林层 20 米，西双版纳的望天树主要分布在勐腊自然保护区。为了保护好景区的望天树及其环境，在望天树林中，建了一条以高大树木为支柱，由钢索悬吊的 35 米高的"空中走廊"，全长 2.5 公里，它把公路两旁的原始森林连接起来，可在广阔的视野上尽情地领略热带雨林的奇异风光。

此外，林间还修了一条 1000 多米的石板游览道与空中走廊形成了林上、林下的立体环形游览线。

野象谷

野象谷位于景洪市北部 47 公里的勐养镇，野象谷因地处河流分为三岔之处，所以这里又称为三岔河森林公园，这里还是各种热带野生

动物的通道。这里成为西双版纳唯一可以方便观赏到亚洲象的地方。

野象谷主景区内建有游览步行道、专供游人观看野象活动的高架走廊、大树旅馆、森林酒吧等设施。建于河边树间的观象旅馆是为方便希望观察野象活动的游人开设的，在旅馆内，游人可凭借月光和夜视镜观赏野象临泉饮水、食盐等活动情况，也可拍照、录像。这里经常出没的野象大约有50群，共有300～350头，野象没有一定的作息时间，能否看到全凭运气。游客如有耐心，可在一两天内看见野象到河边饮水、洗澡。

其实，野象谷里不仅可以看到野象，原始的热带雨林、其他野生动物，以及住在树上的观象旅馆的独特感受，都是野象谷的魅力所在。

曼飞龙佛塔

这是一组由9座白塔组成的塔群，也被称作"笋塔"，因其形似春笋一样拔地而起，也因通体洁白，又有"白塔"之称。整座塔由塔座、坛台、钟座、覆钵、莲花、蕉苞、宝伞、风标8个部分组成，主塔高16.29米，周围由8个边塔围成。相传是由3个印度人设计、大勐龙头人古巴南批等人主持建造的，近代曾两次进行修复。这组佛塔最初建于傣历565年（1204），距今已有806年。它的设计、建造、典礼等资料，《贝叶经》上都有记载，每年的傣历新年，曼飞龙寨子的傣族群众都要到塔前举行仪式。

曼飞龙佛塔之所以在东南亚地区享有盛名，主要因为塔下面有一处"圣迹"——塔的南侧有两层佛龛，如果打开佛龛内的小门，只见里面有两只金身佛像守卫着一只长80厘米、宽58厘米的巨大脚印。脚印深深地嵌在一块原生大青石上，上面镀着厚厚的一层金粉，所以佛龛门一开便金光灿烂、耀眼夺目。相传佛祖释迦牟尼周游传教至此，众人正在为选址建塔犹豫不决，佛祖一脚定"乾坤"，于是在脚印处建了佛塔。现在巨大脚印前，有一口仅1米深的小井，此处为佛祖在此讲经时，因天热口渴而用禅杖戳出的"圣井"。其实，释迦牟尼生活的时代，早于建塔前1000余年，他也未曾到过云南。这个传说，只是佛教徒创造出的一段神话。

蜀南竹海 /

028

最美理由 /
　7 万余亩土地上楠竹铺天盖地，林中嫩竹滴翠，林荫蔽日。风起时，碧浪掀天；风止时，仙境渺远。晴日，碧海耀金，雨天，云缠雾绕，如墨似画。溪流、瀑布、深潭皆隐于绿荫之中，如梦如幻。

最美看点 / 竹海、石刻、仙寓洞、青龙湖、七彩飞瀑等
最美气候 / 5～8 月
最美搜索 / 四川

蜀南竹海翠甲天下，风起时，万竹掀涛；风小时，清清碧波

　蜀南竹海翠甲天下，7 万亩铺天盖地的竹海蔚为大观，国内外罕见。这里的竹子有 58 个品种，植被覆盖率达 87%，为我国空气负离子含量极高的天然氧吧，空气无比清新。又辅之以山水、湖瀑、溶洞等，素以"雄、险、幽、峻、秀"著称，成为一个竹海大千世界。因《卧虎藏龙》在此拍摄而名声大噪。

　7 万亩浩瀚竹海整体呈"之"字形，覆盖了 27 座山岭 500 多座山峰，完全可以按照大海来想象。风起时，万竹掀涛；风小时，清清碧波，层层涟漪；风止时，又是一片宁谧图景。

　蜀南竹海景区内现有景点 124 个，分布在长 13 公里、宽 6 公里的景区内。从宜宾向东南行 68 公里，到达蜀南竹海的西大门长宁

县，从这里开始进入景区。一望无际的竹子连川连岭，整整覆盖了 500 多座山丘。忘忧谷是一条窄长山谷，这里的楠竹长得既密集又粗壮，遮天蔽日，走在盘旋的竹径上，听水鸣鸟啾，观绿竹野花，令人感觉飘飘欲仙。幽篁间有几十里游览小径，被称为"翡翠长廊"。在这条长廊中漫步，空气清新，竹叶清香。仙寓洞位于两县交界的擦耳岩上，为蜀南佛山圣地，以"奇、险、幽、静"著称，传为营造竹林的瑶箐仙姑的居所。洞长约 200 米，进深 10 米，高约 15 米。洞内原为古道观，有大佛殿、玉皇殿、观音殿、灵官殿等。这里是观赏竹海的好地方。站在洞口眺望，只见万竹掀涛，竹海的奇特风光尽收眼底。

沿着蜿蜒于茂林中的仿古栈道可登上建于悬崖峭壁上的天宝寨。此处易守难攻，"一夫当关，万夫莫开"，当地少数民族曾于此屯兵。天宝古栈道长达 1500 米，开凿在悬崖峭壁之上，沿栈道行进，飞檐走壁，异常惊险。

竹海石刻

在竹海天宝石寨万仞丹崖上雕刻有"三十六计"大型兵战石刻，一计一图，以高浮雕为主，采用现代与传统相结合的表现形式。石刻面积近 1000 平方米，融自然与人文景观为一体，绵延 1 公里，是全国最长的石雕壁画群。

TIPS

🍴 美食

"蜀南竹海"以"全竹宴"而惊艳海内，被誉为"天下山珍第一席，竹海美食双竹宴"。特色"竹"食品有竹笋、竹荪蛋、竹荪菜、竹菌、竹海腊肉、竹筒豆花、竹筒饭、竹荪酒、竹泡菜等，十多个大类 100 多个菜品，汇成"全竹宴"，满桌滴翠，滋味清爽。每一道菜都与"竹"有直接或间接的联系，从竹的根菌，到竹笋、竹竿，再到竹的枝叶每一部分都得到充分利用。烹饪方法有烧、炖、炒、烤、蒸、煲、烩、凉拌等。

七彩飞瀑

瀑布宽 10 米，高 81 米，高峻雄奇，水雾数丈，每当阳光透过水雾，被分解成七色，绚丽多姿。

仙寓洞

被誉为"竹海明珠"。这里原是一个天然岩腔，洞内神佛安详，洞上是深邃幽深的竹林，洞下是大峡谷。位于仙寓洞山顶上的仙女湖，面积 30 多亩。湖水清澈碧绿，倒映着竹子的倩影。夏日里在此泛舟欣赏，倍添诗意。

青龙湖

位于高耸险峻的插旗山下，水面 3 平方公里，是葱茏竹海之中的最大湖泊。

龙吟寺

位于九龙山顶，现尚留存石佛像 41 尊，雕工精细，有较高的艺术水平。龙吟寺所处地势较高，可以观赏茫茫竹海，滚滚长江。

神农架 /

029

神农架 "赤橙黄绿看不够，春夏秋冬最难分"

　　神农架据说是华夏始祖神农曾在此采药，为民疗疾之处。由于有的草药分布在山崖高处，需要搭架而采，故名"神农架"。

　　神农架林区山峰多在 1500 米以上，最高峰神农顶海拔 3105.4 米，被称为"华中屋脊"。随着海拔而形成不同气候带，因此形成了"山脚盛夏山顶春，山麓艳秋山顶冰，赤橙黄绿看不够，春夏秋冬最难分"。神农架森林覆盖率达 86%，植被相当丰富，保留了珙桐、鹅掌楸、连香等大量珍贵古老孑遗植物。这里还是座天然百药园，有 2000 多种中草药。神农架还生活着许多奇珍异兽，是金丝猴的主要栖息地。在大龙潭保护站可以看到对面山坡上金丝猴们在愉快地生活。而那条水势凶猛的野马河，则是娃娃鱼的故乡。

　　神农架是我国国家级风景名胜区，主要

景点有风景垭、板壁岩、大九湖、神农顶、植物园、炎帝祭坛、千年古杉、香溪源、天门垭、燕子垭、植物标本馆、红坪画廊、古犀牛洞等。风光绮丽，泉水清澈，令人叫绝。由于神农架沟谷纵横，崖峭峡长，峡谷中集神、奇、险、幽于一体，被誉为"红坪画廊"。深秋时节，神农架层林尽染、红枫、青松、绿竹、黄柏……绚烂多姿的景象如同油画一般。

板壁岩漫山遍野是一片箭竹林，中间石林高耸，构成一片奇石大观。这里也是"野人"经常出没的地方。神农架是世界上发现"野人"次数最多、目击者人数最多的地方。神农架野人是介于猿和人之间的灵长类动物。它们身材高大魁梧，面目似人似猴，全身覆盖棕红或灰色毛发，两条腿走路，动作敏捷，会发出各种叫声。中国野考协会曾几次组队到神农架进行科学考察，发现了大量"野人"的脚印、毛发和粪便。

神农祭坛

主体建筑是神农巨型牛首人身雕像。高21米，宽35米，以大地为身躯。只见神农双目微闭，似在思索。神农脚下是代表天和地的圆形和方形图案，五色石分别代表"五行"。

燕子垭

海拔2200米，原始森林与人文景观相交融。垭口有会仙桥、观景台、燕舞亭等。传说神农氏与太上老君曾在会仙桥会面。

TIPS

🍴 美食

神农架以极富地方特色的小吃为主体。"吃的洋芋果，烤的疙瘩火，白酒伴着腊肉喝，神仙日子不如我"。神农架美食取材于原始森林，天然环保，盛产各式山珍野味。饮食口味具有酸辣辛香的特点。腊肉是最常见的食品，而且从腊肉熏的年代可以看出主人的好客程度，熏制年代越长代表主人越热情。泡菜也是当地人顿顿离不了的食物，可以生吃或者拌炒牛肚、羊肚等肉类。

这里沟谷纵横，崖峭峡长，如看不尽、尝不完的画廊

大兴安岭 /　　　　　　　　　　　　　**030**

最美理由 /
　　"无边林海莽苍苍、拔地松桦千万章"，林海苍茫、碧水蓝天、白雪冰山、炫目极光，大兴安岭的一切都让人怦然心动。

最美季节 / 四季皆宜
最美看点 / 瑷珲古城、北极村、五营森林公园
最美搜索 / 黑龙江

冬季的北极村，屋顶上覆盖着厚厚的雪，如同森林里的童话故事

　　大兴安岭位于黑龙江的最北面，是我国东北部的著名山脉，是我国纬度最高的地区，也是我国最重要的林业基地之一。它北起贺龙江畔，南至西林木河上游谷地，全长 1200 多公里，总面积 8.46 万平方公里，相当于 1 个奥地利或 137 个新加坡。在浩瀚的绿色海洋中繁衍生活着寒温带马鹿、驯鹿、棕熊、紫貂、飞龙、棒鸡、天鹅、獐、狍等各种珍禽异兽 400 余种，野生植物 1000 余种，是高纬度地区不可多得的野生动植物园，被誉为"仅存的

一块净土"，素有"绿色宝库"之美称。春天兴安岭，满山红杜鹃；夏日岭上行，林莽又飘香；秋日层林尽染，美景伴丰收；冬日银装，皎洁晶莹美人松。

　　20 世纪 60 年代，开发大兴安岭林区是发展国民经济的一项重要任务，作为进大兴安岭林区的必经之路，加格达奇刚刚建成通车的小车站里每天人山人海，一批批的建设者和会战物资从四面八方潮水般涌来，号称"8 万"的铁道兵部队劈山开岭，为打开"绿色宝库"，

以"热血融化千年冰，智慧征服万重山"的精神，创造了一个又一个的奇迹。一年打通北上通道，两年建成 3 个林业公司，9 处林场、贮木场，81 个商业、粮食、银行、邮电等服务网点。大兴安岭，这片藏于深山的老林，因为这批人的热血沸腾而在当时的中国家喻户晓。

今天，这些林场成了现代人触摸大兴安岭的关键点，其中，加格达奇是黑龙江省大兴安岭地区行政公署驻地，由当年的几顶帐篷到现在森林中小有规模的城市，获得了"林海明珠""新兴林城"和"万里兴安第一城"的美誉。在这里不但可以感受大兴安岭林海的"冰山一角"，而且随便找户人家一坐，都是当年参与过林场建设的功臣，有一肚子的故事，到加格达奇一定不能错过那里的山货，加市集中了大兴安岭品种最全的山货特产。

北极村

位于北纬 53° 33'，大兴安岭北麓，坐落在黑龙江上游南岸，七星山脚下，与俄罗斯的依格那思依诺隔江相望，雄踞祖国的最北端，素有"不夜城"之称，是全国观赏北极光和白夜胜景的最佳观测点。

北极村原名漠河村，在 1860 年开始有人居住，全村 243 户 963 人。居民房屋大部分为砖瓦结构平房，另外尚存一些"木刻楞"式的小木屋。

在北极村有神州北极碑、祖国北极点、138 界碑、金鸡之冠、北望垭口广场、最北第一家、北陲哨所、民族风情园、鄂伦春博物馆等，因为独特的地理位置，所以这里的邮局、宾馆、商店甚至厕所无一不被冠以"最北"的字号。

TIPS

◎
　1. 到了北极村一定要到最北邮局给亲朋好友寄一张明信片，填好之后放入邮筒即可，一般 15 天左右可以收到。
　2. 每年夏至前后，漠河县都组织"极光节"，虽然极光不常见，但极昼则是每年必有的景观。届时漠河以及北极村就成了游客、记者、摄影爱好者们真正的"不夜城"，热闹非常。不过因为地小人多，到时候住宿、餐饮、购物的价格飞涨，而且车票也极其抢手。

北极村常年寒冷如冬，夏季只有半个月左右，最高温度也不过 20℃。理论上是我国唯一能欣赏光耀天地的"北极光"的地方。每当夏至前后，这时有近 20 小时可以看到太阳，这便是人们常说的极昼现象，幸运时还会看到异彩纷呈、绚丽多姿的北极光。这里的冬季特别长，经常 5 月还会下雪，冬天的白天特别短，即便是白天太阳也只是在地平线上方一扫而过，最短时每天只有 3 个多小时的白天。

每年，都有成千上万的人在不同的季节来到这里。开春时节，前来观开河、吃鲜鱼；夏至到这里体会极昼转瞬即逝的黑夜；而冬天，漠河的夜间气温可以达到 −40℃，冰雪覆盖下，天地茫茫一色，如同一个走不到尽头的至纯至美的世界。

瑷珲古城

瑷珲古城内环崇岭，外襟大江，是黑龙江流域的历史名镇，是清康熙年间黑龙江流域政治、经济、文化、军事中心，驻地、中俄《瑷珲条约》签订地。同时还是第四批中国历史文化名镇、国家大遗址保护单位。

瑷珲历史陈列馆坐落在瑷珲新城遗址内，是国家 4A 级旅游景区，国家一级博物馆，也

是全国唯一以全面反映中俄东部关系史为基本
陈列内容的专题性遗址博物馆。除了陈列馆,
古城还留有一棵见证树。为了记住中俄《瑷珲
条约》的签订,城中种下一棵松树,因此这棵
老松又称耻辱松。

瑷珲古城内还有魁星阁、萨布素公园、
瑷珲古海关、瑷珲知青博物馆、中俄民族风情
园、金法寺佛教公园、十里长江公园等景点,
内容非常丰富,值得前往。

五营森林公园

五营位于伊春汤旺河中游,小兴安岭南
坡中腹部,是伊春各林区中红松原始森林保存
最完好的地方,设有五营国家森林公园和丰林
国家红松自然保护区。

伊春市境内小兴安岭的自然条件最适合
红松生长,全世界一半以上的红松资源分布在
伊春,因此伊春也被誉为"红松故乡"。而伊
春的红松则大部分分布在五营境内,为全国乃
至亚洲面积最大的红松原始林地。所以观赏红
松、领略红松风情,到红松风情小镇,首选五营,
一进五营就能感受到浓厚的森林气息。五营
国家森林公园内古木参天,生长着 170 多种树
木和 230 多种珍禽猛兽。其主要景点有:红松
林、鸟语林、天赐湖、观涛塔、森林浴场、杜
鹃花园、森林小火车等。从大门起,有一条长
17 公里的"8"字形环园区公路,连接园内八
大景区及 20 个景点。园内有老式的购物中心,
600 平方米的动植物标本室,1.5 万平方米露
天舞场兼旱冰场,2000 平方米停车场,47 米
高的森林防火瞭望塔,具有欧式风格的避暑山
庄等。公园主要在夏、秋两季开放。

初秋的大兴安岭，莽莽苍苍的无边林海已经层林尽染，绚丽的如同一幅油画

长白山 /

031

最美理由 /
　　一望无际的原始森林、巨大无比的高山湖泊、气势磅礴的长白山瀑布、星罗棋布的温泉群、幽静奇妙的谷底森林……长白山是欧亚大陆北半部山地森林生态系统的典型代表，也是我国东北第一高峰。

最美气候 / 6 月末～7 月初是高山花园鼎盛时期；9～10 月初漫山色彩斑斓；10 月初的山顶初雪。最佳赏雪滑雪季节是 12 月～次年 4 月

最美看点 / 天池、长白飞瀑、温泉、高山花园

最美搜索 / 吉林

蔚蓝色的池水、白云飘荡的天空，能见到天池真面目的，都是有缘人

　　东北的代称"白山黑水"，其中的"白山"即指长白山。长白山还是松花江、图们江、鸭绿江的发源地。位于朝鲜境内的将军峰是长白山的最高峰，海拔 2750 米。在我国境内的最高峰为海拔 2691 米的白云峰。在满族神话中，这里是满族的发祥地。传说爱新觉罗氏的始祖就是由长白山仙女孕育的。所以在清代，皇帝祭祀长白山，以缅怀龙兴之地。

长白山天池

　　主峰长白山是一座休眠的活火山。火山口当中为天池。这是著名的火山湖，也是中国最高、最大、最冷的高山湖泊，荣获海拔最高的火山湖吉尼斯之最。湖平均水深 204 米，最

深处达 373 米，形状椭圆，恰似一朵莲叶浮出水面。传说天池是太白金星的一面宝镜。西王母有两个绝色女儿，想用这宝镜看看谁更美丽。宝镜说妹妹更漂亮，惹怒了姐姐。姐姐当即抛下宝镜，落到人间就成了天池。

　　天池四周被奇峰所包围，湖水澄澈，且有温泉和瀑布装点。据说天池中有怪兽出没，历史上曾记载这个怪物"金黄色，头大如盆，方顶有角，长颈多须，猎人以为是龙"。这更增加了天池的神秘色彩。

长白瀑布

　　长白飞瀑是世界落差最大的火山湖瀑布。飞瀑声如打雷，水花四溅，使四周笼罩在雾气

当中。位于北面的锦江瀑布是由两次跌落汇成的巨流，直泻谷底，产生震撼的效果，"疑似龙池喷瑞雪，如同天际挂飞流"。

高山花园

位于长白山西坡，海拔 1412 米。这里花卉集中，面积大，遍布于山坡、林下、谷地、河边。最著名的是鸢尾、百合、大花萱草、金莲花、唐松草、藜芦等，每到春夏之交，竞相开放，漫山遍野姹紫嫣红。

谷底林海

又称地下森林和火口森林。它位于二道白河附近，是长白山海拔最低处。这里古树参天，巨石错落，沿岸生长着不老草等名贵植物，偶尔有梅花鹿、野猪、黑熊到溪边饮水，非常像童话里的"绿野仙踪"。

长白山温泉

长白山温泉有"神水之称"。它属于高热温泉，水温在 60℃ 以上，最热泉眼可达 82℃，可以煮鸡蛋。长白山温泉可舒筋活血，驱寒祛病，对关节炎、皮肤病等疗效显著。比较著名的温泉有梯云温泉、湖滨温泉、仙人桥温泉群、十八道沟温泉、玉浆泉、药水泉等。

长白山滑雪场

位于吉林省安图县二道白河镇，地处长白山自然保护区原始森林中。雪场建有高山滑雪道两条，总长 3000 米，海拔 1700 米，相对高差 130 米，与之配套的有 2 条总长 600 米的单人吊椅式运载索道。第一条雪道在长白山东北坡的岳桦林中，长 600 米，宽 50～60 米，平均坡度为 20°，滑雪爱好者可在这里进

TIPS

❶ 美食

朝鲜族的美食在全世界独树一帜，其"汤文化"堪称世界一绝。最常见的是"酱汤"，所用酱的品种各有不同，饭泡到汤里是最常见的吃法。"狗肉汤"是朝鲜族"汤文化"的集大成者，具有温中补肾、养颜美容、强身健体之功效。朝鲜族美食中各式各样的"泡菜"也是一大特色。著名的"辣白菜"清香爽口，有解腻解酒、助消化之功效。朝鲜族还有冷面、米糕等特色美食。

夏季的长白山是一座"高山花园"

行高山滑雪小回转训练。第二条高山雪道在去天池的盘山公路上，数米宽的盘山公路一侧便是万丈深渊，刺激与惊险并存。在接近高山滑雪地终点处建有一座自由式滑雪场地，这里有越野滑雪和冬季两项滑雪雪道，均穿越于原始森林的苍松密林之间。

呼伦贝尔草原 /　　　　　　　　　　　032

"天苍苍、野茫茫，风吹草低见牛羊"，在中国北部广袤的大草原上，最能体现这句古诗的意境的，非呼伦贝尔草原莫属。呼伦贝尔草原牧场辽阔，植物种类繁多，生长茂盛，是我国生态保持完好、未受污染的大草原之一。呼伦贝尔市的河流湖泊把广袤的大地装扮得绚丽多姿。其中，呼伦湖烟波浩渺，鱼跃鸟翔，被誉为"天下第一曲水"。素有世界第三大草原之称的呼伦贝尔草原，目前已经成为世界上保存最好的天然草原之一。

最美季节 / 5～9 月

最美看点 / 海拉尔、满洲里、呼伦湖、扎兰屯、金帐汗蒙古部落

最美搜索 / 内蒙古

呼伦贝尔有着丰美的草原和成群的牛羊

　　"我的心爱在天边，天边有一片辽阔的大草原，草原茫茫天地间，洁白的蒙古包散落在河边……"呼伦贝尔大草原是成吉思汗的故乡，也是我国目前保存最完好的草原，素有"牧草王国"之称。草原总面积 1.49 亿亩，是世界三大草原之一。每当夏季，大草原上 3000 多条河流涨满河水，纵横交错，500 多个湖泊如明珠般镶嵌其中。生活在草原上的 31 个少数民族，将各民族的风土人情交融在一起，与自然风光、历史文化共同构成了呼伦贝尔的独特色彩。

　　5 月到 9 月是游览呼伦贝尔大草原的好时间，尤其是 8 月。8 月时节，一幅天然织就的绿色巨毯平铺在蓝天白云之下，额尔古纳河弯弯曲曲地流淌其间，骏马奔驰，羊群滚动，蒙古包珍珠般散落在绿浪间，景色迷人。呼伦贝尔大草原如同一位即将出嫁的姑娘，身穿五彩锦缎，头戴花环，美得无与伦比。草原上水草丰美，鲜花盛开，紫茎泽兰一丛丛蔓延，小草开出鲜艳的黄花，把草原变成为一片浩瀚的花海。牛羊在此悠然信步，自由生长，一点儿白，一点儿黑，又把草原变成

一个硕大的棋盘。

呼伦湖和贝尔湖一大一小，为姊妹湖。传说是追求爱情的男孩呼伦与女孩贝尔的化身。呼伦贝尔大草原因湖而变得更加柔美。如果说成吉思汗的铁骑是草原粗放豪迈的一面，那澄澈的湖水则是草原静美贤淑的写照。

除了壮丽的自然风光外，面积广博的呼伦贝尔也是多民族聚居之地，可以感受不同的民族风采。游客们可以到敖包相会的锡尼河蒙古族部落，学习蒙古族礼仪，祭祀敖包，寻访牧户，亲手学熬制奶茶、煮手把肉、参加草地"那达慕"、在蒙古大帐内学唱情歌《敖包相会》、欣赏布里亚特服饰表演；也可以到临江的俄罗斯族农庄，和俄罗斯族人交朋友，打"列巴""采野果"、品尝俄罗斯主妇们制作的正宗的风味美食、守着火炉聆听华俄后裔老人感人至深的异国爱情故事；或者到中国最后的使鹿部落中当一回鄂温克使鹿部落居民，参与部落男人驯鹿劳作的全过程，和

部落的女人们一起制作桦树皮生活用品；或者到乌鲁布铁探寻拓跋鲜卑的根祖地，帮老人搭建仙人柱，登山、伐木、采摘、捕鱼、垂钓、射箭、学唱原生态歌舞、体会物物交换；还可以到腾克去亲近"萨满文化"，感受千年文化崇拜，骑马游猎、凿冰钓鱼、耕耘劳作，寻自然之道。

到呼伦贝尔，一定要钻进蒙古包里，尝尝地道的手把肉和涮火锅，手把肉2斤起卖，大块的肉带着血丝端上来，就着奶茶吃下去，可以准确体会到"蒙古豪情"。

呼伦湖像一颗晶莹硕大的明珠镶嵌在呼伦贝尔草原上

伊犁草原 /

033

最美理由 /
　　繁花似锦的茫茫草原上泉眼密布，流水淙淙，还有毡房点点，畜群云移，宁静而祥和。夏秋交替时节，各种野花开遍山冈，红、黄、蓝、紫五颜六色，将草原点缀得绚丽多姿，因此，伊犁草原也被评为中国最美的六大草原之一。

最美季节 / 6 ~ 9 月

最美看点 / 果子沟、巩乃斯草原、那拉提草原

最美搜索 / 新疆

伊犁草原雨后彩虹下，雪山和草原交相辉映

　　伊犁草原由昭苏草原、巩乃斯草原、唐古拉草原和那拉提草原组成，都是享誉海内外的著名大草原。草原上广泛分布的草原土墩墓、神秘多彩的伊犁岩画与粗犷风趣的草原石人，堪称伊犁的"三大文物奇观"，是西突厥文化的重要遗存，其中，以昭苏小洪那海石人最为著名。昭苏草原还以"腾昆仑，历西极"的天马闻名。而那拉提的雪岭云杉，树冠狭长，主干粗壮笔直，层层叠叠，世界罕见，堪称天山森林的精华。翻越一道天山山梁，眼前的景色忽然明亮起来，雪山和草原交相辉映，冰川的融水与清冽的泉水滋润着丰茂的牧场。牧场上山花烂漫，牛羊悠然漫步，帐篷炊烟袅袅，一派和谐景象。这里

就是古丝绸之路上最清凉的一段旅程，世界四大高山河谷草原之一的伊犁草原。隐居在天山峡谷里的伊犁草原长 100 多公里，有 113 条沟，沟沟都藏有奇景异观。区别于内蒙古大草原的无边无际和平坦辽阔，伊犁草原是大山上的草原，依赖山的本体而生存，凹凸起伏，旋律缠绵，或攀山顶，或隐山坡，或歇山谷，与森林、溪涧共同组成大草原的交响曲，在这里旅游，一日可走进春夏秋冬，热有温泉，凉有雪溪，绿有草原，荒有大漠。伊犁草原所在的新源县同时是中国哈萨克族人口数量最多的县，中国 1/10 的哈萨克族人口，约 12.4 万人都生活在这里，哈萨克族是真正马背上的民族，日出而牧，日落而归，与风雨为伴，与太阳相依，过着单纯而快乐的日子。如果你不急着赶路，不妨找一户哈萨克家庭住下来，学骑马、啃羊腿、赏雪山、听溪水，过几天逍遥赛神仙的日子。

果子沟

果子沟也叫"塔勒奇达坂"，有"伊犁第一景"之称，因山沟内遍生野苹果而得名果子沟。松树头是果子沟的最高处。进入果子沟峡谷的二台林场，这是一片草原地带，是清代设置的驿站，也是游客能到达的最美的地方。

巩乃斯草原

蒙古语意为"太阳坡"。巩乃斯草原，海拔 800 ~ 2084 米，草原地域辽阔，沟谷众多，是新疆著名的草原，它不仅是新疆细毛羊的故乡而且是伊犁天马的重要产地。

每年 6 ~ 9 月是草原的黄金季节，辽阔的草原、美丽的山冈、群群牛羊和点点毡房构

夏秋交替的时节，各种野花开遍山岗，将草原点缀得绚丽多姿

成一幅夏季草原的美丽画卷。草原恰似五彩织成的地毯，绿底银边花带，在蓝天映衬下尤显华丽而气势恢宏。

那拉提草原

那拉提在蒙古语中为"有太阳的山坡"的意思，是世界四大草原之一的亚高山草甸植物区，自古以来就是著名的牧场。每年 7 ~ 10 月，各种野花遍布草原山坡，将草原点缀得绚丽多姿。

锡林郭勒草原 /   034

最美理由 /
　　绿草如海，野花繁盛，蘑菇遍地，牛羊成群，河道弯曲若银带，蒙古包星星点点撒落在蓝天下……这就是锡林郭勒草原的真实写照。

最美看点 / 锡林郭勒大草原、乌珠穆沁草原、白音锡勒草原、元上都遗址、贝子庙
最美气候 / 5～9 月
最美搜索 / 内蒙古

牛羊成群，河道弯曲若银带，蒙古包星星点点，这就是锡林郭勒的真实写照

　　当您沿着 13 世纪中叶意大利著名旅行家马可·波罗的足迹进入锡林郭勒大草原，便可领略秦、燕、金古长城和著名的元上都遗址，典雅庄重的洪格尔岩画和玄石坡与立马峰，以及内蒙古四大著名庙宇之一的贝子庙；古老而神秘的白音查干敖包和举世闻名的"恐龙之乡"通古尔盆地等，汇集了沧海历史和少数民族的聪明才智，以及光辉灿烂的古代文明。

　　锡林郭勒系蒙古语，意为丘陵地带的河，是世界闻名的大草原之一，也是我国四大草

原——内蒙古草原的主要天然草场。美丽富饶的锡林郭勒草原，河流纵横，湖泊星罗棋布。每到夏季，碧草连天，各种鲜花千姿百态。蓝天白云下骏马奔腾，牛羊成群，百灵鸟欢唱。由于所处的自然环境及社会生产、生活方式的不同，形成了古朴淳厚的蒙古民族民俗风情，骑马、乘驼、射箭、坐勒勒车、牧羊，祭敖包、蒙古族歌舞、服饰表演、体验牧户生产生活等旅游项目，以及那色彩斑斓的民族服饰，蒙古包与清香四溢的奶茶，别有风

味的手抓肉，悠扬的马头琴和节奏欢快的民族歌舞等。

乌珠穆沁草甸

乌珠穆沁草甸位于锡林郭勒盟东部，素有"天堂草原"之美誉。每当盛夏来临，风光迷人的乌珠穆沁草甸是一片绿色的海洋，高贵的芍药花与美丽的山丹花争奇斗艳，片片白云在无尽的蓝天上飘游，牧人策马，牛羊游动，加上蒙古包缕缕的炊烟与缓缓行驶的勒勒车，美不胜收。

锡林九曲

位于锡林浩特市郊东南 13 公里处。成吉思汗曾在此有感而发："此处造化神功，碧水青山，必成繁盛之地。"在这里可以观赏到异常美丽的河曲，锡林九曲十八湾像是飘落在草原上的洁白哈达，许多摄影爱好者都为这一美景创下佳作。1998 年发行的锡林郭勒特种邮票小型张即以此处为背景。

浑善达克沙地

浑善达克沙地是我国十大沙漠沙地之一，位于内蒙古中部锡林郭勒草原南端。浑善达克沙地水草丰美，景观奇特，风光秀丽，有人称它为"塞外江南"，也有人称它为"花园沙漠"。那里野生动植物资源比较多，是候鸟的产卵繁育地，还有很多珍稀的植物和药材。

元上都遗址

位于锡林郭勒盟南面的正蓝旗，始建于1256 年，是忽必烈继承蒙古汗位时确定的首都，后来成为陪都。元上都遗址呈方形，周长约 9 公里，分为外城、内城、宫城三重。上都城的西北面有我国北方草原唯一完整保留下来

锡林郭勒九曲就像是一条镶嵌在大草原上的洁白哈达

的水利工程——铁竿渠，由元代著名科学家郭守敬设计。

贝子庙

位于锡林浩特市北部。贝子庙是内蒙古四大庙宇之一，始建于 1742 年。整个建筑群占地面积为 1.2 平方公里，沿袭格鲁派传统建筑格式，有 7 座大殿、5 座活佛殿和 5 座佛塔等，规模庞大，壮观典雅。

若尔盖草原 /　　　　　　　　　　　　　　035

静若处子的水面，时常有水鸟起起落落，水面星星点点的璀璨，犹如一幅油画

　　若尔盖湿地位于青藏高原东缘，是青藏高原高寒湿地生态系统的典型代表，是世界上面积最大、最原始，没有受到人为破坏的最好的高原湿地，也是世界高山带物种最丰富的地区之一。

　　夏秋季节，翻越鹬鸪山，首先欣赏到的是黄河九曲第一弯的长河落日，夕阳在云层间绽放出绚丽的七彩光芒，水面上映衬出点点璀

璨，古老的情歌随水流轻轻荡漾。草地的黄昏犹如一幅浓艳的油墨画，充满梦幻的色彩。站上花湖的观景台，静若处子的水面上成千上万的水鸟起起落落，黑颈鹤漫步在水边的芦苇丛中，时而与伴侣喁啾私语，时而展翅高飞，留下一道优雅的倩影。若尔盖在中国出名，开始的时候不是因为旅游，而是长征。若尔盖是红军长征在四川滞留的时间最长、经历的地区最

夏末的若尔盖天高气爽，牧草萋萋，黄河九曲在草原上如藤蔓伸向远方

广阔、面临的环境最艰险、进行的斗争最卓绝、付出的牺牲也最大的地方。史料记载，有1万多名红军将士长眠于此，红军过草地时濒临绝境。就是这片当时看来简直是魔窟的地方，在被背包客发现后，迅速成为如今的旅游胜地——一个拥有80多万公顷草场的天然牧场，一个拥有9.8万公顷森林的绿色公园。我国的沼泽湿地主要分布在四川省的若尔盖县、红原县及甘肃省的玛曲县和碌曲县。其中，若尔盖是中国特有的青藏高原湿地，湿地内的泥炭储量近40亿万立方米，是中国最大的一片现代泥炭沼泽地，也是黄河上游重要的水源涵养区。2005年，若尔盖湿地被国家林业部授予"黑颈鹤之乡"。花湖被《中国国家地理》杂志评为"中国最美的湿地"。

热尔大坝

地处青藏高原东缘，气候变化较大，一天之中可以出现雨雪和艳阳，可以浓云密布，也可以万里无云，而一切唯美的自然风光便在这天光变化中呈现出来。站在湖边，那句古诗又会跳将出来："天光云影共徘徊"，而藏獒的一声狂吠，惊起芦苇丛中的野鸭，天边顿时出现"落霞与孤鹜齐飞"的美妙景致。

花湖

草原中间有3个相邻的天然海子——最小的叫错尔干，最大的叫错热哈，著名的花湖居中。花湖水面300余亩，其名源于夏天花湖中的水草开出芳香的花。湖中与沼泽中多水禽，时不时飞过。顺着原木铺就的水中栈桥，可以从草原走到湖中的亭子，在此留影观景都是不错的选择。

黄河九曲第一弯

位于若尔盖唐克乡境内，河水清澈，河中游鱼如织、风光清丽。来到这里有两件必做之事：一是登高望远，所登之山海拔3700米左右，位于索格藏寺后面。登上这座山其实费不了多大劲儿，从山脚到山顶的垂直距离不过两三百米。站在山顶是观黄河九曲壮丽景色的最佳位置。还有就是一定要在黄河岸边骑一下河曲马，河曲马也叫唐克马。

扎龙自然保护区 /　　　　　　　　　**036**

最美理由 /

扎龙自然保护区是闻名遐迩的丹顶鹤的故乡，是我国第一批加入《国际重要湿地名录》的湿地，也是我国最大的一个芦苇湿地，是水禽鸟类的天然乐园、每年在此栖息的禽鸟约 230 种之多，除闻名遐迩的丹顶鹤外，区内还有白鹳、草鹭、大天鹅等珍稀水禽。

最美季节 / 4～5月或8～9月，可见两三百种野生珍禽
最美看点 / 鹤群、珰奈湿地、湿地徽标、望鹤楼
最美搜索 / 黑龙江

丹顶鹤的故乡——扎龙

扎龙自然保护区地处黑龙江省西部松嫩平原，乌裕尔河下游，总面积 2100 平方公里。扎龙是我国最大的以鹤类等水禽资源为主的珍稀鸟类和湿地生态类旅游景区，是同纬度地区景观最原始、物种最丰富的湿地自然综合体，是闻名遐迩的丹顶鹤的故乡。这是一片面积达 420 平方公里的沼泽湿地，是中国第一批加入《国际重要湿地名录》的湿地，也是我国最大的芦苇湿地。保护区内大部分为沼泽芦苇丛和草甸草原，河流交错、芦苇丛生、鱼虾繁多，是水禽鸟类的天然乐园，每年在此栖息的禽鸟有 230 种之多。除闻名遐迩的丹顶鹤外，区内还有白鹳、草鹭、大天鹅等珍稀禽鸟。

世界上有 15 种鹤类，中国有 9 种，扎龙就有 6 种，其中 4 种系世界濒危鸟类。全世界有丹顶鹤 2000 多只，扎龙就有 300 多只。

每年 3～10 月，约有 400 只丹顶鹤飞来扎龙湿地繁殖停歇。来扎龙可以看到丹顶鹤们优美的身姿，它们或展翅飞翔，或在芦苇丛中

蹒跚觅食，每年都有大批的摄影爱好者来此捕捉这些美丽的画面。

鹤群放飞表演是扎龙景区的特色看点，每次大约放飞 20～30 只丹顶鹤。你会看到远处的一群丹顶鹤在放鹤人的挥杆引导下开始助跑、飞翔，在空中盘旋片刻后飞回放飞处。除了丹顶鹤，在扎龙还能看到白鹤、白头鹤、白枕鹤、蓑羽鹤等珍禽。6～9 月是观鹤的最佳时节，此时的丹顶鹤比较多。

鹤群

保护区人工驯化的丹顶鹤已经形成了群体放飞、整体飞翔、定点降落的奇观。同时这些丹顶鹤经人工驯化已经由候鸟变成留鸟，故冬日雪地观鹤成为世界一绝。每年的 8 月，齐齐哈尔市会在此举办观鹤节暨绿色食品博览会。主要景观有鹤唳云天、望鹤楼、观鹤亭、九曲桥、湿地徽标、国家级保护区纪念碑、湿地生态展厅、丹顶鹤放飞表演等。

珰奈湿地

位于扎龙自然保护区腹地，是目前亚洲已知仅有的两块原生态湿地之一。现在仍然保持着完整的原始风貌，这里有丹顶鹤、大雁、野鸭等珍贵鸟类 200 多种。

湿地徽标

为纪念中国政府加入国际湿地公约，扎龙自然保护区作为中国首批、最大的湿地而设立。徽标为白色大理石雕塑。

望鹤楼

扎龙自然保护区的制高点，通过其上的高倍望远镜可以观察湿地深处的野生丹顶鹤和优美的湿地风光。

TIPS

📷 摄影攻略

1. 拍摄湿地、平原用大广角镜头，表现开阔的风景。拍摄丹顶鹤等野生动物，用长焦镜头。如果想拍得更清晰，需准备三脚架。

2. 放鹤时间可能有变动，务必尽早赶到放鹤场地，选取位置，做好拍摄准备。放鹤时丹顶鹤会飞起、盘旋，最后落回水塘。尽量使用相机连拍程序，多拍一些供后期挑选。

3. 放鹤时间之外，如果想拍摄野生鸟类，可以租船在扎龙湿地转转。

4. 拍摄野生鸟类，尽量不要穿颜色鲜艳的衣服。如果非常爱好鸟类摄影，给你的长镜头穿上"迷彩"外衣也是必要的。

夕阳下的丹顶鹤之舞

巴音布鲁克 / 　　　　　　　　　　　　　　**037**

最美理由 /
　　它是天山南麓最肥美的夏季牧场，是中国仅次于内蒙古呼伦贝尔的第二大草原。置身草原上，晴天能看到远处雪山的雪线。点缀着野花的山坡上牛羊成群，随着云朵的流动好似在天地间没有了界线，只有背景颜色在变化。

最美看点 / 天鹅湖、奎克乌苏石林、洁腾萨拉瀑布
最美气候 / 6～8 月
最美搜索 / 新疆

开都河弯弯曲曲地在草原上形成"九曲十八弯"的奇丽景观

　　"巴音布鲁克"水草丰美，物产繁多。开都河弯弯曲曲地流经 800 平方公里沼泽地，形成"九曲十八弯"的奇丽景观。清乾隆三十八年（1773），土尔扈特部从俄伏尔加河流域举义东归。乾隆便将这块长满"酥油草"的富饶土地赐给了土尔扈特部。

　　巴音布鲁克草原位于天山的山间盆地，四周雪山环抱，面积 22000 平方公里。这里地势平坦，是典型的禾草草甸草原，也是新疆最重要的畜牧业基地之一。巴音布鲁克草原畜产十分丰富，牛羊马匹就像大海上的波浪一样，在草间翻卷。著名的"草原四宝"是焉耆天山马、巴音布鲁克大尾羊、中国美利奴羊、牦牛。

　　草原上栖息着我国最大野生天鹅种群，拥有一个童话般的天鹅湖。这里连绵的雪岭是天鹅湖的天然屏障。纯净的泉水溪流为其提供了居住地，加之凉爽湿润的气候和丰足的食料，非常适合天鹅等鸟类的生长。天鹅湖鸟类资源十分丰富。全国四大天鹅中有三种就在这

里：大天鹅、小天鹅、疣鼻天鹅数量达1万余只。雁鸭类种数占我国雁鸭类的1/3，如灰雁、斑头雁、白头鹨、燕鸥、雕、秃鹫等，其中十余种珍稀鸟类属国家一二级保护动物。当地蒙古族牧民把天鹅视为"贞洁之鸟""美丽的天使""吉祥的象征"。试想在阳光下，圣洁的天鹅舒展羽翼，翩翩飞舞，近处是无垠的草海，不远处是雪山群峰，令人心醉神迷。

关于巴音布鲁克草原还有一个凄美的爱情传说。据说，这里有一片会流泪的草场。如果找到它，对着它大呼爱人的名字，祈祷三天三夜，将来死后葬在那里，就会变成永不超生的精灵，永远陪伴在爱人身边。

巴音布鲁克还拥有一处著名的避暑胜地——巩乃斯森林公园。公园总面积7万多公顷，海拔1600～4200米，拥有垂直生物带。巩乃斯河淙淙流过，滋润得林木异常葱郁，花开甚为鲜艳。班禅沟更是山明水秀，牧草丰盈，是9月最美丽的牧场。

天鹅湖

位于和静县西部。这是国家级自然保护区，我国唯一的天鹅湖。平均海拔2400米，面积1000多平方公里。天鹅湖是由众多相通的小湖组成的湖沼地，吸引了大量天鹅在此繁衍生息。每年4月前后，大天鹅、小天鹅、疣鼻天鹅、雁鸥等珍禽鸟类陆续从南方来到这里。

奎克乌苏石林

位于巴音布鲁克地区的乌兰恩根镇。石林长9公里，宽5公里。这是风蚀半砂砾岩层结构，典型的雅丹地貌。在大自然的精心雕琢下，石林既有欧洲古堡的森严，又有宝剑锋利的可畏，既有蘑菇丛林，又有石峰叠嶂。著名的"渥巴西像"位于山脊之上，呈半圆形，直径约10米。石林中还是旱獭、大头羊、鹅喉羚的栖息地。石林、峡谷、瀑布、湖泊、沼泽等共同构建出了这一地质奇观。

洁腾萨拉瀑布

位于奎克乌苏石林向南30公里处。"洁腾萨拉"蒙古语为"美人沟"，相传这里是仙女沐浴的地方。瀑布从30米高的峭壁上跌入深潭，激起水珠涟涟，气势不同凡响。瀑布四周是一片洁白空旷的冰川世界。

近处是无垠的草海，蜿蜒的开都河，不远处雪山晶莹纯净

最美大漠奇景 Chapter ⑤

　　大漠因生命难续、平沙茫茫、苍凉静寂，让人望而生畏，其实在漫漫黄沙中，有驼铃声声，有绿洲甘泉，有地质奇景，有古老故城，有生机勃勃……在"大漠沙如雪"的背后有金黄色的胡杨林，有五彩缤纷的滩涂，有神秘莫测的魔鬼城，有宝石般点缀的湖泊。

巴丹吉林沙漠 /   038

最美理由 /
　　这里有世界上最大的鸣沙区，人走在沙漠中，会发出隆隆的响声，十分奇妙。巴丹吉林还拥有高度甚至超过了非洲撒哈拉沙漠最高峰的沙峰。沙漠腹地沙峰起伏，黄色波涛中镶嵌着蓝宝石般的湖泊。

最美季节 / 8~10 月
最美看点 / 必鲁图沙峰、巴丹吉林庙、磨盘泉、诺日图泉
最美搜索 / 内蒙古

在巴丹吉林经常能看到点缀在沙山之间的大大小小上百个海子

　　在内蒙古自治区最西边的位置，有一片神奇的沙漠，这就是巴丹吉林。与其他沙漠的荒芜不同，在巴丹吉林经常可以看到星星点点的绿色，梭梭林、沙枣、沙竹、沙蒿、沙葱都是这里的主人。在巴丹吉林还能经常看到蓝色，点缀在沙山之间的大大小小上百个海子在阳光的照耀下就像一块块宝石。巴丹吉林的上百个海子一般是咸水湖，但从湖中喷涌出来的却是淡水，为了解开这种咸淡共生的谜团，从 1984 年开始，由美、德、挪、加、法等国的科学家组成的科考团已经 6 次深入沙漠。巴丹吉林沙漠腹地还有人家，唯一一个村落巴丹吉林噶查属于蒙古族都属土尔扈特部，200 多年前，土尔扈特部不甘沙俄压迫东归祖国，其中一支在巴丹吉林沙漠腹地发现了一片远离尘世的"世外桃源"，便在他们认为自由的土地上生长。这个嘎查最繁盛的时候有 200 多户人家，他们与外界联系很少，靠沙漠里的海子自给自足。

　　今天的巴丹吉林是户外运动爱好者的天堂，徒步或者自驾都是不错的旅行方式。巴丹

吉林随时可以给你惊喜。最大的挑战来自攀登有"沙漠珠峰"之称的必鲁图沙峰，当几步一滑地征服了必鲁图沙，站在500多米的沙山上一览沙漠全貌，将7个海子尽收眼底时，那种满足感是无法用语言表达出来的。对于自驾旅行者来说，沙漠自驾不必担心翻车的危险，沙漠里打个滚爬出来还是好汉。巴丹吉林很少有坏脾气，只要掌握了它的脾性，从沙谷冲上沙丘再俯冲下去，不同角度的沙脊明暗有致，呈现出不同的沙漠表情。

必鲁图沙峰

位于巴丹吉林沙漠腹地，有"沙漠珠峰"之称。作为"世界沙漠第一高峰"，海拔1617米，相对高度500多米，比位于非洲撒哈拉沙漠的世界第二高沙峰要高出70余米。

巴丹吉林庙

巴丹吉林庙是巴丹吉林沙漠腹地唯一的寺庙，始建于清同治七年（1868），由于身处大漠，人迹罕至，一直保持原貌，2007年在原有基础上进行翻修。巴丹吉林庙是一大片湖水，当地牧民把这片沙漠绿洲称为"苏敏吉林"，意为"有庙的海子"，简称"庙海子"。

磨盘泉

音德日图是巴丹吉林泉眼最多的海子，有泉眼108个，其中最有名的是"磨盘泉"。"磨盘泉"在海子中有一块破水而出的大石头上，石头约有1米多高，顶部大致有3平方米，状如磨盘，其上泉眼密布，泉水披挂而下，甘饴清凉，是咸水湖中的淡水泉。

诺日图泉

巴丹吉林沙漠水域面积最大的湖泊，最深水域26米，在巴丹吉林沙漠湖泊中水位最深。因当地牧民宗教崇拜、地势保护等原因，诺日图泉一直被当地牧民尊为圣泉。

巴丹吉林沙漠是中国四大沙漠之一

塔克拉玛干沙漠 / 　　　　　　　039

最美理由 /
　　塔克拉玛干沙漠是中国最大的沙漠，是世界第二大沙漠。苍穹下的沙漠无边无际，有一种震撼人心的力量。受"丝绸之路"研究热潮的影响，塔克拉玛干沙漠成为全球最重要的考古探险地点之一

最美看点 /红白山、胡杨林、尼雅遗址
最美气候 / 10 月塔克拉玛干沙漠平均气温 6℃ ~ 15℃ 建议穿厚外套、羊毛衫、长袖、卫衣，注意温差大
最美搜索 /新疆

塔克拉玛干沙漠腹地的胡杨如同沙漠中的勇士，在最残酷的环境中以顽强的身躯抵挡着沙暴

　　在新疆这片神奇的土地上，有一块名叫塔克拉玛干的沙漠，维吾尔语意为"进去出不来"。它东西长 1000 多公里，南北宽 400 多公里，总面积 33.76 万平方公里。如此之大，真正是"走进去出不来"，所以又被称为"死亡之海"。在沙漠公路上行车，如同进入浩瀚的海洋，在自然的伟力之下，人自身会变得渺小起来。

　　塔克拉玛干沙漠形成于 450 万年前。是风将塔里木盆地南部边缘的黄土吹进来，形成"风成黄土"。关于塔克拉玛干沙漠的形成还有个美丽的传说。很久以前，人们渴望能引来天山和昆仑山上的雪水浇灌干旱的塔里木盆地。神仙被百姓的真诚所感动，把他的金斧子交给了哈萨克族人，用来劈开阿尔泰山，引来清清的雪水。他想把金钥匙交给维吾尔族人，让他们打开塔里木盆地的宝库，可惜金钥匙被神仙的小女儿玛格萨丢失了，从此盆地中央就成了塔克拉玛干沙漠。

古代丝绸之路途经塔克拉玛干沙漠的整个南端，为沙漠带来了灿烂的历史文化。奇幻小说《鬼吹灯》里的那个"精绝古国"就是位于塔克拉玛干沙漠中的一个古国，即如今的"尼雅遗址"。西域三十六国中除了精绝国，还有弥国、货国都是塔克拉玛干沙漠中的古国。20世纪初，斯坦因提出了"东方庞贝"的概念，为塔克拉玛干沙漠注入了浪漫主义、魔幻主义色彩。

塔克拉玛干沙漠最美的一段是在和田河流域所经过的沙漠腹地。和田河是塔里木盆地的三条大河之一，由喀拉喀什河和玉龙喀什河交汇而成。俯瞰和田河正是一个大写的"人"字。和田河不仅把昆仑山的顽石变成了羊脂美玉，还滋润出偌大的绿洲。人们说，和田河流经的地方出美玉、长树王、有历史遗迹。就在和田河"人"字形交汇处有一座红白山。相传释迦牟尼和老子曾在红白山促膝相谈，共商构建"道德之乡"。即为和田人重友情、懂礼仪、尊敬长辈的文化观念。

在塔克拉玛干沙漠腹地有一处胡杨林。胡杨是沙漠中的勇士，在最恶劣的环境下，最残酷的气候中，以顽强的身躯抵挡着沙暴对绿洲的侵袭。生的胡杨无比壮丽，即使是死去的胡杨，仍傲立沙漠，千年不倒。每到10月初，胡杨林奏响了生命之歌。金黄色、金红色、金棕色、金紫色的胡杨，在大漠中摇曳生辉。

红白山

毗邻沙漠腹地，位于塔里木盆地西南部，墨玉县喀瓦克乡境内。红白山与和田河遥遥相望，海拔1570米，基石红白分明。站在山上

可以俯瞰塔克拉玛干沙漠腹地。山上还有汉代戍堡、唐代佛寺和宗教战争时伊斯兰殉教者的麻扎。

尼雅遗址

位于塔克拉玛干沙漠南缘民丰县喀巴阿斯卡村以北20公里。这里即汉代的精绝国遗址。遗址东西向7公里宽，南北向25公里长，散布在尼雅河古河床沿线。这里出土了大量文物、陶器、木器、铁器、漆器、弓矢、纺织品及料珠等，其中纺织品为其大宗。

曾经辉煌灿烂的精绝古国已随风消散，只留下少数印记供人猜想

库木塔格沙漠 /   **040**

最美理由 /
　　新疆有着极为丰富的地理景观，是国内任何地区都无法比拟的神奇地带，其中国内六大沙漠中的三处都在新疆境内，除了面积排名前两位的大沙漠（塔克拉玛干沙漠、古尔班通古特沙漠），还有被赋予"城中的沙漠"之称的库木塔格沙漠。

最美季节/ 春秋两季

最美看点/ 沙漠观光景区、沙漠徒步、沙漠公园

最美搜索/ 吐鲁番

库木塔格沙漠高低起伏的沙海犹如吐鲁番盆地的一颗巨大的心脏

　　库木塔格沙漠北依鄯善，西挨鲁克沁镇，东南就是一望无际的塔里木盆地中的罗布泊洼地。在维吾尔语中，"库木"是沙子，"塔格"是山的意思，顾名思义库木塔格就是"沙山"。这片高低起伏的沙海犹如吐鲁番盆地一颗巨大的金色的心脏，时刻提醒着人们这里是干旱、炎热地带。这是世界上离城市最近的一片沙漠，从鄯善老城向南望去，金色的沙浪翻卷着，层层迭起，雄浑壮观的大漠风光千百年来始终坚定不移地与绿洲长相厮守着，犹如忠实的信徒在圣殿前跳着神圣的法舞，却丝毫也不敢有

侵犯绿洲的野心。

　　这片茫茫沙漠东西长 62 公里，南北最宽处 40 公里，足有 1880 平方公里，是普通游客最容易到达的沙漠观光景区，更是户外探险、沙漠科考、摄影创作的理想胜地。沙山的海拔平均 400 米，一座座耸起的沙丘在阳光下营造出光影交织的明暗轮廓，层次分明线条流畅的唯美造型，犹如横卧在沙滩上的美女，细腻的酮体散发着金黄的小麦色，让人心中充满无限遐想。曲线优美的沙脊，在微风的吹拂下淌下细细的流沙，俯首侧耳聆听，那便是一曲美妙

动听的优美旋律，是流淌在沧桑岁月中一曲永恒的乐章。

在沙漠中遨游想必是很多人的梦想，徒步穿越沙漠的确是一种挑战自我的绝佳体验。这里的夏季炎热，平均温度都会在40℃以上，而冬季的夜晚异常寒冷，所以每年春秋两季是库木塔格沙漠最适合徒步穿越的季节。当然，想要深度触摸沙漠秘境，还要根据自己的情况，选择适合的徒步线路，并要做好足够的准备工作。徒步穿越库木塔格沙漠有两条经典线路，一条是从沙漠西南端的迪坎儿村到鄯善的沙漠公园，两处的直线距离是42公里，通常只有专业的户外团体才会选择这条挑战线路。而另一条则是从鄯善的栏杆乡穿越到沙漠公园，相比之下这条直线距离只有10公里左右的线路，更适合初级户外爱好者和摄影创作者的体验之路。

TIPS

🧭 贴士

盛夏的沙漠热浪袭人，仿佛燃烧的火焰一般咄咄逼人，然而滚烫的细沙却是各种风湿寒症最有效的沙疗偏方。而这片天然的沙场还是沙雕艺术的创意基地，每年一度的国际沙雕艺术节，都会吸引着很多雕塑艺术家会聚在这里搞创作，那些曾经在沙漠地带演绎辉煌人生的角色，便会栩栩如生地出现在茫茫沙漠上，让人有种时光穿越的错觉。

沿着棱角分明的丘脊一步一步探进沙海深处，穿行在无边无际的沙海中，眼前一座座无穷无尽的沙梁横卧在天际云端。用进一退半的脚步艰难地登上至高的山顶时，极目远眺这远离尘世的杳无生机的世界，天底下的沧黄之海叫人觉得自己是如此渺小，孤独与寂寞重重包围着疲惫的身心，仿佛整个世界都要把你抛弃。夕阳下，金色的沙浪犹如丝绸一般铺在脚下，让人忍不住想要以全身的肌肤去触摸那细腻润滑的大地的肌理。

库木塔格沙漠的国际沙雕艺术节将平淡无奇的沙粒演变成栩栩如生的雕塑

乌尔禾魔鬼城 /   041

最美理由 /
  新疆有好几处魔鬼城，最著名的要数克拉玛依北部的世界魔鬼城，那是 "中国最美的雅丹" 景区，也是吸引世界各地旅游者探秘的地方。

最美季节 / 9～10 月，没有 10 级以上大风
最美看点 / 千奇百怪的土丘
最美搜索 / 新疆

乌尔禾魔鬼城是大自然施展魔力之手在戈壁上打造的诡异之城

行进在新疆广袤无垠的沙漠戈壁上，常常会有种无名的绝望与恐惧隐隐袭来。在天地相交的地平线上，恍惚中冒出一座遥不可及的繁荣西域古城，那个奇幻的世界隐约浮现在风沙的尽头，若隐若现，仿若海市蜃楼。但是这里是新疆，除了会有迷惑人意志的海市蜃楼的出现，还会猝不及防地遇见叫人不寒而栗的魔鬼城。

这处被称作世界奇观的就位于乌尔禾区东北 7 公里的 G217 国道旁，一座真实存在的 "魔鬼的家"，是大自然施展魔力之手把戈壁上的山丘打造成了一座诡异之城，并不是人为修建的所谓的城市。克拉玛依大部分的地貌都是戈壁荒滩，虽然茫茫旷野中经常会有飞沙走石光顾，肆无忌惮地搞得黄土漫天，但在荒芜贫瘠的地表下却蕴藏着丰富的黑石油。在杳无人迹的大漠上，那些不知疲倦的磕头机日复一日享受着孤独与寂寞，只有风沙愿意跟它耳鬓厮磨地相伴度日。

走进这座魔鬼之城，映入眼帘的奇特景观无不是在风神的魔力下塑造出来的，鬼斧神工在这里被演绎得淋漓尽致。奇形怪状的土

丘犹如布设的迷魂阵，高低错落地林立在寸草不生的平坦戈壁上。

千百万年来历经风雨剥蚀的山丘上布满了道道深沟浅壑，那是岁月留下的痕迹，犹如满脸皱纹的苍苍老人，让人不由得心生敬畏之情。而那些裸露的石层则被经久不息的狂风雕琢出奇特无比的创意造型，它们有的像是迎宾的孔雀，有的像是展翅的雄鹰，也有的像长啸的天马，甚至还有的像狮身人面像。总之，徜徉在这座魔鬼出没的空城里，一切好像都在梦幻之中，矗立眼前的也许是一座欧式古城中的宏伟宫殿，也可能迎面扑来一头凶猛怪兽。眼前这个千姿百态的世界景随步移，时刻变幻着魔幻的面孔，令人浮想联翩。

要说魔鬼城最大的魔力，还是那让人毛骨悚然的诡异风声，每当风起云涌时，一座座奇特山丘间一条条不规则的通道就成了魔鬼发威的舞台，通道口就成了发出呼啸的大风口。

TIPS

◎ **贴士**

若能在傍晚前进入魔鬼城露营一晚，体验一把与魔鬼做伴的刺激，既可以拍摄到夕阳的美丽光影，还能看到戈壁日出的精彩瞬间。魔鬼城是不少电影的拍摄地，如果在去之前先看上一遍，到那里再寻访一番定会找到些拍摄灵感。

10级以上的大风在荒漠戈壁上肆虐，因为这里才是魔鬼的天堂。风沙席卷着碎石漫天飞舞，猛烈地撞击摩擦着山丘的身躯，穿梭回旋中还不停地发出尖厉的嘶吼，魔鬼狂舞的瞬间便成了天昏地暗的恐怖世界。

只有在傍晚时分，魔鬼城才会在夕阳的抚摸下变成羞答答的样子，褐红色的山峦被笼罩上一层神秘的光晕，即使深夜来临都不会变成漆黑无比的世界，因为伸手可触的星河就从头顶上跨过，急速滑落的流星偶尔闪过一道白光，像是在跟魔鬼玩着捉迷藏的游戏。

鬼斧神工在这里被演绎得淋漓尽致

五彩滩 /

042

最美理由 /
　　上帝过于厚爱新疆，把太多的精彩赋予了这片神奇的土地，就连梦幻无比的五彩世界都不止一处可觅能寻。在天山之北有吉木萨尔的五彩湾，在阿勒泰有五彩的喀纳斯湖，在伊犁草原有五彩的花海，在额尔齐斯河畔有五彩的河滩，这些色彩的世界个个都是诱人之所，更是摄影师追逐迷恋的绝美天堂。

最美季节 / 6 ~ 10 月，尤其是 9 月初

最美看点 / 额尔齐斯河、雅丹地貌

最美搜索 / 新疆

五彩滩高低起伏的石丘群，绚丽地矗立在额尔齐斯河北岸，与河对岸的绿洲形成鲜明的对比

　　五彩滩正处在前往喀纳斯或哈巴河的途中，所以也是北疆旅游的重要一站。五彩滩的名字非常形象，让人一下子就能联想到五颜六色的平缓的河滩。事实上，这里的颜色绝不仅仅只有五种颜色，河滩也不是那种平淡无奇的平缓沙滩，而是一片高低起伏的陡峭的石丘群，绚丽地矗立在额尔齐斯河的北岸上，这片神奇的五彩世界与河对岸一望无际的绿洲隔河相望，形成了鲜明的对比，真可谓"一河隔两岸，自有两重天"的境界。

额尔齐斯河是我国唯一一条自东向西流入哈萨克斯坦，又途经俄罗斯最终注入北冰洋的河流，也是仅次于伊犁河的新疆第二大河。滔滔河水发源于雨量充沛的阿尔泰山西南坡，宽阔的水域网脉源源不断地滋养着准噶尔盆地荒漠戈壁北缘的广阔绿洲，逐水草而居的游牧民族自然就把这条"银水"当成母亲河。的确，有水的地方才会有灵性，水是万物之本，是一切美好的源泉，因此，依附在河畔几公里长的雅丹地貌，也因此而有了别样的风采。

当人们走进这处光怪陆离的色彩世界，强烈的视觉冲击便从四面八方扑面而来，这里的岩石在阳光阴晴不定的光影下随时变幻着谜一样的幻彩，尤其是落日时分的斜阳更会给岩石抹上一层浓重的彩装。脚下的岩石除了最抢眼的红色旋律，其间还掺杂着紫色、绿色、黄色、白色、黑色和蓝色，深浅不一的过渡色

TIPS

📷 **摄影攻略**

五彩滩的长河落日是不能错过的时机。由于新疆与北京有2小时的时差，所以夏季的太阳落山大约要到21点多才会渐入佳境。

又把斑斓的色调协调得犹如一幅完美的油彩画。沿着保护栈道登临高处的观景台，蓝色的河水也随着光影变幻成银色或者金色，在五彩河滩的尽头，有一座吊桥连接着两岸的绿色河谷和雅丹地貌，这倒是给眼前的河岸景观增添了一道别样的风景线。

五彩滩的美毋庸置疑，就是面积比起五彩湾的规模小了一些，但因额尔齐斯河的相伴而多了几分柔美，想必这是上天特意安排的吧。倘若赶在秋天光顾这里，南岸的大片绿洲便会染成金黄，其间还夹杂着深浅不一的绿色，绚丽的层次似乎是想跟对岸的五彩滩一比风姿。

额尔齐斯河

轮台胡杨林 /   043

最美理由 /

在新疆天山南麓塔里木盆地的边缘，有一片生长在干旱沙漠地带广阔的胡杨林。这片气势宏大的绿洲紧密地追随在塔里木河畔两岸，并努力执着地向沙漠腹地延伸着顽强的生命力。维吾尔族人管胡杨叫"托克拉克"，意思就是最美丽的树。虽然胡杨只在初秋时才会绽放短暂而迷人的景象，但那无与伦比的灿烂景观简直美到极致，让人只看一眼便能留下震撼一生的记忆。

最美季节 / 10 月中旬
最美看点 / 塔里木胡杨林公园、塔里木河
最美搜索 / 新疆

初秋时节，胡杨木绽放出一年中最灿烂迷人的景致

新疆塔里木盆地属于那种极寒、极热，又干旱多风沙的地方，绿色植被的种类极为单调，装点村庄、田野、道路两旁的高大乔木多是钻天杨和新疆杨一类的绿洲，唯有生命力最顽强的胡杨，才能够在盐碱和沙丘地带扎根生长并撑起一片天空。流淌在天山南麓沙漠边缘的塔里木河，不仅是中国最长的内流河，也是孕育塔里木盆地绿洲的生命源泉。原本天生就顽强的胡杨在河畔四周得到了极好的滋养，浓荫蔽日的树林越发茂盛挺拔，在河岸旁形成了成片的天然绿色长廊，千百年来一直坚守在塔克拉玛干沙漠旁的家园。

轮台县是西部地区闻名中外的塔里木石油新城，从沙漠公路零起点向一望无际的沙漠深处挺进，沙丘起伏的旷野上随处可见高耸的石油井架，喷射的火焰为茫茫荒漠燃起无限激情。大约十几公里处有一条笔直向东的石油公路直通塔里木胡杨林公园，这里是塔里木河以北的分支流域，沿途渐渐开始出现成簇、成片的胡杨林的分布，树冠葱郁的树林与塔克拉玛干大漠沙丘同处一片天下，形成了生命绿洲与死亡之海的强烈对比。

每到金秋时节，四处寻访色彩诱惑的摄影人，便开始向往金黄色的胡杨林，而这片上百平方公里天然胡杨林几乎占到了全国胡杨总面积的九成以上，甚至称得上是世界上最大的胡杨林，所以这里自然成了欣赏金胡杨的首选之地。当然轮台胡杨林除了森林规模大之外，这片依水而生、靠沙而立的胡杨林，在金秋十月披挂上耀眼的"黄金甲"的时候，转眼就与茫茫黄沙融为一体，任由河水与光影为之涂抹着浓淡深浅的色彩，灿烂辉煌的景观当仁不让地被人们评为了中国最美的十大森林之一。

徜徉在偌大的胡杨林的世界，身边矗立的多是上百岁高龄的大树，那棵四个人才能合抱的胡杨王更是千年不死的英雄树的代表。活着昂首一千年，死后挺立一千年，倒下不朽一千年，粗壮挺拔的树干如铮铮铁骨一般，即使干裂粗糙得如枯枝干骨，也倔强不屈地在树梢上冒出一束束浓密的树叶。也许是避免水分的蒸发，胡杨的叶子要比其他杨树叶小很多，幼枝上长的更像是细长的柳叶。待到满树金黄时，圆的像金币，长的像金项坠，在风中摇摇

顽强的胡杨林在塔里木河畔茂盛挺拔，形成天然的绿色长廊

欲坠闪着耀眼的光，引诱着人们贪婪的目光。胡杨景区内有一条十多公里长的环形观光小铁路，几个较大的林中湖泊被串联在一起，游人可以轻松饱览大漠胡杨的江南秀色。这片美得让人窒息的金色森林，倒映在碧波荡漾的水面上，坐着老式的小火车穿行在茂密的胡杨林中，红柳丛、芦苇荡、恰阳河、林中湖在宽大的玻璃窗外如电影中的一幅幅画面。

额济纳 /

044

最美理由 /
　　额济纳分布着我国目前最为壮观的胡杨林。45 万亩胡杨林也是当今世界仅存的三处天然河道胡杨林之一。秋天的额济纳最具魅力，金色的胡杨林像一团团炽烈的火焰；这里还有浩瀚无垠的巴丹吉林沙漠，看被流沙掩埋的古城墙，体会沙漠的柔美与苍凉……

最美季节 / 10 月 5 ~ 15 日

最美看点 / 胡杨林、居延海、巴丹吉林沙漠、西夏黑城

最美搜索 / 内蒙古

树干苍劲、叶片金黄的胡杨林与碧水蓝天勾画出美丽的秋日盛宴

　　额济纳是大漠戈壁中的一片绿洲。这里因胡杨林而闻名。胡杨是沙漠里的英雄树，是唯一能扎根戈壁沙漠的树种，耐干旱、盐碱能力强。它有着"三个一千年"的美丽赞誉：活着一千年不死，死后一千年不倒，倒后一千年不朽。当年张艺谋将额济纳胡杨林作为《英雄》中张曼玉和章子怡的决战之所，美人和美景造就的酷炫镜头，让观众们记住了这个童话般美丽的地方。

　　金色的胡杨林已经是一个关于唯美的代名词。秋天的胡杨林叶片金黄，树干苍劲，映衬在蓝天白云之下，美丽无比。尤其是对着阳光去欣赏胡杨，更加光彩照人。夕阳西下时的胡杨林又被霞光染红，更富于一种沧桑美。据说，胡杨树的叶子喂牛羊，能使牛羊肥壮多奶。而且它的生命力极强，叶子脱

落的地方就能长出一个芽孢，来年便能吐出新枝。

怪树林

额济纳旗是世界上仅存的三大胡杨林区之一。几十年前这里曾是一片原始森林，由于自然环境恶化，大面积的胡杨林枯死，枯木形态怪异，因此人们称之为怪树林。

胡杨木有"活千年不死，死千年不倒，倒千年不朽"的神话，绝对是额济纳旗最不可错过的景观，怪树林也是摄影爱好者的不二选择，在怪树林拍摄日出、日落是摄影人最期待的时刻，光影不断地变化，绚烂的色彩似乎赋予这些奇异的造型以新的生命。

居延海

匈奴语，意即"弱水流沙"，发源于青海境内祁连山深处的黑河。我们常说的"弱水三千"就是指这里。在古代，碧波浩渺的居延海很有名，史书上屡屡提到它。由于环境恶化，居延海一度干涸，后经黑河引水，这里才重新恢复生机。

巴丹吉林大沙漠

额济纳的八道桥，有一片瑰丽的沙漠，这就是有着"中国第三大沙漠"之称的巴丹吉林大沙漠。一步一个脚印地踩在柔软的沙地上，看沙丘连绵起伏至遥远的天边，变幻着形状；夕阳西下，沙漠被抹上一层金光，耀眼璀璨，正是诗中景色："大漠孤烟直，长河落日圆"。

西夏黑城

黑城为西夏黑水城和元代亦集乃路城址。城址坐落在荒芜的沙丘之中，几乎被流沙掩埋。古城东西两面开设城门，并加筑有瓮城。城内的官署、府第、仓敖、佛寺、民居和街道遗迹仍依稀可辨。城墙西北角上尚有3座覆钵式佛塔，高高矗立在起伏的山丘和残墙之上。佛塔已经成为黑城的独特标志。

西夏黑城遗址几乎被流沙掩埋，高高矗立的佛堂是它的独特标志

札达土林 /

045

最美理由 /
　　这是一片在中国众多石林、土林、冰塔林之中也属规模最大、也是最壮观的自然之"林"，这片海拔4500 米左右的土林貌似北方的黄土高原。在前往札达的途中到处都是这种峡谷般的土林景色，其中又以毛刺沟的土林最为壮观。蜿蜒的象泉河水在土林的峡谷中静静流淌，宛若置身仙境中，梦游于一个奇幻无比的世界。

最美季节 / 四季
最美看点 / 土林沟
最美搜素 / 西藏

这里是中国规模最大的自然之"林"

　　札达土林位于阿里札达县境内，为远古大湖湖盆及大河河床历经千万年地质变迁而成。几百平方公里的土林内满是高低错落的"林木"，形态各异，并有早期人类洞窟遗址。

　　据考证，245 万～ 600 万年前，喜马拉雅山和冈底斯山两大山系之间，是一个面积达 7 万平方公里的外流淡水湖盆，来自两大山区的河流，携带了大量泥沙堆积于湖中。随着高原不断上升，湖盆相对下陷，在数百万年间，湖盆中积累了厚达 1900 米的砾卵石层的棕黄、褐色或灰黄色的半胶结细粉沙层，雨水和细流沿垂直的裂隙或软弱带向下冲刷，在沟谷之间的悬崖形成板状或柱状土体，犹如残墙断垣，经过风雨和流水雕琢形成了现在的地貌造型。

TIPS

贴士

在朝霞和夕阳的映照下，山纹明暗有致，色调金黄，生动富丽。县城边的狮泉河和土林绚丽异常。河边的土林及附近废址的佛塔在暮色之中神秘而庄重。

远远望去，整个土体就像是一座森严壁垒的古堡，因此又称古堡式残丘。有些板状或柱状土体被剥离开崖壁而成孤立的土柱、土塔，如此，柱塔丛生，便成为著名的土林。还有一些形态怪异的土体造型于崖壁和土林之上，或拟人状物类兽，高大挺拔的土林，在西藏高原的雪山和蓝天衬托下别具特色。

人们都说阿里札达的霞光是最美丽的，霞光中的土林是最迷人的。那是水平岩层地貌经洪水冲刷、风化剥蚀而形成的独特地貌，陡峭挺拔，雄伟多姿。蜿蜒的象泉河水在土林的峡谷中静静流淌，宛若置身一个奇幻无比的世界。明丽的晚霞赋予土林生命的灵光，似一座座城堡、一群群碉楼、一顶顶帐篷、一层层宫殿，参差嵯峨，仪态万千。

远远望去，札达土林参差巍峨，仪态万千

最美峡谷秘境 Chapter ⑥

　　这些地方风景独好，却遗世独立，具因到达的艰难，登临的艰辛；这些地方鲜有人类足迹，却因此保持了原始之美，纯净之色。如果有一天，能抛开尘世的牵绊，历经险阻来到这里，也许你会对生命有全新的认识，对生活有崭新的态度，对人生有不同的期待。

雅鲁藏布大峡谷 / 　　　　　　　　　**046**

最美理由 /
　　雅鲁藏布大峡谷绝对是川藏线上一个非去不可的地方。对于未来者，它是令人向往的净土；对于停留者，它是让时间凝固的天堂；对于离去者，它是走到哪儿都挥抹不去的思念。

最美气候 / 秋季，最佳徒步为 6 月初～10 月中旬

最美看点 / 松林口

最美搜索 / 西藏

世界最高大河雅鲁藏布江流经中国境内最后一段的罕见大峡谷

　　雅鲁藏布大峡谷长 504.6 公里，最深处达 6009 米，是世界第一大峡谷。整个峡谷地区冰川、绝壁、陡坡、泥石流和巨浪滔天的大河混杂交错，许多地区至今仍无人涉足，堪称"地球上最后的秘境"。峡谷具有从高山冰雪带到低河谷热带季雨林等 9 个垂直自然带，汇集的生物资源堪称世界之最。世界最大降水带分布这里，世界最北的热带气候带和自然带分布在这里，世界上濒临绝种的古老物种生息繁衍在这里，世界上最丰富的水能资源，稀有生物资源也分布在这里。

　　整个大峡谷剖面呈不对称的"V"形，峡谷坡面略有转折，呈阶梯状，上部开阔，"U"形，水面以上谷壁高达 300 多米，两侧是急陡单向倾斜的单斜山，悬崖、峭壁、险峰比比皆是。大峡谷中还叠套着一个个的小拐弯，峡谷嵌入

基岩、山嘴交错的深深曲流中，十分宏伟、壮观。

深邃的雅鲁藏布大峡谷宛如青藏高原东南部的一个绿色门户，向着孟加拉湾和印度洋，为来自印度洋的暖湿气流提供了一条天然的通道，也造就了通道沿途许多奇特的生物景象和丰富的自然资源，沿通道热带的划分向北推进5个纬度之多，使之成为北半球热带的最北线，也是整个青藏高原生物区系最丰富的地区。

松林口

位于多雄拉山进山顶部，去往墨脱的公路直通到此。松林口海拔 4000 米以上，是一片郁郁葱葱的原始森林，其中，"言雨壁"是独具特色的森林景观，意为"言之有雨"，十分美妙。由此可以看到位于雅鲁藏布大峡谷处的一片宽阔水面的魔湖，湖由江成，江湖融为一体。湖中可见人们传说的镇妖宝塔，无论冬夏，湖水水位都在此塔之下。

雅鲁藏布大峡谷

雅鲁藏布大峡谷徒步

米林县派区—多雄拉—拿格—汗密—马尼翁—背崩。这是一条传统的大道，也是一条从喜马拉雅山北坡高原上到大峡谷下游河谷的道路。在派镇，在专业向导的带领下进入大峡谷深处（约 40 公里），近观南迦巴瓦峰的雄姿、雅鲁藏布江的跌水和瀑布，膜拜藏传佛教圣迹"洞不弄"，领略神秘的"转加拉"宗教朝圣之路。或者由派镇翻越多雄拉山徒步进入神秘的墨脱。

最佳时间：6 月初~ 10 月中旬是能够徒步雅鲁藏布大峡谷的时间，10 月以后由于大雪，墨脱会封山至来年 6 月，无法进出。6 月和 10 月是进入墨脱的最好季节，这两个月里在大峡谷一带雨水较少，无塌方、泥石流的危险。而 6 ~ 8 月的雨季中，进出墨脱的一些小路却是危机四伏。

长江三峡 /   **047**

最美理由 /
　　浩荡长江穿越峡谷山河，直达东海。在重庆与湖北交界的地方创造了举世闻名的三峡景观，是长江上最为奇秀壮丽的山水画廊。

最美看点 / 巫峡、小三峡、小小三峡
最美季节 / 9～11 月
最美搜索 / 重庆、湖北

11 月的长江三峡红枫看不尽，与绿水、青山、白帆、蓝天共同组成一个缤纷绚丽的世界

　　长江三峡是万里长江中最壮美的大峡谷。当年李白途经此处，留下了"朝辞白帝彩云间，千里江陵一日还。两岸猿声啼不住，轻舟已过万重山"的优美诗句。三峡旅游早已成为一条成熟的黄金旅游线路。

　　长江三峡西起重庆奉节的白帝城，东到湖北宜昌的南津关，由瞿塘峡、巫峡和西陵峡组成，也是长江上最为奇秀壮丽的山水画廊，全长 192 公里。瞿塘峡居西，在重庆所辖的奉节、巫山境内。峡口为夔门，两山壁立，犹如门户，其江面最窄处不足百米，山高水急，极为壮观，人称"夔门天下雄"。峡内名胜众多，以摩崖石刻和绝壁栈道遗迹最为引人注目。

　　峡口高处有白帝古城，内多三国遗迹，有的游船安排有白帝城观光项目。瞿塘峡下是大宁河宽谷，巫山小三峡是三峡风光的重要组成部分。

瞿塘峡

瞿塘峡是三峡中距离最短的峡，却是三峡中最美的山水画廊，峭壁凌云，波涛滚滚，让人感觉"滚滚长江东逝水"一句是那么的贴切。

短短 8 公里的行程征服了天下游人，当代文豪郭沫若登临白帝，纵览瞿塘，赞曰："若言风景异，三峡此为魁"，"夔门天下雄"景观成为中国传统山水审美的四大品牌之一。

巫峡

巫峡自巫山县城东大宁河起，至巴东县官渡口止，全长 46 公里，有大峡之称。著名的巫山十二峰恰似亭亭玉立的十二个仙女，自古就有"朝为行云，暮为行雨"的浪漫传说，伟大的爱国诗人屈原和汉代美女王昭君的故乡都在巫峡附近。巫峡绮丽幽深，以俊秀著称天下。它峡长谷深，重峦叠嶂，江流曲折，百转千回，船行其间，宛若进入绮丽的画廊。

峡江两岸，青山不断，群峰如屏，船行峡中，时而大山当前，石塞疑无路；忽又峰回路转，云开别有天，宛如一条迂回曲折的画廊。巫峡两岸群峰，它们各具特色，著名的巫山十二峰，高出江面千米左右，屹立在峡江南北，有的如腾霄汉，有的如凤展翅，有的形似画屏，有的峰若聚仙，千姿百态，引人入胜。其中最著名的要数神女峰了，船至峰前，仰望峰顶，可以看到有一突兀的石柱，形似娇美的少女，"神女峰"因此得名。

西陵峡

西陵峡西起秭归县香溪口，东至宜昌市南津关，全长约 76 公里，是三峡中最长的峡谷，以"险"著称。整个峡区由高山峡谷和险滩

礁石组成，峡中有峡，大峡套小峡，滩中有滩，大滩含小滩。

峡中险峰夹江壁立，峻岭悬崖横空，银瀑飞泻，水势湍急。自西向东依次是兵书宝剑峡、牛肝马肺峡、崆岭峡、灯影峡四个峡区，以及青滩、泄滩、崆岭滩、腰汊河等险滩。沿途有黄陵庙、三游洞、陆游泉等古迹。著名的三峡大坝就修建在西陵峡上。

丰都鬼城

丰都是融合了巴渝文化和鬼文化的古城，是传说中人类亡灵的归宿之地。此地也是道教七十二洞天福地之一，一座民俗文化的艺术宝库。

石宝寨

地处重庆市忠县忠州镇和万州区之间的长江北岸。石宝寨是中国现存体积最大、层数最多的穿斗式木结构建筑。阁楼通高 50 米，12 层，依玉印山而建，重檐高耸，飞檐展翼，蔚为大观。

云阳张飞庙

始建于蜀汉末期。依山临江而建，兼容北方建筑的雄奇和南方建筑之秀美，被称为"巴蜀胜境"。

TIPS

💡 贴示

1. 长江三峡由于大坝使水位上涨 100 多米，全年适宜观光。但是每年 5~10 月为丰水期，此时水质混浊，影响观光。

2. 观光可以选择从重庆顺江而下，或者从宜昌逆流而上。逆流而上耗时较下水长 1~2 天。

3. 特产：西陵彩陶、文房四宝、三峡石、三峡柑橙、名酒、金头蜈蚣等。

4. 巫山红叶最佳观赏时间：10 月底到 12 月初。

怒江大峡谷 / 048

最美理由 /
　　怒江大峡谷的风光最精华部分集中在从贡山往丙中洛之间，此处既有瑰丽壮观的自然风景，又有神秘迷人的原始风情，更有桃花源般的世外生活。

最美气候 / 10 ~ 12 月
最美看点 / 溜索、怒江第一湾、贡当神山、坎桶村
最美搜索 / 云南

怒江大峡谷最深、最美的一段落在贡山丙中洛，被称为"东方大峡谷"

　　怒江发源于唐古拉山南麓，两岸是巍峨高耸的碧罗雪山和高黎贡山。怒江大峡谷位于滇西横断山纵谷区三江并流地带。峡谷在云南段长达 300 多公里，平均深度为 2000 米。最深、最美的一段落在了贡山丙中洛一带，此处的大峡谷深达 3500 米，被称为"东方大峡谷"。

　　这一带交通不便，使其更增添了神秘色彩。旧时交通工具"溜索"，就是横在江上的

一条索道，人要靠一个滑轮、一根麻绳和一把青草从江这头滑向那头。回头看是壁立千仞，向下看是如万马奔腾的江水，稍有不慎便会被汹涌的波涛吞噬。这绝对是对人勇气的极大考验。传说怒江上的第一道溜索是一对傈僳族恋人，苦于见面难，而受彩虹桥启发发明的。这种"交通工具"如今已不多见。尚存 J几条已变成民族传统体育活动项目，或是供旅游者体验的"冒险游戏"。

在怒江大峡谷双纳瓦底至大兴地之间，有一段被当地人称为"老虎跳"的地段。从名字上就可以想象这里的险峻。此处的峡谷极窄，最窄处只有 10 米。而两边的峭壁则高达 1500 米。江心有块黑色巨石，在江水的千冲万撞下依旧岿然不动。

怒江大峡谷还有充满诱惑的人文风光。就在江边那些村村寨寨中，虽然保持着原生态的风情，仿佛与现代文明绝缘。但是，偶然出现的一两幢西式建筑教堂，又让人眼前忽然一亮。原来，18 世纪就有传教士来到这里，如今村民中依旧有不少信徒。令人称奇的是，在怒江地区基督教、天主教、藏传佛教和各民族的原始教竟然和平共存，相安无事，形成了多重宗教文化。

怒江第一湾

怒江最壮观的当数"怒江第一湾"。江水至此，不断被阻隔，最后不得不绕了一个大弯。

怒江第一湾位于丙中洛坝子南部，距县城 40 公里。江流本是由北向南流，在此遭遇王期岩阻隔，改由东向西；但在流出 300 多米后，又被大陡坡挡住了去路，再次掉头，流经

王期岩，然后又被挡，最后只好向南流去。由此而形成了一个半圆形的大弯，被称为怒江第一湾。

迪麻洛

"迪麻洛"是鲜花盛开的地方之意。峡谷中溪流淙淙，河两岸狭小的平地和高山上零零散散分布着民居。迪麻洛村有一座教堂，那里有在欧洲已经绝迹的中世纪特色的教会活动。

碧罗雪山

碧罗雪山是喜马拉雅山的余脉，海拔超过 4000 米的雪山就有 15 座。其中最高峰老窝山是这些雪山中最美的，原始生态系统保存十分完整。山中气候变化异常，飞瀑密布，高山湖泊云集，被人们称作"万瀑千湖之山"。

丙中洛

怒江从西藏奔腾而至，在丙中洛绕了一个大弯，形成了一片平坝，也是怒江大峡谷在怒江傈僳族自治州最大的平坝。丙中洛是一个典型的人神共居的仙境，周围的群山中有 10 座有名有姓的神山，且每座神山都有自己的神主。除此之外，每个奇峰怪石，每棵大树，每个菁沟都有自己的神灵。境内居住有藏、怒、傈僳、独龙等少数民族。这里亦是茶马古道的必经之路。

桃花岛

丙中洛下面的桃花岛，原名巴腾腾，海拔 1300 米左右，与怒江第一湾弯度差 50° 左右，当地人称"怒江第二湾"。这里因房前屋后遍地是桃树，每到春天，粉红色的桃花似彩霞映红了小岛。居住在小岛上的怒族群众在每年农历二月初十桃花盛开的时节，都要过桃花节，主要祭祀怒族祖先白玛。

雾里村

驴友攻略中常常提起的"中国最美村庄"，雪山脚下的一片小小村庄，疏落有致的房屋，周遭的田地春夏油绿，秋日金黄，白云与炊烟在半山腰交汇，高黎贡山冰封的雪山顶若隐若现。

秋那桶村

在怒江第一湾的台地上，却蕴藏了一个世外桃源——坎桶村。村子三面环水，高出怒江 50 多米，地势开阔，层层农田和房舍构成了一派宁静的田园风光。最美的是这里遍植桃树，每到花开时节，形成一片绯红的云霞。陶渊明的《桃花源记》现实版本竟然能在这里找到。该村至今还保留着古老的桃花节。而在丙中洛，像这样"惊艳"的村子也并非罕见。重丁村也是风景如画，远有雪山梯田做背景，近有流水绿树红花做点缀。

秋那桶村是整个怒江大峡谷的精华部分，原始森林茂密，瀑布众多，沿途景色壮观。村里的老教堂，中式的房屋，顶上却立着木质的十字架，有满脸皱纹的藏族老人坐在教堂前晒太阳。村民的生活虽然十分贫困，但也保持了一份原始的淳朴。

这里既有瑰丽壮观的自然风景，又有神秘迷人的原始风情

澜沧江大峡谷 /   049

最美理由 /
　　澜沧江大峡谷是中国最美峡谷之一，雄险如削的深峡幽谷、晶莹峻峭的梅里雪山、湍急澎湃的江水，给人极大的视觉震撼。

最美气候 / 1～5月
最美看点 / 阴风口岩墙、梅里雪山、卡瓦格博峰、雨崩瀑布、雨崩村
最美搜索 / 云南

壮美的澜沧江大峡谷"隔河如隔天，渡河如渡险"

　　"隔河如隔天，渡河如渡险"，这就是壮美的澜沧江大峡谷，中国最美的峡谷之一。此峡谷深长且江水湍急，两岸是巍峨的皑皑雪山。著名的"藏地神山"梅里雪山就坐落在北岸，如一把参天的匕首，刺破苍穹，在阳光的照射下熠熠生辉，神圣高洁，将高原的壮丽与江南的秀美合二为一。

　　来到位于迪庆州德钦县境内的澜沧江大峡谷，可观赏这条"东方多瑙河"澜沧江的瑰丽雄壮。澜沧江大峡谷全长150公里，以"峰峦重叠起伏，峡谷急流纵横"而闻名。峡谷高差巨大，最大高差达4734米。最高处是北岸的梅里雪山卡瓦格博峰，海拔6740米。

　　澜沧江大峡谷的景观充满了震撼感。"阴

风口岩墙"是澜沧江突遇山岩阻挡后立刻变窄，缩至50米，把江水磨砺成了一把锋利的"宝剑"。千万年来竟然将山岩劈成两半。江两岸的岩石平平直直，长达100米，抬头只见一线天；而200米高的水位从此一跃而过，排浪滔天，轰鸣巨大。

梅里雪山屹立于澜沧江大峡谷北岸。它有13座山峰，平均海拔在6000米以上，被称为"太子十三峰"。主峰卡瓦格博峰海拔6740米，如一座金字塔，被誉为"雪山之神"，列为"藏区八大神山之一"。它是藏传佛教宁玛派分支伽居巴的保护神。据说在布达拉宫顶上仰望东南，就可见到五彩祥云中的卡瓦格博峰。梅里雪山上的高山湖泊、茂密森林、珍稀野生动物都是雪域特有的自然之宝。这里非常静谧，若有人高声呼叫，立刻就具有"呼风唤雨"的效应。因此路过这里的人都不敢高声语，怕触怒了神灵。

位于卡瓦格博峰南侧的雨崩瀑布，雪水从千米悬崖倾泻而下，溅起无数水花，在阳

光照射下云蒸霞蔚，映出一道道彩虹。雨崩瀑布的水纯净至极，能涤荡人的灵魂，因此在朝山者心中神圣无比。许多朝山者受其淋洒，以求吉祥；据说有灾祸的人就淋不到瀑布的水。

值得一提的是，生活在澜沧江大峡谷一带的人们长期与恶劣的客观环境作斗争，从而创造出了一项震撼世人的发明——篾索桥，即用竹篾编制的绳索桥，过桥靠一个大竹筒，从篾索上滑过。过去江上没有桥梁时人们靠此运送人马财物，十分惊险。直到1946年，商人赖耀彩出资修建了第一座桥——普桥，才结束了"溜筒江"的历史。

澜沧江大峡谷北岸的梅里雪山被誉为"雪山之神"

太行山大峡谷 /　　　　　　　　**050**

最美理由 /
　　旧志曰："青崖如点黛，赤壁若朝霞，树翳文禽，潭泓绿水，景物奇秀，为世所称。"这应该是对太行山峡谷最恰当的描述。太行山秘境，有绿浪滔天的林海，矗立着刀削斧劈的悬崖，点缀着千姿百态的山石，悬挂着如练似银的瀑布，隐藏着碧波荡漾的深潭，镶嵌着引人入胜的溶洞，流传着令人神往的传说。

最美季节 / 春秋两季

最美看点 / 龙泉峡、红豆峡、八泉峡、青龙峡、五指峡、王莽峡、白玉潭瀑布

最美搜索 / 河南、山西

"青崖如点黛，赤壁若朝霞"是太行山峡谷最恰当的描述

　　太行山大峡谷地处河南省西北部，南太行山东麓的林州市西侧，南北长 50 公里，东西宽 1.25 公里，海拔 800 ~ 1739 米，相对高差达 1000 米以上。境内断崖高起，群峰峥嵘，阳刚尽露，台壁交错，苍溪水湍，流瀑四挂，峰、峦、台、壁、峡、瀑、嶂、泉姿态万千，是"北雄风光"的典型代表，号称"太行大峡谷"。这里有三九严寒桃花开的桃花谷，三伏酷暑水结冰的太极冰山，千古之谜——猪叫石三大奇观。阳春，风和日丽，万木峥嵘，鸟语花香；盛夏，青山绿水，林树青葱，叶茂荫深；金秋，红叶似火，菽谷飘香，山果累累，惹人陶醉；隆冬，群山披素，白雪皑皑，垂冰百丈。移步换景，百里画廊。

龙泉峡

　　总长约 30 公里，除主峡外，还有 3 条支峡，分别是红豆峡、八泉峡和青龙峡。龙泉峡峡谷幽深，绝壁千仞，怪石林立，奇崖争雄，重峦叠嶂，瀑布成群，云腾雾涌，万峰浮宙，气象万千。

红豆峡

　　长达 15 公里，有 3 条峡谷，分别是三叠潭、

七仙峪和主峡。三叠潭和七仙峪适合风景观光，其主峡适合探险、野营和农家生活体验。红豆峡谷深径幽，绿树绕溪，形态各异的瀑布清俊典雅。这里有国家一级保护树种红豆杉，神奇的香炉山，波光潋滟的双龙潭等自然景观，还有石雕精美的滴谷寺等人文景观。

八泉峡

太行山第一峡，山清水秀，奇峰秀石林立、泉源溪流众多、峡谷深涧幽深奇险，其中"怪蟒啸天""雄狮镇山""南极仙翁""河中灵石""胜利之门"等峰林岩石奇景独特，以秀丽见长，最能体现大峡谷"岩石峭壁千仞，峡谷曲折幽深"的特色。

青龙峡

位于大河村西北部的一个山谷中，以20米高的青龙瀑形成的水帘而闻名。谷内宽敞开阔，植被茂密。"玉兔奔月""金鸡报晓""壁石翠柏""莲花台""杨景寨"等奇峰突起，山山相叠，千姿百态，青龙瀑溪流瀑飞。青龙峡深处还有水源莲花台、狐仙洞、马总兵营等景点可供游人观赏。

五指峡

东至盘底，西至福头，长20公里，峡内"五指峰"高高细细、穿云刺天。"石虎峰"栩栩如生、傲视群山。"神钳峰""孤山""二仙石"伟岸而孤傲。"黑龙潭"深邃而幽绿，谷内有潭，峰峦高峻，潭水清澈，是太行山上最为幽静的峡谷。

王莽峡

素有"三十里画廊"之称，以"美"而闻名，"小天桥"跨长20余米，临近荫林公路，凌空高悬绝壁之上，仰望恰似天外飞虹。古栈十八盘，曹操留下了千古悲吟《苦寒行》，峡谷中"雄狮""猛虎""刺猬""恐龙""石佛""龟峰""刘秀头像"，形态逼真，众多景物远眺近观，别有洞天。

白玉潭瀑布

白龙潭瀑布笔直而泻，镶嵌于三面石墙之中，气势磅礴；黑龙潭瀑布以其高落差、三叠水、三水潭、潭中"海底奇景""石鲸卧溪"而优于其他水景。

太行山大峡谷

最美山岳福地

Chapter ⑦

　　有一些山峰，或因为其圣洁美丽，或因为其傲立于天地间，或因为其险峻壮丽，或因为其清幽俊秀而成为人们心中的圣山、福地，这些山麓也因此在拥有得天独厚的自然风光的同时，也积累了深厚的历史底蕴，我们去梅里雪山转山，去峨眉武当朝拜，去珠穆朗玛登山……为美景，也为净化心灵。

贡嘎山 /   051

最美理由 /
　　贡嘎山是攀登者心中的圣地，被称为"蜀山之王"。更令人称奇的是，川西的美景大都云集其周围：低海拔冰川海螺沟、情歌故里康定、摄影天堂新都桥、中国最美的高原古村丹巴、人间最后的净土稻城亚丁以及不能用语言形容其美丽的泸沽湖！

最美季节 / 5 月、10 月下旬至 11 月中旬
最美看点 / 海螺沟、神汤温泉、燕子沟
最美搜索 / 四川

"蜀山之王"的贡嘎山是攀登者心中的圣地

　　在藏语中，"贡"代表长年不化的积雪，"嘎"是白色的意思。贡嘎雪山最高峰海拔 7556 米，是四川省最高峰，人称"蜀山之王"。在贡嘎山主峰周围，有 23 座海拔 6000 米以上高大的山峰，四周呈放射状分布有 74 条冰川，其中长度超过 10 公里的冰川就有 5 条。海螺沟冰川是 5 条冰川中最大的一条。在二层山或狮子岩上放眼望去，碧空如洗，数十座雪峰从云中直插苍天，蜀山之王就雄踞群峰环簇之中。每日清晨或傍晚，数十座雪峰渐渐披上一层灿灿夺目的金光，这就是著名的"日照金山"。

　　虽然不是世界第一高峰，贡嘎山还是以其丰富多彩的植被分布与变幻莫测的垂直气候成为无数探险家心中的圣地。自从 1932 年两位美国登山队员首次登顶，1957 年中国 6 位国家登山队员集体登顶后，在近半个世纪的漫长岁月里，就再也没有人能登上山顶，可见登贡嘎山难度之大。

海螺沟

　　海螺沟是观赏贡嘎雪山的绝佳地点，虽然不是每个人都能有缘目睹"日照金山"的壮

观景象，但至少可以享受到冰川之上泡温泉的奇景。

海螺沟冰川是贡嘎山东坡众多冰川之一，海螺沟一号冰川长 14.7 公里。尾端伸入原始森林区达 6000 余米，而海拔却只有 2850 米，是地球上同纬度冰川中海拔最低的。晶莹的现代冰川铺泻而下，将寂静的山谷装点成玉洁冰清的琼楼玉宇；巨大的冰洞、险峻的冰桥，使人宛如步入神话中的水晶宫。

神汤温泉

相传，三国时代，蜀国丞相诸葛亮率兵西征，经贡嘎山区时遭遇瘴气，军瘫马痪，无力征战。巧遇一鹤发童颜的老者告诉诸葛亮，在热水塘处有一神泉，可解军士疲劳。于是，三军在神泉中浸泡洗浴。三天后，军士疾病全消，继续挥戈前行，最后降伏了孟获。平定西川后，诸葛亮仰天长叹："天助我也，真乃神汤。""神汤"一词就这样流传了下来。

神汤温泉位于海螺沟冰川森林公园景区内，景区第一道山门与一号营地之间。贡嘎神汤温泉海拔 1580 米，是国内高山温泉中海拔最低、品质最佳的冰川温泉，在此洗浴温泉不会产生头晕、胸闷、缺氧等高山反应。转山回来，在这里泡个澡，全身心都放松了下来。

燕子沟

位于海螺沟西北 10 余公里处的燕子沟有一个奇特的红石滩景观。红石在不同的季节，甚至不同的天气下都会呈现出不同的颜色，有时火红一片，有时略显暗淡。红石是一种生命，它的生存环境极为苛刻，燕子沟低碳富氧的空气、冰山融雪的溪流、原始森林的植被，为红

TIPS

1. 转贡嘎山一般都会选择住在磨西镇，该镇是前往海螺沟和贡嘎山的住宿集中地，建有不少宾馆和温泉疗养中心以满足游客需要。

2. 贡嘎山—海螺沟景区内有三大主要宿营地：一号宿营地，位于达干烟沟口，距磨西约 11 公里；二号营地，位于热水沟瀑布附近，距一号营地 6 公里，周围景点较多，可就近游览森林、温泉；三号营地位于冰川观景台约 2 公里。

贡嘎红石滩

石的生长提供了最理想的生息之地。如果红石遭到践踏，或者被带出燕子沟，就会变成一块普通的黑色石头。

珠穆朗玛峰 / 　　　　　　　　　　052

最美理由 /
　　世界最高峰，征服它是人类的梦想。有人说，它的神采只能仰望，它的魅力无限迷人，它如圣洁的女神屹立在世界之巅，成为登山爱好者的标的物，它还有被誉为"世界上最美丽的山谷"——嘎玛沟，是世界十大经典徒步线路之一，有变化无策的旗云，有巨大的绒布冰川，还有炫目的日照金山景观。

最美季节 / 珠峰北麓 4 月底 ~ 11 月初，珠峰南麓 10 月 ~ 翌年 5 月。

最美看点 / 珠峰大本营、绒布寺、加马拉山

最美搜索 / 西藏

征服珠穆朗玛峰是人类的梦想

　　约 6500 万年前，珠穆朗玛峰所在的地区爆发了著名的"喜马拉雅造山运动"，使青藏地区由海洋抬升为陆地。在地质运动的长期作用下，青藏高原不断抬升，终于成为"世界屋脊"，而珠穆朗玛峰最终成为世界第一高峰。其山体呈巨型金字塔状，威武雄壮，地形险峻。在它周围 20 公里的范围内，群峰林立，山峦叠嶂。仅海拔 7000 米以上的高峰就有 40 多座，较著名的有南面 3 公里处的海拔 8516 米的洛子峰和海拔 7589 米的卓穷峰，东南面是海拔 8463 米的马卡鲁峰，北面 3 公里是海拔 7543 米的章子峰，西面是海拔 7855 米的努子峰和海拔 7145 米的普莫里峰。在这些巨峰的外围，还有一些世界一级的高峰遥遥相望。东南方向有世界第三峰海拔 8585 米的干城章嘉峰（尼泊尔和印度的界峰）；西面有海拔 7998 米的格重峰、海拔 8201 米的卓奥友峰（世界第六高峰）和海拔 8027 米的希夏邦马峰。形成了群峰来朝，峰头汹涌，波澜壮阔的场面。

在这些山峰的山脊和峭壁中，分布着许多规模巨大的冰塔林、冰斗、角峰等奇异的天然冰川。冰川最长的可达 26 公里，千姿百态的冰塔林突兀而立，有的像锋利的宝剑，有的像古刹钟楼，还有冰桌、冰桥、冰柱、冰洞。冰锥形似一柄柄利剑直插苍穹，又似一群群动物形态万千，其间更有幽深的冰洞，曲折的冰河，奇特壮观。在珠穆朗玛峰景区还可以欣赏到其独有的"珠峰旗云"和美丽而壮观的晚霞、星空、明月。由于珠穆朗玛峰巨大的高度、独特的地理位置、众多高大雪山的周围环境和特殊的下垫面状况，使其上空经常出现独特的绚丽多彩、变幻莫测的云彩，仿佛挂在顶上的一面飘扬在蓝天的白色旗帜，这便是珠穆朗玛峰独有的奇观"珠峰旗云"。傍晚，夕阳以低角度射向珠穆朗玛峰，将山脚下的冰塔林染成橙红色。而随着太阳坠落，高大的峰顶逐渐变幻着色彩，直至一抹红光从峰顶消失，青白色的峰顶顿时浸没在深蓝的夜空中。夜晚，珠穆朗玛峰笼罩在深蓝的天幕之下，抬头望去，天幕似乎就在头顶。一颗颗发亮的星星就像镶嵌在天幕上的宝石，又亮又大，几乎举手可触。各星座依序排布在天幕上构成一幅绝妙的星图。珠穆朗玛峰夜空的月亮很亮，满月时一圈圈月晕环月而升，高悬珠峰上空，形成月夜珠峰最奇特的景观。

珠峰大本营

位于珠穆朗玛峰脚下，是观赏珠穆朗玛峰的最佳位置，也是普通游客所能达到的最高点。大本营又称"登山村落"，每年春、秋两季，来自世界各地的登山探险者都会聚集在这

TIPS

🏔 珠穆朗玛峰东坡嘎玛沟徒步

嘎玛沟位于定日与定结两县的朋曲下游之流——嘎玛藏布及其西侧谷底，即珠穆朗玛峰自然保护区脱垄沟核心保护区境内，北界为桑琼拉—结色拉—宗嘎拉—扎西若嘎，南界为中尼边界，东至定结县陈塘村，西到珠穆朗玛峰，被誉为"世界上最美丽的山谷"，其徒步线路也被称为"世界十大经典徒步线路之一"。

这个徒步线路虽然水平距离只有几十公里，自然景观却千差万别，从温暖湿润、郁郁葱葱的常绿阔叶林到挺拔耐寒的针叶林，再到低矮的灌木丛、高山草甸、高山寒漠带，直至高山积雪带，怒放的杜鹃、巨大的松柏、浓密的沙棘、高远的雪山、突显的瀑布、纯净的湖泊……一切如梦幻般美好。从山谷珠穆朗玛峰的东坡看过去，洛子峰和马卡鲁峰格外醒目，珠峰更显秀美。抬头是晶莹雪峰，低头是扑鼻花香。还有祖祖辈辈生活于此的夏尔巴人、门巴族、珞巴族等，更是徒步线路上一道靓丽的风景。

📷 提醒

嘎玛沟地质环境比较复杂，需要专业的高山协作人员和协作团队，千万不可独自前往。

里，在乱石滩上搭起一个个帐篷，各国登山队的大小不一、色彩各异的帐篷和五彩经幡把大本营装点得色彩缤纷，充满生活气息。

绒布寺

位于珠穆朗玛峰脚下绒布沟东西"卓玛山"山顶。距定日县城 90 公里，海拔 5100 余米，是世界上海拔最高的一座寺庙。1901 年，由阿旺旦增罗布创建，信奉宁玛派，僧尼同在一个寺院开展佛事活动。每年藏历四月十五日举行 3 天的羌姆舞活动。

加乌拉山

位于定日县至珠穆朗玛峰的山路上，西南距绒布寺 75 公里，北距定日县城 35 公里，海拔 5200 米。在山顶上能观赏到喜马拉雅最雄伟高耸的山脉。

梅里雪山 /

053

最美理由 /

　　梅里，梅里，到不了天堂，就到梅里！梅里雪山以其巍峨壮丽、神秘莫测而闻名于世。早在 20 世纪 30 年代美国学者就称赞卡瓦格博峰是"世界最美之山"。梅里雪山，既有高原的壮丽，又有江南的秀美。在雪山之巅，云雾在宁静地流淌；在雪山脚下，冰川在宁静地流淌；在雪山深处，江水在宁静地流淌……不同的节奏韵律，同样的赏心悦目。

最美季节 / 10 月～次年 5 月

最美看点 / 卡瓦格博峰、雨崩神瀑、雨崩村、飞来寺

最美搜索 / 云南

梅里雪山的主峰卡瓦格博有"世界最美之山"的美誉，雪山之巅云雾流淌，雾山脚下，江水悠悠

　　梅里雪山又称雪山太子，位于云南省德钦县东北约 10 公里的横断山脉中段怒江与澜沧江之间，平均海拔在 6000 米以上的山峰有 13 座，称为"太子十三峰"。主峰卡瓦格博峰海拔 6740 米，是云南的第一高峰。卡瓦格博峰下，冰斗、冰川连绵，犹如玉龙伸延，冰雪耀眼夺目，是世界稀有的海洋性现代冰川。山下的取登贡寺、飞来寺是藏族同胞朝拜神山的庙宇。每年，来自云南、西藏、四川、青海、甘肃的藏族同胞都要前来朝拜，这里是藏族群众的朝圣地，也是探险旅游的胜地。

　　一年四季，梅里雪山云雾都缭绕在山头，即便当地人也很难看见它的真实面目。"日照金山"的景象往往发生在晴日的凌晨，太阳光越过阻碍突然照射在雪山顶上，然后逐渐扩大，形成绝美的"日照金山"奇观，持续 20 分钟左右，最后雪山整体变白，失去金色印象……

卡瓦格博峰

　　梅里雪山主峰卡瓦格博的高耸挺拔之美，以及在宗教中的崇高而神圣的地位常年吸引着无数的中外旅游者和登山者。然而，从 20 世纪初至今的历次大规模登山活动无不以失败告

终。因此，梅里雪山至今仍是处女峰。秋末和春初八九点，是观卡瓦格博峰的好时机。这时候，能看到雪峰下针叶带有一条白的云带，当地藏族群众称之为"卡瓦格博献哈达"。随着太阳的升高，云带不断上升，中午时分云朵飘浮在卡瓦格博峰顶上，此为"卡瓦格博打伞"，能领略此种景致的机会不多，据藏族传说只有有缘之人才能有此福分。

飞来寺

飞来寺，又名衮玛顶寺，是个距德钦县城仅9公里的小寺庙。它的闻名，在于这里是游客观赏梅里雪山的最佳位置。不少摄影爱好者会在这里留宿几日甚至几个月，为的是等到卡瓦格博峰露出它的真面目。

雨崩神瀑

卡瓦格博峰的南侧，有瀑布自千米悬崖倾泻而下，称"雨崩神瀑"。在夏季尤为神奇壮观。因其为雪水，从雪峰中倾泻，故而色纯

TIPS

如果想玩得尽兴，从香格里拉到梅里雪山最好是包车，途中经过尼西、奔子栏、东竹林寺、白茫雪山、德钦县城、飞来寺，最后可到明永冰川，一路上景致非常好，如果在傍晚路过飞来寺，还有可能看到景色殊佳的梅里夕照。包车前要和司机谈好价格，注意事先要把目的地和行程线路确认清楚，以减少不必要的麻烦。

气清；阳光照射，水蒸腾若云雾，水雾又将阳光映衬为彩虹，美如天上仙境。雨崩瀑布的水，在朝圣者心中也是神圣的，他们虔心受其淋洒，求得吉祥之意。

雨崩村

雨崩村位于云南德钦县云岭乡境内。进入雨崩，需徒步或骑马18公里，翻越3700米垭口，加之雨崩村位于梅里雪山的念慈母峰下五子峰脚下，景色优美，民风淳朴，真乃世外桃源。尽管这里的交通十分不便，却是徒步者钟爱的亲近自然朝拜雪山的线路之一。

到不了天堂，就到梅里

黄山 /

054

最美理由 /
　　作为三山五岳中三山之一的黄山历来享有 "五岳归来不看山，黄山归来不看岳" 的美誉。日观云海变幻，雨观流泉飞瀑，雪看玉树琼枝，风听空谷松涛。

最美季节 / 四季皆宜
最美看点 / 迎客松、鲫鱼背、西海大峡谷
最美搜索 / 安徽

五岳归来不看山，黄山归来不看岳

黄山景区有温泉、云谷、松谷、钓桥、玉屏、北海 6 个游览区，以及浮溪、箬箬、洋湖、福固寺、乌泥关 5 个保护区。奇松、怪石、云海，素称 "三奇"，加之温泉、冬雪，合称 "五绝"。奇松遍布峰壑，迎客松、陪客松、送客松、团结松、黑虎松、龙爪松、探海松、竖琴松等 32 株黄山松被列入特级风景资源。怪石星罗棋布，飞来石、仙女绣花、石猴观海、梦笔生花、十八罗汉朝南海、鲫鱼背、松鼠跳天都等 60 处景观被列入特级和一级风景资源。云海古称 "铺海"，散若飞蝶，聚如巨幔，依据云层飘浮的位置，景区分成五海：南海（前海）、北海（后海）、东海、西海和天海。被称为 "天下名泉" 的南部温泉——汤泉，开发利用已有近 1300 年历史，不仅 "澄泓香洌、甘芳怡人"，而且被赋予特定的文化意义，如灵泉，便是轩辕黄帝御用温泉。黄山之冬，玉柱擎天，琼花满树，晶莹透亮，恍如冰壶。

奇幻黄山、伟秀黄山、人文黄山，更是生态黄山，除"天下第一奇山"的赞美外，又有"人类生态第一山"之誉。

北海景区

北海景区坐落在光明顶、贡阳山、白鹅岭和始信峰之间。位于黄山腹地的这片景区汇集了山峰、松树、云海等景观，更有狮子峰、清凉台、始信峰、飞来石、"猴子观海""仙人背宝""梦笔生花""十八罗汉朝南海"等精华景点，大小高峰虽不是顶峰，但也多是竖立如削，险峻异常。

白云景区

又叫白云溪景区、钓桥景区，位于西海群峰之中，光明顶、鳌鱼、圣莲、云际、石床诸峰环列四周。现在这里已经因为神秘险绝的风光而成为黄山最不容错过的一片美景。白云景区可以观赏到丹霞峰、松林峰、双笋峰、石船峰、光明顶等著名的山峰，景区内还有白云溪、珍珠泉等水源，以及连根松等古树。

西海大峡谷

峡谷中因有白云溪，所以又称"白云谷"，是白云景区最令人赞叹的自然景观。山谷是由石柱峰、石床峰、薄刀峰、飞来石，以及对面的排云亭、丹霞峰、松林峰、九龙峰和云外峰等围成的深谷，为黄山有名的大峡谷之一，自钓桥庵至排云亭全长约 15 公里。

玉屏景区

过去有俗语"不到文殊院，不见黄山面"，这里的文殊院指的就是黄山绝顶所在的玉屏景区。玉屏景区属于黄山前山，这里高峰林立，是黄山绝胜处，以玉屏峰为中心，两旁有莲花、天都两大主峰，在这里不仅可以领略一览众山小的绝顶风光，沿途还可以看到迎客松、送客松、"松鼠跳天都""孔雀戏莲花""姜太公钓鱼""仙人漂海""犀牛望月"等景观。

猴谷

黄山野生猴谷在黄山景区西南部，这里生活着数群被国际学术界列为独特品种、被我国列入国家重点保护名录的野生动物——黄山短尾猴。猴谷的自然景色也很美，有众多瀑布、溪泉、彩池、冰臼，还有很多奇形怪状的石头。

黄山云海

四姑娘山 /   055

最美理由 /
　　由四座毗连的雪峰组成的四姑娘山常年冰雪覆盖，如同头披白纱、容貌俏丽的四位少女，屹立在长坪沟和海子沟两道银河上。四姑娘山山体陡峭笔直，冰雪晶莹。山麓之上覆盖着茂密的森林、如茵的草地，清澈的溪流叮咚作响，一派秀美的南欧风光，又被称为"东方的阿尔卑斯"。

最美季节 / 7～8 月满山鲜花盛开，可以下到沟中感受雪山之水的清凉。10 月中旬到 11 月中旬，秋色醉人。
最美看点 / 双桥沟、长坪沟、海子沟
最美搜索 / 四川

蓝天、白云、草地、湖泊、森林、雪山……构成四姑娘山绝妙的立体画面

四姑娘山位于四川省阿坝藏族羌族自治州小金县与汶川县交界处，是横断山脉东部边缘邛崃山系的最高峰，被誉为"蜀山皇后""东方圣山"，拥有海拔在5000米以上的山峰61座。其中最高的四座连绵不断的山峰，从北到南在3.5公里范围内一字排开，其海拔高度分别为6250米、5664米、5454米、5355米。这四座山峰常年冰雪覆盖，如同头披白纱、容貌俏丽的四位少女，屹立在长坪沟和海子沟两道银河之上，四姑娘山由此得名。四姑娘山以雄峻挺拔闻名，山体陡峭笔直，冰雪覆盖，银光灿灿。山与山之间串联大小湖泊25个，山间飞瀑120余条。山麓之上覆盖着茂密的森林、如茵草地，清澈的溪流叮咚作响，一派秀美的南欧风光，又被称为"东方的阿尔卑斯"。

蓝天、白云、薄雾、白雪、冰峰、奇山、古柏、苍松、原始森林、千年沙棘、飞瀑、小溪、高山草甸、湖泊及各种野花在不同时间、不同季节与自然景观有机组合，浑然天成，千变万化，构成了四姑娘山一幅幅绝妙的自然动态立体画面，带给人们无穷的感受和无尽的遐思。巨大的海拔高差，形成了四姑娘山风景区气候、土壤、生物等资源的多样性，故有"中国大西南物种基因库"之称。四姑娘山的四座山峰蜿蜒并列、奇峭险峻、雄奇壮美，巍然耸峙于川西北高原。

双桥沟

沟长35公里，以山景为主，沟壑平坦，由阴阳谷、三锅庄、人参果坪、五色山、日月宝镜、尖子山、猎人峰、撵鱼坝、牛心山、阿妣山、野人峰、布达拉峰等景点组成，是四姑

四姑娘山山间溪流叮咚，森林葱郁，草地如茵，远处冰雪晶莹，一派秀美风光

娘山景点最集中的一条沟。

长坪沟

位于四姑娘山北面，沟长40公里，沟内古柏苍松密布，原始古朴，由藏传佛教寺庙、虫虫足瀑布、枯树滩、唐柏古道、婆缪峰、两河口、红石阵、木骡子、蘑菇石、水打坝、羊满台、寿龟石、骆驼峰、鸡冠石等景点组成。

海子沟

位于四姑娘山南面，沟长30余公里，因其海子（高山湖泊）成群而得名，湖水清澈、水草丰茂，由大海子、花海子、犀牛海和夫妻海等景点组成。景区内生活着各类动物近千种，植物种类繁多。

华山 /

056

"自古华山一条路", 华山的 "险" 吸引了无数挑战者

　　华山是我国著名的五岳之一, 位于陕西省华阴市境内, 距西安120公里。华山海拔2154.9米, 以奇险而闻名。慕名前来者多是登到险处, 半途而返, 因此, 华山在人们心中是一座充满探险意味的山。

　　登华山由玉泉院起步。沿山谷行约10公里, 到达 "青柯坪"。此处有 "回心石", 从这里往上就是险途, 体力不济或胆小的人到此可回头。过了回心石就进入华山的咽喉要地 "千尺幢"。这是在山崖极陡处开出的一条小路, 有370多级石级, 宽度仅能容一人上下, 两旁挂着铁索, 须手脚并用。向上登只见一线天开, 往下看如站在深井上。再往前走是另一险处百尺峡和老君犁沟。走完这段有500多个石级的 "老君犁沟" 就登上了海拔1500多米的北峰。由北峰南上, 闯过 "仙人砭""天梯""阎王砭"等险处，来到一条长几十丈，宽仅2尺余，坡度极陡的"苍龙岭"。这里两旁千丈绝壁，仅有一条石脊通达对岸，人行走其间，会感到心惊肉跳，"韩愈投书处"即在此。过了"苍龙岭"就来到华山最高峰——南峰。然后从南峰下来，再前往东峰和中峰。华山处处是悬崖峭壁，山路险峻，具有"一夫当关，万夫莫开"之势。

华山东峰是神州九大观日出地之一。朝阳台为最佳地点。这里四面如削，只见日出东方，霞光普照。

玉泉院

位于华山北麓口，曾为北宋著名道士陈抟隐居修真之处，是道教著名宫观。玉泉院之得名因院内有清泉一股，相传与山顶镇岳宫玉井潜通。玉泉院依山傍水，亭台楼阁金碧辉煌。中部为主体建筑"希夷祠"，是一座四合院式的庭堂，主殿为陈抟老祖殿，内奉陈抟坐像。院内有陈抟弟子贾得升撰写的《建醮碑》，是研究宋代斋醮道场的珍贵资料。西部有回廊、石舫、无忧亭、含清殿、希夷洞、山荪亭等。山荪亭立于巨石之上，传为陈抟所建，旁边的无忧树亦为陈抟手植。希夷洞有宋代石刻陈抟卧像，雕刻精美。

鹞子翻身

在华山东峰，是华山著名的险道之一。其路凿于倒坎悬崖上，下视唯见寒索垂于凌空。过此处时脸贴崖壁，手挽铁索，以脚尖探寻石窝，交替而下。最险要处须如鹰鹞一般左右翻转身体才可通过。还有一小段仅可以抓握一边的铁链，需掌握好身体平衡。

华山处处是险峰

华岳仙掌

越过华山苍龙岭至将军石，清晰可见朝阳峰危崖上五指分明，宛如巨人掌迹，此乃关中八景之首——"华岳仙掌"。传说，有一年王母娘娘举办蟠桃会，老寿星手里玉盅一斜，琼浆洒下天庭，变成了人间洪水。玉帝传旨巨灵仙要他下凡，排除这一祸事。巨灵仙落下云头来到华山的危崖下，左手一拳，右脚一蹬，使尽全力，将华山推进秦岭之中。这时，屹立在水浪中的巨灵仙望着咆哮东去之水，驾彩云向西而去。巨灵仙那只仙掌却深深地印在了巍巍华山东峰的绝壁之上。

冈仁波齐 /   057

最美理由 /
　　冈仁波齐是冈底斯山主峰，海拔 6638 米，藏语意为"神灵之山"。冈仁波齐峰的腰部有较大的淡红色平台，平台边缘被冰雪侵蚀，风化严重，呈犬牙状，平台上有一圈凹进去的沟槽，远看犹如天梯直入云端。冈底斯山脉地处世界上海拔最高的地区，恒河、印度河、布拉马普特拉河等大河均发源于此。冈仁波齐神山同时被藏传佛教、印度教、西藏原生宗教本教以及古普那教认定为世界的中心，本教更是发源于此。每年来自印度、尼泊尔、不丹以及我国各大藏族聚居区的朝圣队伍络绎不绝，风雨无阻。

最美季节 / 5 月至 6 月下旬
最美看点 / 冈仁波齐转山游、达钦佛事
最美搜索 / 西藏

冈仁波齐如天梯直入云端，不仅是一种自然美的象征，也是一种信仰的象征

　　冈仁波齐即须弥山，佛教中称为世界中心，据说是佛祖释迦牟尼的道场，在印度教中它又是湿婆大神的殿堂。《大藏经·俱舍论》记载：从印度往北走过九座山，有"大雪山"，这座大雪山，便是绵延千里的冈底斯山脉的主峰冈仁波齐，藏语意为"宝贝雪山"或"雪圣"，印度人称它为"凯拉斯"。西藏的许多山峰都被神化，冠以神山之称，而冈仁波齐则被四大教共同奉为"神山之王"。冈仁波齐海拔6638 米。有人说它"山形如同橄榄，直插云

霄，峰顶如七彩圆冠，周围如同八瓣莲花环绕，山身如水晶砌成，真是玉镶冰雕"。在西藏许多信教者的佛龛上，大都将冈仁波齐的照片与佛像供奉在一起。冈仁波齐不仅作为一种自然美的象征，而且成为一种信仰的象征。相传，佛祖释迦牟尼尚在人间时，守护十方之神、诸菩萨、天神、人、阿修罗和天界乐师等云集在神山周围，时值马年，因此马年就成为冈仁波齐的本位年。本教、印度教、耆那教也都各有自己马年的传说。11世纪，印度高僧阿底峡与随从步行朝拜神山到此，碧蓝如洗的天空突然出现五彩流云涌向山峰，云间不时显露佛之真身。藏传佛教大师米拉日巴也曾在此修炼、传教和斗法，给神山又增添了许多神奇色彩。每年藏历四月藏语称为"萨嘎达瓦"。萨嘎达瓦节持续整个藏历四月，其中四月十五日（一般在公历5月份前后）是西藏佛教史上最神圣的一天（释迦牟尼出生、涅槃日）。这一天，人们要在神山脚下竖立起经幡，祈求神灵的祝福。场面极其宏大，人流浩浩荡荡，充满了神圣的宗教节日气氛。世界上最艰难的道路也就是世界上最神圣的道路，它就是普兰县境内环绕着神山的转经之路。在通往冈仁波齐的条条道路上，朝拜者络绎不绝，成为一大人文景观。

被藏传佛教、印度教、西藏原生宗教本教以及古耆那教认定为世界的中心

冈仁波齐转山游

转山道上人文景点众多，达钦是转山道的起点，逆时针方向依次分布着5座寺庙和众多人文胜迹：双脚佛塔、色雄、曲古寺、止热寺、天葬场、卓玛拉山口、脚印遗址、祖楚寺、江扎寺和色龙寺等。主要观景点为达钦、色雄、

止热寺。主要集散地为达钦，止热寺为旅游服务基地，楚祖寺和曲古寺为服务点。

达钦佛事

达钦佛事活动是在神山冈仁波齐脚下的达钦村举行。每年藏历的四月十五日是该佛事的开端，也将是新的一年朝拜神山圣湖的开端。佛事点设在达钦村后面名为色雄潭的山谷中，十五日中午横放在平地上的长24.5米通体裹有五色经幡的旗杆在主事人的口令下，在数万信徒的诵经声中缓缓升起，经幡在微风中轻摆，召唤着高原上众多神灵聚集于此，参加朝拜神山的活动。立杆的过程分为两天，第一天只把旗杆立起一半，第二天才完全竖起，这可能是为了等待远方的神灵吧。

泰山 / 058

最美理由 /
　　贵为五岳之尊，无疑是泰山最美的理由。泰山是中国历史上唯一受过皇帝封禅的名山，同时也是佛、道两教兴盛之地，是历代帝王朝拜之山。帝王所到之处，建庙塑像、刻石题字，留下众多文物古迹；历代名人宗师对泰山亦仰慕备至，纷纷到此游览。历代赞颂泰山的诗词歌赋多达 1000 余首。从泰安城西南祭地的社首山、蒿里山至告天的玉皇顶，数不胜数的名胜古迹、摩崖碑碣遍布山中。走进泰山，就走进了历史。

最美季节 / 4～11 月是游泰山的最佳时间，观日出则以秋季为最佳。

最美看点 / 岱庙、南天门、碧霞祠、十八盘、桃花峪、玉皇顶

最美搜索 / 山东

清晨，泰山顶上，云海尽头，一轮红日缓缓升起，气象万千

　　泰山的基岩形成于 28 亿年前，地质构造复杂，其主峰玉皇顶海拔 1532.7 米，高大雄伟，风景雄奇多姿，自古就受到中国人的尊崇，被誉为"五岳之首"。相传，早在上古时期就有 72 代君主到泰山登封告祭，祈求国泰民安；自秦以降，又有秦始皇、汉武帝、汉光武帝、唐高宗、唐玄宗、宋真宗、清康熙、清乾隆等 12 位帝王到泰山封禅祭祀。

　　泰山有知名山峰 112 座、崖岭 98 座、溪谷 102 条，山中风貌千姿百态，不同区域景色各异，古人将其分为"丽、奥、妙、秀、幽、旷"六大景区。古人的活动为泰山留下了大量珍贵文物，大山上下，有历代石刻 1800 余处、各类古建筑近 30 处、古树名木 2 万多株。农历正月至三月的泰山庙会"长春会"至今已延续了千年，每年 9 月还会举办泰山国际登山节。

岱庙

位于泰安城区，是泰山封禅祭祀古御道上的一座采用帝王宫城形式建造的古建筑群。庙以泰山称"岱宗"而得名，主祀泰山神，号称"东岳神府"，是历代帝王举行封禅大典和祭祀泰山神的地方。

南天门

元中统五年（1264）由布山道士张志纯创建。位于泰山十八盘的尽头，海拔1460米，古称"天门关"。门为阁楼式建筑，石砌拱形门洞，红墙点缀，黄色琉璃瓦盖顶，气势雄伟。

碧霞祠

位于岱顶，是泰山女神碧霞元君的祠宇，始建于宋大中祥符二年（1009），清乾隆三十五年（1770）重修后改今名。殿前有香亭、铜铸千斤鼎、万岁楼和乾隆御碑亭，错落有致。

十八盘

泰山登山盘路中最险要的一段，共有石级1600余级，为泰山的主要标志之一，远远望去，恰似天门云梯。

桃花峪

位于泰山西麓，上段名桃花源，下段称桃花峪，古时因桃花满谷而得名。这里山青树绿，水净沙明，自然环境幽静，峪中满山草药，泰山赤鳞鱼出没于石隙水藻之间，身影灵巧。

玉皇顶

玉皇顶位于碧霞祠北，因峰顶有玉皇庙而得名，为泰山绝顶，旧称太平顶，又名天柱峰。始建年代无考，明成化年间重修。主要建筑有玉皇殿、迎旭亭、望河亭、东西配殿等，殿内祀玉皇大帝铜像。

泰山

峨眉山／ 059

最美理由／
　　风光绝美的四大佛教名山之一，红尘中的佛国世界。处处有美景，步步有佛缘。山中现有文物古迹 164 处，藏品 7000 件，同时也是世界上同纬度地区，生物、植被保护最好的地区。

最美季节／ 春夏秋冬各有佳景
最美看点／ 双桥听清音、猴区戏猕猴、洪椿赏晓雨、金顶观云海、照佛光、看日出
最美搜索／ 乐山市、峨眉山市

在佛家眼中，峨眉山是"银色世界"，是普贤菩萨的道场

　　在中国四大佛教名山中，佛家把"银色世界"作为峨眉山的代称，如同五台山叫"金色世界"，普陀山叫"琉璃世界"，九华山叫"幽冥世界"。峨眉山最高峰万佛顶海拔 3099 米，高出五岳，山势巍峨，气势磅礴。站在海拔 3077.96 米的次峰——金顶之上，俯瞰身前，但见白云从千山万壑之中涌出，犹如光洁厚润的银白绒毯铺陈在天际与峨眉群峰之间；向上仰望，飘动着丝丝白絮的银色虚空，仿佛触手可及。那么，究竟是峨眉山的秀美绝伦、气象

庄严引来了普贤菩萨？还是站在峨眉峰顶，人们心生对佛国世界的向往，于是供起佛和菩萨，把峨眉山作为了普贤菩萨的道场？因果殊胜，峨眉山不仅仅是风光无限的名山，更是红尘中的佛国世界。

　　峨眉山景区面积 154 平方公里，包括大峨、二峨、三峨、四峨 4 座大山。大峨山为峨眉山的主峰，通常说的峨眉山指的就是大峨山。大峨、二峨两山相对，远远望去，双峰缥缈，犹如画眉，这种陡峭险峻、横空出世的雄伟气势，

使唐代诗人李白发出"峨眉高出西极天""蜀
国多仙山，峨眉邈难匹"的感慨。由于峨眉山
相对海拔差较大，峨眉景区的气候带随海拔不
同，而呈现垂直分布的气候特征。清音阁以下
为低山区，植被葱郁、风爽泉清，气温与平原
无大差异。清音阁至洗象池为中山区，气温
比山下低 4℃～5℃。洗象池至金顶为高山区，
人行云中，风寒雨骤，气温比山下报国寺等处
低约 10℃，有差不多半年时间冰雪覆盖，从
10 月～次年 4 月。

自汉末，佛教传入中国，峨眉山与佛家
结下不解之缘。佛家弟子把峨眉山作为普贤菩
萨的道场，广建寺庙，普贤菩萨因峨眉山而扬
名，峨眉山因普贤菩萨而兴盛。近两千年的佛
教发展历程，给峨眉山留下了丰富的佛教文
化遗产，山中现有文物古迹点 164 处，藏品近
7000 件。全山现存寺庙近 30 座，包括报国寺、
伏虎寺、清音阁、洪椿坪、仙峰寺、洗象池、
金顶华藏寺、万年寺等八大著名寺庙。可以说，
峨眉山之旅的每一步都与佛有缘。如若能在峨
眉金顶目睹四大奇观"日出""云海""佛光""圣
灯"，那真是莫大福报，说明你颇受普贤菩萨
青睐了。

如果到了金顶没看见四大奇观也没关系，
清代诗人谭钟岳将从峨眉山山脚到金顶的佳景
概括为十种，只要你一步步地往上走，总有一
种佳景与你不期而遇的。峨眉山麓的报国寺景
区荟萃了"圣积晚钟""罗峰晴云"，低山区清
音阁景区有"白水秋风""双桥清音"，从清音
阁上行至洪椿坪可见"洪椿晓雨"，再往上攀
爬到仙峰寺，"九老仙府"等着给你讲述"山

峨眉金顶以高达 48 米的十方普贤圣像为中心，环以金殿、银殿和铜殿

中方一日，世上已千年"的传说。往上行走到
洗象池时，"象池月夜"的美景尽量不要错过，
过了洗象池之后，经过攀爬极其艰难的钻天坡
等地段，就成功登顶了。在这里我们可以极目
远眺蜀山之王贡嘎峰顶，看脚下白云翻滚，如
真如幻。

报国寺是峨眉山下的第一座寺庙，位于
景区之外，使香客们即使不进山也可以朝拜
普贤菩萨。寺周楠树蔽空，红墙围绕，伟殿
崇宏，金碧生辉，香烟袅袅，磬声频传。山
门上"报国寺"大匾，是清康熙皇帝御题。
报国寺前殿有一座 7 米 14 层的紫铜塔，塔身
铸有 4700 多个佛像，还刻有《华严经》全文，
故名"华严塔"。报国寺门口新建一亭，挂有
明嘉靖年间圣积寺所铸的一口大钟，钟高 2.3
米，重 10 余吨，敲钟时声闻 30 余里，当时
因在晚上敲，故名"圣积晚钟"。报国寺殿宇
雄伟，有弥勒殿、大雄殿、七佛殿和普贤殿
四重屋宇，依山而建，逐级升高。

"日出""云海""佛光""圣灯"是峨眉山四大奇观

清音阁位于牛心岭下，黑龙江、白龙江在此汇合合抱，汇合处的峡谷中有一黑色巨石，形似牛心，称牛心石，形成"黑白二水洗牛心"的景观。清音阁之下有座双飞桥，两桥之间有双飞亭横跨，两股溪水从桥下奔流而过，形成"双桥清音"的峨眉胜景。清音阁系清康熙年间重建，供奉释迦、普贤、文殊像 3 尊。这里山环水绕，溪流有声，岩壑林泉，清幽绝佳，被誉为峨眉山第一胜景。

万年寺是峨眉山八大重点寺庙之一，全寺除砖殿为砖石穹隆顶外，其余均为木结构。万年寺的两大胜景分别为无梁砖殿和白水秋风。无梁砖殿是万年寺第二殿，又称普贤殿。

该殿全以砖块砌就，无一木一柱一瓦，雄伟壮观，颇具古印度建筑风格，其设计思想源于古人天圆地方的宇宙观。无梁砖殿 400 年来经历了 18 次地震，却安然无恙，被誉为我国古建筑史上的奇迹。"白水秋风"则是峨眉山传统十景之一。秋高气爽之时，寺外红叶，迎秋放飞；白水池中，碧波荡漾；蛙声如琴，丹桂飘香。

金顶以高达 48 米的十方普贤圣像为中心，由金光曜日的金殿，雄浑庄严的铜殿，银光灼灼的银殿和洁白的朝圣大道组成，并集中了峨眉山的四大奇景：佛光、日出、圣灯、云海。

庐山 /

060

层林尽染的庐山秋色绚丽缤纷，没有了夏日的清凉，却多了秋日的娴静

作为著名的避暑胜地，庐山上修建了大量的风格各异的别墅

庐山以"雄、奇、险、秀"的自然景观和悠久丰厚的文化遗存而闻名于世。庐山群峰间散布着冈陵 26 座、壑谷 20 条、岩洞 16 个、怪石 22 处、瀑布 22 处、溪涧 18 条、湖潭 14 处。森林覆盖率为 76.6%，有植物 3000 余种，动物 2000 余种，自古享有"匡庐奇秀甲天下"的盛誉。陶渊明、谢灵运、李白、白居易、苏轼、陆游、王安石等历史文化名人相继登临游历，留下 4000 余篇诗词文赋以及众多石刻，使庐山成为中国田园诗的策源地。从公元 4 世纪至 13 世纪，以东晋高僧慧远在东林寺创立净土宗为代表的庐山宗教经年兴盛，寺庙、道观曾多达 500 多处，是一座集佛教、道教、天主教、基督教、伊斯兰教五教于一山的宗教名山。庐山白鹿洞书院号称中国古代"四大书院之首"。19 世纪之后，美、英、俄、法、日等 20 多个国家在庐山修建别墅，使庐山又有了"万国别墅博览园"的雅称。

花径

位于庐山西谷。传为唐代著名诗人白居易即兴吟诵《咏大林寺桃花》一诗的地方，人称"白司马花径"。

仙人洞

位于庐山锦绣峰的天然石洞，又名"佛手岩"。相传为"八仙"之一的吕洞宾修行得道之处，有一滴泉、蟾蜍石、庐山石松等景观。

含鄱口

位于庐山五老峰与九奇峰之间的含鄱岭上。因其形凹如口，对着鄱阳湖，似乎要一口汲尽鄱阳湖之水而得名，有石牌坊、含鄱亭等景观，是观看鄱阳湖日出的佳境。

五老峰

位于庐山东南，东临鄱阳湖，西接含鄱岭。因横排五座山峰，形似五位老者并肩而坐而得名。李白赞叹"庐山东南五老峰，青天削出金芙蓉"。

"美庐"别墅

位于庐山东谷。始建于 1903 年。1933 年由英国医生巴莉女士赠送给蒋介石、宋美龄夫妇。新中国成立后毛泽东多次在此居住。

三清山 / 061

"清绝尘嚣天下无双福地"的三清山

　　世界自然遗产三清山自古享有"清绝尘嚣天下无双福地，高凌云汉江南第一仙峰"之殊誉。它以"奇峰怪石、古树名花、流泉飞瀑、云海雾涛"并称自然四绝，并有"东险、西奇、北秀、南绝"之景。王安石、朱熹、苏东坡、陆游等古代名人都曾在此留下足迹。秦牧曾赞美三清山为："云雾的家乡，松石的画廊。"诗人陈运和也曾形容它是"峥嵘的，都是活着的史话；竞秀的，都是长存的经典"。

　　在14亿年前的那场地质运动中，形成了

如今三清山花岗岩的山体，群峰竞秀，云雾缭绕。一年中，三清山有200多个雾天，宛若仙境，因此"云海"成为三清山的"一绝"。每当漫天的云雾和层积云随风飘移，构成千变万化的云海大观，而三清山的群峰恰似海上仙山。与"云海"相对应的"日出"也是三清山的一道奇观。

　　三清山道教历史源远流长。它的玉京、玉虚、玉华3座山峰峻拔挺秀，象征着道家里玉清、上清、太清三位天尊。东晋著名炼丹术

作为三清山一绝，云雾缭绕中的群峰似海中仙山，如江南第一仙峰

士葛洪曾到此结庐炼丹，成为三清山的"开山始祖"，迄今三清山已有 1600 多年的历史。山上有宫、观、殿、府、坊、泉、池、桥、墓、台、塔等石刻古建筑及石雕 260 多处，都是依据"先天八卦图式"和"后天八卦图式"来布局的，是道教古建筑设计布局的独特典范。而与道教文化相对应的佛教文化则是以"佛光"这种自然现象来显现的。三清山每月平均有 2 ～ 5 次佛光出现，尤其是在雨后初霁的 9 点以前或阴雨初霁的 17 点以后。

三清山的"三大标志性景观"为"巨蟒出山""司春女神"和"观音听琵琶"。"巨蟒出山"位于南清园北部，海拔约 1200 米，与"司春女神"相望。"巨蟒出山"海拔 1200 多米，顶部扁平，颈部较细，最细处直径约 7 米，如同一条硕大的蟒蛇，欲腾空而去。"司春女神"海拔 1180 余米，通高 86 米。造型犹如一位亭亭玉立的少女，端坐山峰。传说她是西王母第二十三女瑶姬。世人将她视为春天的化身，称之"司春女神"。"观音听琵琶"位于梯云岭下。

在群峰间只见一座石峰如老僧弹拨琵琶，对面的山峰如观音在聆听仙乐。

三清山上有许多名贵花卉盛开。最珍贵的是天女花，世界珍稀，艳冠群芳。天女花花瓣洁白，瓣质细嫩，花蕊吐赤，花香馥郁。漫山遍野的是那怒放的杜鹃花，品种竟有 19 种。尤其是在"司春女神"至玉台一带，杜鹃林蔚为大观。有的高达数米，直径 40 余厘米，树龄达 1700 多年。

三清宫

三清宫位于海拔 1533 米，是三清山道教的标志性建筑、道教洞天福地、三清山道教古建筑群的"露天博物馆"。宫内供奉着道教三位尊神，故而得名。

南清园

海拔 1557 米，是三清山景区的精华地。三清山的几大标志性山峰均在此。此处的观景台是观晚霞、赏日出的绝佳地。景区内还有数万亩的千年杜鹃谷，3 月时节，漫山遍野杜鹃花，煞是壮观。

武夷山 / 　　　　　　　　　　　　**062**

武夷山碧水丹山、奇秀甲东南

　　武夷山属于典型的丹霞地貌，发育典型的丹霞单面山、块状山、柱状山临水而立，千姿百态。临水可观山景，登山可望水秀，乘上一叶竹筏游览世间一绝的九曲溪，顺流而下，山沿水立，水随山转，水光山色，交相辉映，三十六峰、九十九岩一览无余。九曲溪每曲自成异境，大王峰、玉女峰、天游峰、接笋峰、小桃源、水帘洞、流香涧、一线天各有其胜，还有距今约 3800 年前高插于悬崖峭壁之上的船棺、宋代朱熹创办的紫阳书院、元代御茶园以及历代摩崖石刻等名胜古迹。武夷山集道、

佛、儒教于一身，是一座历史悠久的文化名山。秦汉以来，为历代朝廷所推崇，唐朝时被朝廷册封为天下名山大川。李商隐、范仲淹、朱熹、陆游、辛弃疾、徐霞客等名家都曾在武夷山留下各自的墨宝。这里还有 400 多方摩崖石刻及"道南理窟""朱子理学""架壑船棺"等历史遗存。武夷山也是朱子理学的摇篮，是世界研究朱子理学乃至东方文化的基地。

　　武夷山风景名胜区主要分为四大景区：天游—小桃源景区、九曲溪—武夷宫景区、一线天—虎啸岩景区、大红袍—水帘洞景区。

大王峰雄踞九曲溪口，是进入九曲溪的第一峰

天游—小桃源景区

武夷山有句顺口溜"不到天游，等于白游"，因为整个武夷山，没有比天游峰欣赏九曲山水全景更好的地方了。作为武夷第一胜地，天游峰位于武夷山景区中部的五曲隐屏峰后，独出群峰，云雾弥漫，三面为九曲溪环绕，武夷全境尽收眼底。

这一景区主要景点包括：因风景近似武陵桃源而得名的小桃源；因峰峦方正如屏得名的隐屏峰；与云窝隔溪相望的响声岩；北宋瓷窑遗址的遇林亭窑址。

九曲溪—武夷宫景区

九曲溪是武夷山的精华所在，因水绕山行折成九曲而得名。九曲溪发源于武夷山自然保护区黄岗山南麓，经星村入武夷山，折为九曲，到武夷宫前汇入崇溪。九曲溪全长 9.5 公里，两岸奇峰怪石林立，乘坐竹筏漂流而下，武夷山风光一览无余。九曲溪每个弯就是一曲，每曲都各有特色美景。大王峰、玉女峰分立在九曲溪的两边；悬崖峭壁上安放了数千年悬棺的小藏峰、大藏峰；晒布岩、并莲峰，九曲溪的尽头就是武夷宫。

一线天—虎啸岩景区

虎啸岩位于九曲溪第二曲南面，此处有泉有石，是武夷山屈指可数的佳境之一；一线天是一块巨石倾斜，覆盖了三个毗邻的山洞所致。在一线天内时常有罕见的白蝙蝠出没。山洞外还生长着珍贵的四方竹。

大红袍—水帘洞景区

武夷岩茶非常有名，元代时这里已经设有御茶园，专门督造贡茶。大红袍是武夷岩茶中的状元，它生长在武夷山北部的九龙窠中，现仅剩 3 株，因其中有一株生有一旁枝，"三株四丛"，极为名贵。九龙窠山腰的东面有一天心永乐禅寺，是武夷山最大的佛教寺院，也是中华佛教八大名寺之一。

从大红袍到水帘洞的 2700 米山路上，有流香涧、双悟桥、鹰嘴岩、古崖居，直到水帘洞附近。这一路叫章堂涧，是武夷山最长的一条山涧。一路小溪为伴、鸟语花香，清幽得很。其中流香涧是风景区内唯一一条东南向西北方向流动的溪涧，又叫倒水坑。

武当山 /   063

最美理由 /
　它高险幽深，兼有磅礴与灵秀之美，被徐霞客赞为"山峦清秀、风景幽奇"，又有源远流长的道教文化。山上有全国保存最完好、规模最大的道教建筑群。

最美季节 / 春季、秋季
最美看点 / 金殿、净乐宫、玉虚宫、紫霄宫
最美搜索 / 湖北

可在这"山峦清秀、风景幽奇"之处，移步换景，欣赏着唐至清代建造的500多处庙宇

　　武当山拥有奇特绚丽的自然景观和丰富多彩的人文景观，被誉为"亘古无双胜境，天下第一仙山"，被列入《世界遗产名录》。6月游览武当山，既无暑气之侵扰，又可饱览山色美景。

　　武当山作为真武大帝的道场，千百年来，历朝历代慕名朝山进香、隐居修道者不计其数，这使武当山作为道教福地、神仙居所而名扬天下。山上的道教建筑群是中国现存最完整、规模最大、等级最高的道教古建筑群。6月游览武当山，可在这"山峦清秀、风景幽奇"之处，移步换景，欣赏着由唐至清代建造的500多处庙宇，面积达160万平方米。

　　历代皇帝把武当山道场作为皇室家庙来修建，史有"北建故宫，南建武当"之说。这些道教古建筑群主要分布在主峰以北，古东神道两侧。明永乐年间大兴土木，建成33个规模宏大的宫观建筑群、39道桥梁、12座亭台及山石砌成的"神道"，2万多间宫观建筑绵

TIPS

道教

　　道教是中国唯一的土生土长的宗教，中国文化的重要组成。它创立于汉朝末年，尊老子为教主。内容讲求长生不老，画符驱鬼，又集数理、阴阳等为一身。道教认为，"社会只是一方存在的客体，在其中生存的人类，应有其独立自存的自由性，而不受任何意识形态的束缚。其次，它主张人类应学习好处世的智慧和自我修养的能力，强调人在自然天地间应有积极的作为，不忧天、不畏天，才是最好的生存状态"。道教讲求每个人都要用心感受周围的事物，热爱生活，享受生活。

美食

　　十堰地区以川菜和鄂菜为主。当地名吃"三和汤"是在鲜香滑嫩的牛肉片、晶亮的红薯粉条、小船似的玉仙肉饺上，浇以用名贵滋补的中草药熬制成的牛骨汤，配上辣椒油，撒上香菜、葱花、味精、胡椒粉等而成，醇香弥漫，鲜辣可口。
　　武当山特有的"道家斋菜"取佛、道两家素菜烹饪的精髓，注重本色，口味鲜醇，在紫霄宫和太和宫中都可品尝到。
　　武当山当地小吃分布在玉虚宫一带的"永乐盛世"仿古街。

夏季的武当山山花灿漫，树木浓荫带来难得的清凉

延 70 公里。坐落在海拔 1612 米山顶的金殿是中国现存最大的铜建筑物，建于明永乐十四年（1416）。它是铜铸镏金建筑，进深为 3 间，高 5.54 米，长 4.4 米，宽 3.15 米，是世界罕见的铜建筑精品，总重约 90 吨。金殿周围是浓荫密布，蝉鸣鸟叫，倍添幽情。

净乐宫

　　武当山八宫之首。始建于明永乐十一年（1413），因 1958 年兴修丹江口水库而搬迁至丹江口。如今的广场、山门、御碑亭、三大殿及配殿等已初现雏形，再现了当年净乐宫的宏伟气势。

玉虚宫

　　玉虚宫是武当山古建筑群中最大的单元。始建于明永乐十一年（1413），有宫观庙宇 2200 间。现存部分建筑和遗址，还有重达百吨的"龟驮碑"亭四座。

太子坡

　　又名复真观。明永乐十年（1412）修建，清康熙年间三度重修。现基本保持当年规模，是武当建筑群中的一个较大单元。

南岩

　　这里是道教所称真武得道飞升之"圣境"，乃武当山 36 岩中风光最美的一处。明永乐十一年（1413）重建，有宫殿、道房、亭台等大小房间 150 间，赐额"大圣南岩宫"，到嘉靖三十一年（1552）扩大到 460 间。

紫霄宫

　　紫霄宫背依展旗峰，面对诸峰，右为雷神洞，左为禹迹池。周围山峦天然形成一把二龙戏珠的宝椅，被永乐帝封为"紫霄福地"。

五台山 /   064

最美理由 /
　　五台山是著名佛教圣地，文殊菩萨道场。它有五座台峰，山上庙宇遍布。特殊的地质结构使五台山成为著名的避暑胜地。加之大自然的偏爱，使五台山拥有了可人的秀色。

最美季节 / 夏季
最美看点 / 黛螺顶、大白塔、显通寺、佛光寺、南禅寺
最美搜索 / 山西

五台山是中国唯一兼有汉地佛教和藏传佛教的佛教道场

　　世界遗产五台山海拔 3058 米，被称为"华北屋脊"。这里是中国四大佛教名山文殊菩萨的道场。它利用五座台顶，巧妙地将自然地貌、佛教文化、历史建筑融为一体，完美体现了中国"天人合一"的哲学思想，也是中国唯一的汉传佛教与藏传佛教相结合的佛教道场。

　　五台山"岁积坚冰，夏仍飞雪，曾无炎暑，故曰清凉"。它的地形、气候、环境暗合了佛教经典中记载的文殊菩萨的住所清凉山、五顶山，所以成为文殊菩萨的道场。五个台顶终年

大白塔是五台山的标志，高近 60 米，傲视苍穹，塔身形如藻瓶，线条优美

被清凉之气笼罩，蕴藏着千万年不曾融化的坚冰。每逢夏季，当四处的人们被酷暑折磨难耐时，五台山便成为中华大地上的一块清凉宝地。元好问曾有诗赞曰："西北天地五顶高，茫茫松海露灵鳌。太行之上犹千里，井底残山柱呼号。万壑千岩位置雄，偶从天巧见神工。滹溪已作风雷恶，更在云山气象中。"

7 月是一年中游览五台山最黄金的时节。登东台望海峰，可观云海日出；览南台锦绣峰，可游群花。

显通寺

五台山最古老、最大、文物珍品最多的一座寺院，初建于东汉永平年间，距今已有 1900 年历史，建筑年代堪比洛阳白马寺。寺院四周山峦起伏，古柏参天。寺内布局严整，

对称分明。无量殿四壁用青砖砌成，内有藻井悬空，形状似花盖宝顶。叫人称奇的是，殿内一无大梁，二无立柱，三无廊檐，全国少有。明代铜殿耗铜十万斤，尽显奢华。殿内四壁满铸万佛，隔扇的外壁铸有花卉鸟兽，于佛教之外又融于自然风物。显通寺最珍贵的文物当数千钵文殊铜像。菩萨上叠五头，胸前六手，手捧金钵，钵内又有释迦牟尼佛，层层叠叠，造型奇特。钟楼内的明代大铜钟重九千九百九十九斤半，钟声绵长，传播深远，长鸣钟又取"长命"之意。因而，"显通钟声"也是五台山梵宇佛国的标志。

佛光寺东大殿

建于公元 857 年，是中国最早的木构殿堂之一。建筑、壁画、佛像以及梁下面的一些黑迹，被称为东大殿"四绝"。殿内 35 尊唐代彩塑佛像。细节设计得极好，佛像高度和体量都是经过精密设计，与空间相应，与瞻礼者的视线相合。佛座背后的唐代壁画内容是天王降伏妖魔鬼怪的故事。画面历经千余年，色泽犹新。

南禅寺

五台山最小的寺院，其大佛殿是我国乃至世界上现存的最古老的木结构建筑。大佛殿距今已有 1227 年历史，它的单檐歇山式大屋顶，举折平缓，古朴秀雅，反映了唐代建筑风貌。大殿用 12 根檐柱支撑，檐柱柱头内倾，斗拱翘起。这样的装扮使大殿俏丽多姿，像一位活泼的美少女。殿内的唐代塑像与莫高窟彩塑如出一辙，佛坛四周 70 幅砖雕则是唐代砖面浮雕艺术的杰作。

天山 /   065

最美理由 /
　　天山有一种无法言说的美丽：湖水澄净，天空湛蓝，牛羊成群。绿色草毯铺向天际，五彩缤纷的野花点缀其间，还有那一望无际的金色油菜花花海，随风翻动着金波浪。雪峰、绿林、繁花，所构成的画卷如同神仙境里。

最美季节 / 7～9 月
最美看点 / 博格达峰、天池
最美搜索 / 新疆

绿色草毯铺向天际，五彩缤纷的野花点缀其间

　　天山指中国境内的东天山，长达 1760 公里，占天山总长度的 3/4 以上，横亘新疆全境，是准噶尔盆地和塔里木盆地的天然地理分界，也是新疆地理的独特标志。

　　这里是天山最具代表性的区域。游览天山的最美季节是夏季和初秋。此时的天山生机勃

TIPS

🍴 美食

西域美食色香味俱佳，其烤羊肉串、烤全羊等更是风靡全国。抓饭、手抓羊肉等吃法别致，是当地少数民族最喜欢的食品。还有那烤馕、烤包子、油馓子、油塔子、薄皮包子、拉条子、奶茶等民族传统食品。维吾尔族人常以米肠子、面肺子、纳仁、酿皮子、帕尔木丁、曲曲等作为待客佳品。

🚶 天山徒步

徒步翻越天山是乌鲁木齐附近最经典的徒步线路。从天山南坡的达坂城进山，翻越博格达的三个岔达坂，最后抵达天山北坡的天池风景区。徒步者完成了天山南北的翻越，既可领略天山两侧截然不同的景色，还能近距离观赏到博格达雪山和天池的秀丽风光。

徒步线路：达坂城—三个岔沟口—三个岔达坂—大冬沟（或以肯起达坂—将军沟）—天池。

雪峰在蓝天下巍峨挺立，雪峰下是蜿蜒的原始森林，以及迷人的天山牧场

勃。在那一片片的高山草甸上，各种植物及苔草、牧草，编织出了绿色的地毯，龙胆、紫菀、金莲、银莲等花儿绽放着它们的美丽，明媚鲜艳，将绿毯点缀得姹紫嫣红。在向阳的缓坡上，只见牛羊成群，牧歌悠扬，一幅高山牧场的天然画图。

骑马上天山是夏季最美好的休闲方式。骑着骏马驰骋在美丽的草原上，将戈壁滩的炎热抛在了身后，迎面而来的是雪山的清寒，夹杂着秋天的况味。巨大的雪峰在蓝天的映衬下巍峨挺立，融化的雪水从山涧、峭壁断崖上倾泻，形成千百条银色的丝带。身边的溪流无不是清澈见底，有五彩斑斓的碎石，鳞光闪闪的游鱼。沿着雪峰一线的又是蜿蜒的原始森林，绿得让人心动。密密叠叠的塔松，将天空严严实实地遮住，偶尔漏下一丝半点的阳光，洒一地的金片。随着进入迷人的天山牧场，山形柔和，溪水欢畅，牛羊自在，鲜花遍野。

天池

传说中西王母开蟠桃会的瑶池。天池在天山上海拔 1980 多米处。半月形湖面平静而幽深，背后是白雪皑皑终年积雪的博格达峰，高山与湖泊构成了天池迷人的景色。盛夏的天池是避暑佳地。

博格达峰

天山山脉东段著名高峰，海拔 5445 米。千峰竞秀，万壑流芳。山顶冰川积雪终年不化，与山谷中的天池绿水相映成趣。这里原始森林遮天蔽日，山甸草原诗情画意。8 月时节，山花烂漫，五彩缤纷，冰雪融水滔滔而下，汇成 30 多条大河。

青城山 /   **066**

最美理由 /
  青城山自古为中国道教名山，前山风光优美，文物古迹众多；后山水秀、林幽、山雄，夏天凉爽怡人，是成都人首选的消夏避暑地。

最美季节 / 春、夏季
最美看点 / 天师洞、上清宫、天然图画
最美搜索 / 四川

作为道教的发祥地之一，青城山建有众多古观宇

    青城山位于川西平原西北缘，系邛崃山山系分支，背靠岷山，面临岷江，距成都68公里，是青城山—都江堰风景区的重要组成部分。相传轩辕黄帝遍历五岳，封青城山为"五岳丈人"，故青城山古名"丈人山"。青城山海拔不高，冬无酷寒，常年青葱翠绿，青意可人，因全山有36座山峰，诸峰环绕状如城郭，唐开元年间，更名为青城山。

    青城山分青城前山和青城后山，前山风光优美，文物古迹众多，主要景点有建福宫、天然图画、老君阁、天师洞、朝阳洞、祖师殿、上清宫等；青城后山水秀、林幽、山雄，夏天凉爽怡人，是成都人的首选消夏避暑地。后山景点有金壁天仓、圣母洞、山泉雾潭、白云群洞、天桥奇景等。

    作为最早，也是最知名的道家修炼的主

要场所，青城前山的宫观庙阁众多，且历史极为悠久。距峰顶约 500 米，修筑于悬崖峭壁之上的上清宫始建于晋代，青城山主观——天师洞，始建于隋朝大业年间，建福宫、祖师殿的历史最早可追溯到唐代，圆明宫建于明代。不过，因年代久远，唐宋之前的建筑已悉数被毁，现存的青城山宫观亭阁均为明清时期修建。

天然图画

天然图画位于建福宫与天师洞之间，在龙居山牌坊岗山脊的两峰夹峙之间，海拔 893 米，风景优美，如诗如画。在苍崖立壁、绿荫浓翠之间屹立着一座十角重檐式的亭阁，古时，亭阁后常有丹鹤成群，故此地的山庄名曰驻鹤庄；亭阁右面，有横石卧于两山之间的悬崖上，被称为"天仙桥"，传为仙人聚会游戏处，现

青城山天师洞三面环山，一面临涧

有大殿三重，分别奉祀道教名人和诸神，殿内柱上的 394 字的对联，被赞为"青城一绝"。

天师洞

自建福宫北行两公里即至青城主观——天师洞。天师洞始建于隋朝大业年间，三面环山，一面临涧，古树参天，万分幽静。现存殿宇建于清末，规模宏伟，雕刻精细，并有不少珍贵文物和古树。相传东汉末年张道陵曾在此讲经传道。观内正殿为"三清殿"，殿后有黄帝祠和天师洞等古迹。天师洞右下角有一小殿，名三皇殿，内有轩辕、伏羲、神农石像。洞门前有一株古银杏树，高约 50 米，树围 7.06 米、直径 2.24 米，据说乃张天师手植，树龄已达 1800 余年。

上清宫

上清宫位于青城山第一峰、距峰顶约 500 米的半坡上。上清宫始建于晋代，现存庙宇为清朝同治年间所建，上有"天下第五名山""青城第一峰"等摩崖石刻，宫门"上清宫"三字由蒋介石题写。宫内祀奉道教始祖李老君，有老子塑像和《道德经》五千言木刻，还有麻姑池、鸳鸯井等传说遗迹……上清宫后为老霄顶，建有呼应亭，是赏观日出、神灯和云海奇观的绝佳地点。

老君阁

老君阁位于青城第一峰绝顶（即彭祖峰顶，或称高台山、老霄顶），海拔 1260 米，顶上原有呼应亭，取"登高一呼，众山皆应"之意。20 世纪 80 年代末改亭建阁，今重建阁高 33 米，共九层，下方上圆，层有八角，象征天圆地方，太极八卦；外观呈塔形，尖顶，中堆三

现存的青城山宫观亭阁均为明清时期修建

圆宝，寓意天、地、人三才。阁内中空，庄严耸立太上老君坐莲像，像高 7.3 米，连座台高 10.37 米。阁外露天台封基，用汉白玉石依势而建，海漫栏槛、曲折迂回盘旋而上至阁顶。晴霁可眺览岷邛青峨远近数百里风光及天府平川数百里秀色，可谓集天下之壮观也。

青城山自古为中国道教名山，历史上曾有众多名人雅士、布衣俗子在此修道，以求成仙，如张道陵、玉真公主、李白等人。这里也曾是文人武将酷爱的隐居修身、濡养笔墨之所，如唐代杜光庭、薛昌，近代徐悲鸿、张大千等人。青城山清幽秀美的自然风光激发出徐悲鸿和张大千的极大创作热情，抗战时期，在青城山隐居期间，他们创作了多幅名作。

青城山游览线路

　　游览青城山，最好是步行游览。一则因为青城山山势平缓，海拔不高，最高峰老霄顶海拔仅 1260 米，一天时间即可登顶。二则因为无论是以人文景观闻名的前山，还是以山水秀色吸引人的后山，登山道路平坦舒适，沿途更是风光无限，人们仿佛行走在山水画之中，无比惬意。步行游览前山的线路：天然图画—天师洞—祖师殿—朝阳洞—上清宫—老君阁（青城第一峰）—圆明宫—玉清宫—月城湖（渡湖）—建福宫。

最美古村古镇

Chapter ⑧

在繁忙拥挤的都市生活久了，总是向往小桥流水人家的生活，总渴望每天清晨在鸟鸣声中醒来，在炊烟袅袅中踏上露水微湿的青石板路，与街坊微笑着擦肩而过，在午后的飘着花香的庭院中品一杯清茶，看近处白墙黛瓦，看远处青山绵延，夜晚听着流水的声音清浅入眠，这就是我们渴望的"一寸时光一寸闲"吧！

丽江 /

067

最美理由 /
　　时间在这里被淡忘，一双平底鞋，一条艳丽披肩，一个小包，一台单反，在四方街的巷子里晃荡，听各家客栈老板胡侃……所有人都希望自己此时此刻成为幸福的丽江人。

最美季节 / 3~8 月
最美看点 / 大研古城、玉龙雪山、束河古镇、虎跳峡、木府
最美搜索 / 云南

丽江是一个能让人暂时抛下一切，静心发呆的地方

　　丽江是中国保存最完好的四大古城之一，世界文化遗产地。丽江的美在于它氤氲着小资情调，让每一位来者不由得沉浸其中。在这里，人们会感觉"时间是用来浪费的，生命是用来流浪的"，它真的具有一种使人能暂时遗忘尘世的魔力。前几年有一本畅销书叫《丽江的柔软时光》，让无数人对丽江充满了向往。丽江，是一个能够让人暂时抛下一切，

静下心来，随意发呆的地方。时间在此仿佛凝滞，成为最不值钱的东西。人们在丽江的每一寸时光里重新找回那个"初心"的本我。

　　大研古城是丽江的核心。这里青山四围，碧水潆洄。古城没有城墙，青石铺路，木结构建筑房屋，最迷人的是随处可见的小桥流水和繁花似锦，让人疑心是来到了江南。四方街是大研古城的中心，有四个岔路口通往

古城的出口。每天下午，有身穿"披星戴月"的纳西族人载歌载舞，吸引游人也参与其中。四方街的一头连着酒吧一条街，是最繁华的地带。白天的酒吧街还处于酣梦之中，三三两两的行人，静静的水流，杨柳依依。而一到夜幕降临，酒吧街则呈现出另一番景致：喧闹的人群、沸腾的音乐、迷离的灯光、织锦的灯笼与烛火……

如果觉得大研古城因喧闹而落入了世俗的尘网，那么束河古镇、白沙古镇则会满足人们偏安一隅的想法。这些古镇还没有被商业化完全浸透，游人不多，保留着一份质朴情怀。束河古镇也有许多特色小店，不过这里的店主人似乎更重生活而非生意。你会看到女店主为一瓶插花着迷而无暇待客，可以看到男店主喝着小酒晒着太阳。大石桥上有一位穿着民族服装的老者，吸着一杆烟枪，烟枪擦得锃亮，当你想把老者摄入镜头时，老者会向你伸手要"摄影费"，不过他依旧会被游客的相机免费摄入。

"玉龙名山，终年雪与天齐"。丽江的守护神玉龙雪山，每到冬季白雪皑皑，冷空气挡住了大规模的积雪，成为古城的天然屏障，也为丽江古城带来了冬日里的温暖。玉龙雪山最美之处是会随着时令和阴晴的变化展示出不同的美。云蒸霞蔚时，玉龙时隐时现；碧空如洗时，玉龙熠熠生辉；雨雪新晴后，山上的雪格外洁白，松树格外新绿，故有"绿雪奇峰"之说。

玉龙雪山

以险、奇、美、秀著称于世。雪山海拔

青石板路、木质房屋、小桥流水、繁花垂柳，丽江四处氤氲着小资情调

5596米，南北向排列玉龙十三峰。它集亚热带、温带及寒带的各种自然景观于一身，构成独特的"阳春白雪"主体景观。

白沙古镇

位于丽江城北约10公里处。因地表多白色沙砾而得名。这里是宋元时期丽江的中心。古镇有小桥流水暖阳，而且很宁静。每年正月二十日，在白沙街东侧的护法堂有祭神仪式。

虎跳峡

世界最深的峡谷。虎跳峡全长17公里，上下落差200米，两岸雪山高出江面3000多米。气势磅礴，"惊涛拍岸，卷起千堆雪"。

TIPS

东巴文化

东巴文化是一种独特而丰富的民族文化，是纳西族的原始宗教。其祭祀"东巴"意为"智者"，是文化的传承者。他们熟悉东巴经典，能歌善舞，绘画防止，占卜、主持宗教仪式等。值得一提的是东巴经是用原始图画象形文字书写的，一直被视为"天书"。

美食

丽江以纳西菜为主。纳西族种植小麦、玉米、水稻，主食主要有"丽江粑粑"。当地人种植蔬菜种类丰富，因此形成了将各种菜融为一锅的"杂锅菜"。纳西菜代表菜品有三叠水、八大碗、腊排骨、各种菌类。小吃有鸡豆凉粉、吹猪肝、岩巴玖（鸡炖豆腐）。整个口味偏于四川的"麻辣"，食盐较重。

束河古镇

位于丽江城北，是纳西族先民最早的聚居点，也是木氏土司的发祥地。古镇形制同大研古城，但是较小。这里的九鼎龙潭潭水透明清澈，日夜涌泉，被奉为"神泉"。

木府

位于大研古城。是丽江古城的"大观园"。纳西族首领木氏自元代以来世袭丽江土司，一直在此居住办公。木府占地 46 亩，中轴线长 369 米，建筑坐西向东。有牌坊、议事厅、万卷楼、光碧楼等建筑。电视剧《木府风云》就是在此拍摄的。

人们总希望在丽江的每一寸时光中重新找回"初心"

西递与宏村 / 068

最美理由 /
　　西递、宏村的村落选址、布局和建筑形态，都以周易风水理论为指导，体现了天人合一的中国传统哲学思想和对大自然的向往与尊重。这两个古村落均以世外桃源般的田园风光、保存完好的村落形态、工艺精湛的徽派民居和丰富多彩的历史文化内涵而闻名天下。

最美季节 / 西递：秋季，11月左右塔川的乌桕树由绿色转为了黄与红，在阳光下分外美丽。宏村：春秋季节。

最美看点 / 刺史牌坊、敬爱堂、西园、大夫第、牛形布局、月沼、承志堂、敬修堂

最美搜索 / 安徽

精致的建筑、小巧舒适的院落和气派堂皇的大户人家组成了西递的"中国明清民居博物馆"

西递

西递始建于北宋元丰年间，距今已有 900
余年的历史。村子四面环山，有两条溪水流过，
又因曾设有古驿递铺，以此得名。整个村落
呈船形，保留有完整的古民居 122 幢，村落
空间变化灵活，精致的建筑、小巧舒适的院
落和气派堂皇的大户人家组成了韵味十足的
徽派建筑群，无愧于"中国明清民居博物馆"
的赞誉。

刺史牌坊，这座建于明万历六年（1578）
的青石牌坊是三间四柱五楼的结构，峥嵘巍峨，
飞檐迭起，正是胡氏家族地位显赫的象征。如
果从高处俯瞰西递，可以看到整个村落的形状
仿佛一条行驶中的大船，而刺史牌坊恰恰如高
耸的桅杆一般矗立在船头。

敬爱堂原为西递胡氏十四世祖仕亨公住
宅，始建于明万历年间，后毁于火灾。清乾隆
年间重建时改为宗祠，面积达 1800 多平方米，
为西递村现存祠堂之最。这里不仅作为祠堂，
还是村中族事商议之室和族人举办婚嫁喜事，
教斥不肖子孙的场所。

西园是西递村中一处颇为别致的民居院
落，建于清道光年间，为典型的徽派造园手法，
幽静怡人。园中有两块松、石、竹、梅的"四
君子"石雕漏窗，画面分成八个层次，运用了
中国古代雕刻技艺的所有技法，堪称中国古代
石雕作品中的"绝世之作"。而屋中的客厅条
案上，至今还摆着"老三样"：东瓶西镜，中
间一座古色古香的自鸣钟，象征着"终生平静"
的生活追求。

宏村的美在于湖光山色，被誉为"中国画里的乡村"

大夫第建于清康熙三十年（1691），是朝列大夫胡文照的故居。在其临街的一面，悬空挑出一座小巧玲珑的观景楼，在建观景楼时为了方便邻居的行走拉车，有意识地往后退了一步，没有和正房取齐，并在其观景楼的门楣上留下五个小篆体字"作退一步想"，耐人寻味。

宏村

始建于南宋绍兴年间，绵延至今已有800余年的历史。原为汪姓聚居之地。与西递充满厚重历史和文化的美不同，宏村的美在于湖光山色。由于其地势较高，常常被云雾笼罩，宏村被誉为"中国画里的乡村"。

整个村子的建筑形制相当奇特，远远望去恰似一头斜卧的青牛。巍峨苍翠的雷岗为牛首，参天古木是牛角，由东而西错落有致的民居群宛如庞大的牛的身躯。一泓碧水引入村内，是为"牛肠"；流入村中宛如半轮明月的月沼，是为"牛胃"；最后汇入村口平滑如镜的南湖，是为"牛肚"。人们还在绕村的河溪上先后架起了四座桥梁，作为牛腿。

月沼又称月塘，建于明永乐年间，水塘为半月形，取"花未开、月未圆"的境界。

月塘常年碧绿，塘面水平如镜，塘沼四周青石铺展，粉墙青瓦整齐有序。电影《卧虎藏龙》曾在此拍摄，中国邮政也曾以此为背景发行过一枚邮票。

承志堂算得上是宏村中最知名的建筑，建于清咸丰五年（1855），是清末大盐商汪定贵的住宅。在遗留至今的皖南古民居中，若论气势与韵味，承志堂堪称之最。全宅为砖木结构，占地2000多平方米，据说整幢宅子光是木雕上涂的金粉就花掉了100两黄金。整座楼房划分为外院、内院、前厅、后堂、东厢、西厢、书房、回廊、花园等部分，到处都潜藏着中国传统文化的脉络气血和风水的玄机。

敬修堂坐落在月沼北侧西首，始建于清道光年间，距今已有180年的历史。特别值得一提的是正对厅堂正门的鱼池，有半人高，用整块的黟县青大理石砌成，分成东西两个方池，中间由圆形石板凿成的通道相连；还有园中的花坛，分植着桂花、菊花、茶花和蜡梅花等花木，还有两株与房宅同龄的"百年牡丹"驻芳藏艳其间，差不多一年四季都有花儿盛开。

平遥 /

069

最美理由 /
平遥古城作为我国保存最为完整的古城而被列为世界文化遗产，堪称华夏文明最典型的代表，拥有始自西周的 2700 多年历史，经年完好的古城墙、遗留至今的近 4000 座明清建筑，以及曾经的全国金融中心的地位。

最美季节 / 5～10 月
最美看点 / 日升昌、城隍庙、镇国寺
最美搜索 / 山西

古城院落布局严谨，多刻满精美图案的砖雕照壁

　　世界文化遗产平遥古城是中国四大古城之一，具有 2700 多年的历史。平遥古城平实朴拙，大气阳刚。逛平遥古城，你会发现步入了明清历史的长河中，有看不尽的钱庄、当铺、镖局、四合院等。这里也是体验晋商文化的好地方。

　　平遥的城墙于明洪武三年（1370）重筑，砖石砌成。它按照"山水朝阳，龟前戏水，城之攸建，依此为胜"的说法，取神龟"吉祥长寿"之意而建。城墙平面呈方形，周长 6162.7 米，高 10 米，整个城墙规格完整，但规模小于西安城墙。走进平遥城墙，你会发现时空穿越到了明清时代。

　　平遥古城由四大街、八小街、七十二条蚰蜒巷构成。南大街全长 750 米，宽 5 米，是平遥最繁华的 CBD，也是晋商最主要的发祥地。在清朝中晚期，这里有众多票号，是全国的金融中心，"中国的华尔街"，可以想象当时金钱往来的盛况。

　　西大街上坐落着"中国第一家票号"日升昌，被誉为"大清金融第一街"。日升昌创建于 1824 年，占地 2324 平方米。它曾执全国金融之牛耳，开中国民族银行业之先河，并一度操纵了 19 世纪整个清王朝的经济命脉。日升昌的分号遍布全国 30 余处，且远及欧美、东南亚等国，实现了"汇通天下"。

　　平遥城内的八小街和七十二条蚰蜒巷，依照各自街上的著名建筑而命名。这里是欣赏平遥古城民居的好地方。古城民居以砖墙瓦顶的木结构四合院为主。院落布局严谨，对称有序。大多数都有精美的装饰，如刻满吉祥图案

平遥四大街、八小街、七十二条蚰蜒巷共同构建了一幅明清光景

的砖雕照壁等。值得一提的是，这里的民居都是"半边盖"，形成了"肥水不流外人田"的特色。这也有效抵御了山西的风沙。

　　平遥古城是中国古代城邑的一个缩影，功能俱全，有县衙、城隍庙、文庙、道观等。老百姓最喜欢拜祭的城隍庙坐落在城东南。它由城隍庙、财神庙、灶君庙三组建筑群构成。而且将儒教、道教、民俗文化融为一体，同平遥县衙东西相对称。

　　在平遥古城外北面有座镇国寺，环境清幽，古风蔚然。镇国寺分前后两个院落，古建筑以万佛殿为最，已有 1000 多年的历史，是我国现存木结构建筑年代较早之物。万佛殿堂梁架结构严密，工艺精湛，做工精细。寺内各

TIPS

殿内还保存有雕像、明代壁画等，古风盎然。

城墙

平遥城墙建于明洪武三年（1370），现存有 6 座城门瓮城、4 座角楼和 72 座敌楼。其中南门城墙段于 2004 年倒塌，除此以外的其余大部分都至今安好，是中国现存规模较大、历史较早、保存较完整的古城墙之一，亦是世界遗产平遥古城的核心组成部分。

票号

平遥票号在中国的金融发展史上具有里程碑的意义。票号就是银行的前身，我国的第一家票号"日升昌"就出现在平遥。清朝末年，总部设在平遥的票号就有 20 多家，占全国的一半以上，一度成为中国金融业的中心，堪称中国当时的"华尔街"。现在，平遥城内还保留着日升昌、百川通等票号的旧址。

市楼

位于全城中心，造型挺秀，平座疏朗，屋瓦琉璃灿烂，是平遥古城的象征。市楼为 3 层，高 15.5 米，居于古城中央，与城东清虚观、大成殿等高大建筑遥相呼应，构成古城起伏变化的优美轮廓。

双林寺

距今已有 1400 多年的历史，唐槐、宋碑、明钟、壁画交相辉映，构成一方胜境；而各殿内佛、菩萨、天王、金刚、罗汉、力士、供养人、珍禽异兽、山水花木等 2000 余尊彩绘泥塑最为人称道，形神兼备，色彩艳丽，实为明代彩塑中少见的艺术杰作。

镇国寺

始建于五代，距今有 1000 多年的历史。寺内万佛殿是国内现存五代唯一的木结构建筑，以结构精密、造型独特、工艺精湛、殿貌奇古著称于世。

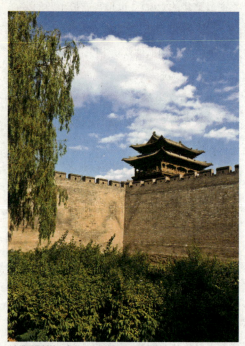

走进平遥城墙，会有一种穿越到明清的感觉

婺源 /

070

最美理由 /
　　春天的婺源是油菜花的海洋。烟雨蒙蒙，白墙黛瓦掩映在漫天的金灿灿的油菜花中，这似乎已经成为婺源的一张名片，成为每个想起婺源的人脑海中必定浮现的画面。江岭、彩虹桥、晓起是欣赏油菜花最佳地。

最美季节 / 春季

最美看点 / 江湾、李坑、晓起、鸳鸯湖

最美搜索 / 江西

光阴变换中的婺源，在淡雅的妆容上镀上了一层金色

　　油菜花使婺源成为"中国最美的乡村"。婺源本身是徽州文化发祥地，文化底蕴深厚。汤显祖的"无梦到徽州"寄托了对此处的相思之情。4月的婺源，美就美在它将自然风光与田园风光完美结合，充满了天人合一的情趣。

　　婺源旅游线路的东线、西线和北线，每一条都令人流连忘返。

　　东线景区主要有江湾、篁岭、李坑、汪口、晓起、江岭、庆源。江湾古镇已有千年历史，山环水绕，风水极佳，是古徽州风水文化的典

范。这里历代文风鼎盛，人杰地灵，孕育出了许多贤士，是当之无愧的"书乡"。村中保存着三省堂、敦崇堂、培心堂、滕家老屋等徽派古建筑，粉墙黛瓦，勾檐斗角，鳞次栉比，极具历史价值和观赏价值。李坑景区则是"小桥流水人家"的风景范本。晓起是画里乡村，天人合一的生态家园。"古树高低屋，斜阳远近山，林梢烟似带，村外水如环"是它的真实写照。汪口景区中的俞氏宗祠是一座"艺术宝库"。有着 500 年历史的篁岭村，"窗衔篁岭千叶匾，门聚幽篁万亩田"。此处"地无三尺平"，村落被群山环抱，古木参天。4 月里在江岭梯田正好能观赏油菜花。

西线景区以自然风光取胜，其代表鸳鸯湖面积达 2300 亩。这里是世界最大的野生鸳鸯栖息地。每年秋末冬初，2000 多对鸳鸯来此过冬。文公山是江南文化名山，山腰有朱熹祖墓。朱熹回乡扫墓时曾手植 24 棵杉树，寓意"二十四

粉墙黛瓦的古民居，流水潺潺的溪流，时光在婺源沉静

孝"，已有 800 多年的历史。现存的 16 棵中最高的 38.7 米，有"江南古杉王群"之誉。

北线景区是以原生态明清古村落和田园自然风光结合为主。灵岩风景区面积约 30 平方公里，灵岩洞群由 36 个溶洞组成。洞内石笋、石花、石柱、石幔林立，还有岳飞、朱熹等题墨 2000 余处。

李坑

这里以小桥流水人家著称，绝对是画上风景。村中有明清古民居、古桥、古亭、古树等景观。只见那粉墙黛瓦参差错落，溪水贯通巷道，青石板铺路，数十座溪桥飞架两岸，是婺源景观的代表作。

勾檐斗角的民居，小桥流水的人家，金黄绚丽的花海……这就是 4 月的婺源

汪口俞氏宗祠

位于县城东北 30 公里处，占地 1000 多平方米，被古建筑专家誉为 "建筑艺术宝库"。建筑为清代中轴歇山式。宗祠内木质构件巧妙，有各种形体和图案 100 多组，雕刻刀法精湛。

晓起

位于县城东北 45 公里。晓起村屋多为清代建筑，各具特色。村中小巷均铺青石，曲折回环。主要景观有双亭耸峙、枫樟流荫、进士第、大夫第、荣禄第、江氏祠堂、砖雕门罩、养生河与古灌台等。这里特产 "晓起皇菊" 是菊中精品。

TIPS

📷 婺源茶道

婺源是中国的绿茶之乡。这里盛产名茶，宋代的 "谢源茶" 被誉为 "全国六大绝品茶" 之一。明末清初的 "四大名茶" ——溪头梨园茶、砚山桂花树底茶、大畈灵山茶和济溪上坦源茶均为贡品。因此婺源在茶道、茶礼、茶俗方面也形成文化。如今的婺源茶道分为新娘茶、文仕茶、农家茶三类，对茶品、水品、茶具都有不同的要求。

🍴 美食

婺源美食归为 "徽菜" 一派。婺源本土菜系以粉蒸、清蒸和糊菜为专长。名菜有粉蒸肉、糊豆腐、清蒸荷包红鱼、糖醋鹅颈。民间小吃有清明粿、木心果、气糕、糯米子糕等。

4 月油菜花花海中的白墙黛瓦是婺源最美的妆容

凤凰古城 /　　　　　　　　　　　　　071

最美理由 /
　　这座沈从文笔下的边城历经 300 年风雨沧桑，古貌犹存，沱江河水流淌了几百年，依着城墙，不急不缓，世世代代哺育着古城儿女。坐在乌篷船上，听着船公的号子，看着两岸沧桑的土家吊脚楼在眼前划过，感慨岁月无情。顺水而下，穿过虹桥，品味一幅江南水乡的画卷，所有这些，都带来恍如时光倒流的错觉。

这就是凤凰，一座停留在时光缝隙里的小镇，一个栖息在作家心中、画家笔头的水乡。
最美季节 / 四季皆可
最美看点 / 沱江、虹桥、沈从文故居及墓地、民间艺术、南方长城
最美搜索 / 湖南

凤凰，一座停留在时光缝隙间的小镇，一个栖息在作家心中、画家笔头的水乡

　　凤凰古城地处三省边陲，自古便是"黔楚咽喉"、战略要地，历代统治者一直将其列为边陲重镇。

　　凤凰古城建于清康熙四十三年（1704）。

老城区历经 300 年风雨沧桑，古貌犹存，红色砂岩砌成的城墙矗立在岸边，南华山衬着古老的东门和北门古城楼，碧玉般的沱江沿着古老的城墙蜿蜒而平静地流淌。走进小城，处处可

见狭窄而悠长的巷子。

沱江

沱江是凤凰的母亲河，河水依着城墙缓缓流淌。凤凰最温柔妩媚的一面，便是撑一支长篙，泛舟在沱江上。

虹桥

虹桥横贯沱江下游水面，始建于清康熙九年（1670），因建桥时所用岩石均为朱红色砂石，桥建成后宛如彩虹卧江，故名卧虹桥，简称虹桥。现在的虹桥是新修饰的，古色古香的两层楼，二楼被辟为民俗文化展馆。

沈从文故居及墓地

世人知道凤凰、了解凤凰，是从沈从文开始的。他的故居就位于古城之中。老屋始建于清同治五年(1866)，系木结构四合院建筑，分为前后两栋，共有房屋 10 间。沈先生 1902年诞生在这里，并在此度过了童年和少年时代。1988 年沈老病逝于北京，骨灰葬于凤凰听涛山下，沈老的墓很朴素，甚至没有坟冢，只有一块沈老生前自己选定的五彩石，静静矗立。

民间艺术

在凤凰的大街小巷，总是可以看到精彩的民间艺术，尤以蜡染闻名，东正街、文星街是凤凰古城有名的民间工艺街，街上会集了众多凤凰当地著名的民间手工艺作坊，而且好几位店主都是"杰出民间艺术大师"。

南方长城

长城一向被认为是中原地区用以抵御北方游牧部落的防线，但在湖南凤凰，居然也有极少见于史端的南方长城。南方长城又称苗疆边墙，长城总长 200 公里，始建于明万历年间，几经续修后于清嘉庆年间定型。

走进古城，处处可见狭窄悠长的巷子，泛着时间光泽的青石板路

乌镇 /

072

最美理由 /
　　乌镇是一个有 1300 年建镇史的江南古镇。全镇以河成街，桥街相连，依河筑屋，深宅大院，重脊高檐，河埠廊坊，过街骑楼，穿竹石栏，临河水阁，古色古香，水镇一体，是江南典型的"小桥、流水、人家"的建筑格局。乌镇是出名士大家的地方，从 1000 多年前中国最早的诗文总集编选者梁昭明太子，到近代文学大家茅盾，都与这个小镇有着颇深的渊源。

最美季节 / 春秋两季

最美看点 / 宏源泰染坊、高公生糟坊、茅盾故居、乌镇戏台、江南百床馆、江南民俗馆

最美搜索 / 浙江

以河成街，街桥相连，重脊高檐、河埠廊坊，乌镇是江南古镇中最原汁原味的

华灯初上，乌镇宁谧祥和，时光也分外凝重一些

"人家的后门外就是河，站在后门口（那就是水阁的门），可以用吊桶打水，午夜梦回，可以听得橹声欸乃，飘然而过。"这是茅盾对故乡乌镇的描述。今天的乌镇是一个为了商业目的修复的水乡小镇，准确地说，是一个出色的江南水乡博物馆，分为传统作坊区、传统民居区、传统文化区、传统餐饮区、传统商铺区和水乡风情区。

乌镇是几大古镇中历史最为悠久、文化最为发达的一个。千年以上的古迹还有 3 处，即潭家湾遗址、昭明读书处和唐代银杏。乌镇自南宋以来，名园巨宅代有所建，如今还保留着不少清末民初建筑风格的古老民居。乌镇门票上的景区和景点是乌镇的东栅和西栅，它们是我国保存最完好的明清建筑群之一。北花桥附近有唐代银杏，镇上还有石佛寺和慈云寺，都值得一观。

在乌镇，豪华的园林宅第被称为"厅"，如"金家厅""王家厅"等，现在多半已经被辟为展览场所。乌镇最著名的还在于它是茅盾的故乡（中国最著名的文学奖项之一 ——茅盾文学奖就永久落户在这里）。茅盾故居、茅盾纪念馆（立志书院）和茅盾笔下的"林家铺子"是到乌镇的必游之地。

乌镇素以"水乡集镇"著称，镇区河道如网，水街相依。"财神湾"一带汇集了水乡的特色建筑，厅堂、廊棚、水阁，各色建筑一应俱全；"桥里桥"和"逢源双桥"是乌镇最有特色的桥；"水阁"是乌镇特有的风貌，性质与湘西凤凰的"吊脚楼"相似。

宏源泰染坊

蓝印花布，俗称"石灰拷花布""拷花蓝布"，至今蓝印花布的印染工艺还遵循着祖辈留下的工艺，在宏源泰染坊，可以看到印染工序的全过程演示，也可以在前面的店铺中购买一些蓝印花布的成品回家。

高公生糟坊

在高公生糟坊，一走进去就能闻到扑鼻的酒香。这里是镇上名酒"三白酒"的制作间。所谓"三白"，就是用白糯米、白面、白水来酿酒，一般用四斤大米才能酿出一斤酒来。旁边的柜台里有各种包装的三白酒，柜台的一角还有一坛专供游人品尝的。

茅盾故居

位于酒坊旁边，四开间两进两层木结构楼房，坐北朝南，总面积 450 平方米。茅盾故居是乌镇人的骄傲，有关茅盾与乌镇的种种几乎每一个乌镇人都如数家珍。老屋临街靠西的一间房是茅盾曾读过书的家塾，故居内部的布置十分简单，却散发着静雅之气。

乌镇戏台

出茅盾故居，常常会听到鼓声与唱腔，那是乌镇的戏台。戏台上常常上演花鼓戏，那是一种地方戏种，一律用方言演唱，当地的农家阿婆常常围在台前，看得津津有味。

江南百床馆

中国第一家收藏、展出江南古床的博物馆，展有清代拔步千工床、小姐床、双龙足雕花架子床、明马蹄大笔管式架子床和双喜、如意、带镜红木雕花床、嵌骨架子床等，数十张明、清及近代的古床精品。

江南民俗馆

东栅的金家，曾是这里的一方富豪，今天他们的居所也记录了一段江南生活。馆中展示了晚清至中华民国时期乌镇民间有关寿庆礼仪、婚育习俗和岁时节令等的民俗。

大理 /   073

最美理由 /
　　一面是碧波万顷的洱海，一面是云缠雾绕的苍山，大理古城就镶嵌在苍山洱海间，成为这气象不凡的山水画卷的中心景致。浪漫的"风花雪月"几乎成了大理的代名词。古城古朴而幽静，城内流淌着清澈的溪水，典雅的白族传统民居随处可见。

最美季节 / 白族的很多节日和盛会多集中在 3～4 月

最美看点 / 苍山、洱海、大理古城、崇圣寺三塔、喜洲白族民居

最美搜索 / 云南

大气质朴的大理古城有着高大巍峨的城楼，如棋盘般规整的街道

　　大理是电影《五朵金花》故事的发生地。影片中那首"大理三月好风光哎，蝴蝶泉边好梳妆……"的优美旋律，让人记住了这人世间有一个名叫"大理"的好地方。歌中的"大理三月"正是阳历五月，大理最美的时节。

　　大理"风花雪月"之"苍山雪，洱海月"是游人最向往之处。苍山共有 19 座山峰，海拔均在 3500 米以上，其风景素以"雪、云、泉"著称。苍山的雪经夏不消，装点出一个冰清玉洁的水晶世界。苍山云又是变幻多姿，时浓时淡。5 月常有白云横束山腰，更添妩媚秀色。洱海是一个高原湖泊，面积约 240 平方公里。在此泛舟宛如遨游于蓝天当中。它高远而宁静，让人的心也随之变得高旷起来。

白族服饰

大理白族自治州白族人口占 65%，白族风情多姿多彩，尤其是白族服饰，非常明艳美丽。在色彩上，服饰大多数采用红白相间，形成鲜明对比。女子服饰上装、头饰复杂，下身裙饰却简单朴素，繁简得当。"苍山绿，洱海青，月亮白，山茶红，风摆杨柳枝，白雪映茶红"，正是对白族服饰的真实写照。

美食

大理白族美食其烹调技法受汉族菜和佛教寺院菜的影响，基本口味嗜酸、辣、甜、微麻。白族人善于制作火腿、香肠、弓鱼、猪肝炸、油鸡嫩、螺蛳酱等食品。白族妇女们多会制作蜜饯、雕梅。加之这是个好客的民族，每逢客至即奉献烤茶、果品，再用八大碗、三酪水等精致丰盛的菜品款待来宾。白族名菜首推"大理砂锅鱼"。其制作过程复杂，把很嫩的鸡肉切成片状再加入香菇等十几种配料，加上洱海出产的弓鱼或鲤鱼炖成味道恰到好处。"乳扇"是当地常见食品，可烤、炸、凉吃，口味甜咸适中，乳香沁脾。

三塔是大理的标志之一，是这里最上镜的景点，秀丽挺拔，出尘脱俗

大理古城就坐落于苍山下，洱海畔。城墙高 8 米，周长 8 公里，雄浑质朴。高大巍峨的城楼，诉说着它的沧桑历史。古城南门外 1 公里处的文献楼是古城第一门，也是古城的标志性建筑。城中大街小巷纵横，呈棋盘状，店铺林立。这里的人们非常爱花，户户养花，将自己的家园打扮得亮丽多姿。城中溪水叮咚，又于静中增添了几分动感。古城中的洋人街又是一条异国气息浓厚的地方，为这个边陲小城增添了几分独特。洋人街上有西式餐厅、酒吧，白天夜晚完全迥异，许多游人到此休闲，乐而忘返。

大理古城西北部 1.5 公里处的崇圣寺三塔是大理的地标。这是由一大二小 3 个塔所组成的。居中的大塔又叫千寻塔，当地人称它为"文笔塔"。塔高 69.13 米，底为 9.9 米，16 级，为大理地区典型的密檐式空心四方形砖塔。塔顶有铜制覆钵，上置塔刹，塔顶上角设金翅鸟。南北小塔均为十级，高 42.19 米，为八角形密檐式空心砖塔。三塔前有一清潭，倒映着三塔的雄姿，很多经典的三塔照片都拍摄于此处。

大理城北 17 公里的喜洲古镇，是白族民居聚集地，保存了自明代以来的白族建筑，是中国建筑史上的珍贵遗产。整个古镇在五月花的装扮下，风情万种。镇上最著名的宝成府严家大院，外观整齐庄重，白墙青瓦，古朴大方。内部庭院布局讲究。尤其讲求盖门楼。形成的飞檐翘角，宏伟壮观，则显现了华丽之美。白族民居中的照壁象征了吉祥、福禄与安康，体现了主人的意愿与企盼。在严家大院还有白族歌舞和服饰走秀，游人在此还能品尝到白族人

闲坐在洱海边看日出日落，云卷云舒，是再美好不过的事情了

待客的"三道茶"。"头苦、二甜、三回味"的"三道茶"将人生的哲理也融入杯盏之间。

洱海

古称昆明池，因其状似人耳而得名。洱海湖岸线长 117 公里，面积 250 多平方公里；平均水深 10.5 米，最深处 21.5 米，在全国淡水湖中居第七位。在浩渺的洱海上，天水一色，水天相连。

苍山

又称点苍山，因山色苍翠而得名。苍山巍峨壮丽，像一道巨大的屏障，耸立在洱海之滨。苍山由十九峰组成，最高峰马龙峰海拔 4122 米，终年白雪皑皑，山顶有冰碛湖泊。

崇圣寺三塔

是我国南方最壮丽的塔群，在苍山应乐峰下，背靠苍山，面临洱海，位于原崇圣寺正前方，呈三足鼎立之势。三塔由一大二小三座佛塔组成，主塔名叫千寻塔，与西安大小雁塔同是唐代的典型建筑。

文献楼

位于古城南门外 1 公里处，素有古城第一门之称，是大理古城的标志性建筑。文献楼始建于清康熙年间，楼额悬挂的是云南提督偏图于康熙四十年（1701）所题的"文献名邦"匾额。

洋人街

洋人街全长 1000 米，宽 7 米，东西向，一头连着苍山之雪，一头接着洱湖之月。这条小街几乎就是用来享受的。整条街上，酒吧、书吧、茶馆、咖啡厅、西餐厅、画廊、首饰店、扎染坊、草编屋等一字排开，充满了浓郁的小资情调。

南浔 /

074

最美理由 /

　　南浔历史文化悠久，著名的名胜古迹有嘉业藏书楼、刘镛的庄园小莲庄、张静江故居、张石铭旧居、百间楼和宋代古石桥等，既充满着浓郁的历史文化底蕴和灵气，又洋溢着江南水乡古镇诗画一般的神韵。更有着华的西式古典建筑让人惊艳，在江南古镇中独一无二。

最美季节 / 春秋

最美看点 / 小莲庄、嘉业堂藏书楼、张石铭旧居、刘氏梯号

最美搜索 / 浙江

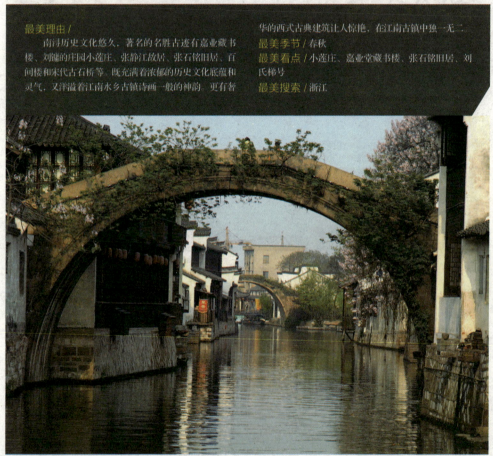

南浔古镇

　　南浔已有 745 年建镇历史，因地处太湖之滨，经济发达，明万历至清代中叶经济鼎盛时期，凭借蚕丝业和缫丝业成为江南最富庶的古镇，因而有一大批富裕的商贸世家，据说当地世家家产合计大概相当于当时清朝政府一年财政收入的一大半，算得上富可敌国了。也因此，这里的民宅不同于其他古镇的寻常民宅，有许多都是深墙高瓦的大户人家，更有华丽的西洋建筑，让人惊艳。

小莲庄

　　清光绪十一年（1885），南浔首富刘镛开始营造小莲庄，经过祖孙三代经营，历时近 40 年才最终落成。小莲庄是镇上保存最完整的私家园林。一池静静的莲花几乎占据了小莲

庄的 2/3，是留给人们最深的记忆。园中的主要建筑是中式的亭台楼阁，如养新德斋、退修小榭、净香诗窟等，还有一幢法式风格的楼房——东升阁。

嘉业堂藏书楼

刘镛的长孙刘承干在小莲庄西边鹧鸪溪畔建造了著名的嘉业藏书楼。藏书楼三面环水，楼前古木森森。全盛时期这里藏有大量宋元珍本、地方志书，不少明刊本、明抄本，还有大量的清人文集和各种史集。现在藏书楼的藏书已经全部捐献给浙江省图书馆，在那里只能看到四套完整的史书雕版，分别是《史记》《汉书》《后汉书》和《三国志》。

张石铭旧居

出藏书楼往东数百米，就是号称"江南第一宅"的张石铭旧居。据说主人在法国留学多年，回国后因留恋西洋的生活，于是在祖宅的后花园建造了一栋二层建筑。房子里所有的物件都从法国运来。小到深蓝色的教堂式玻璃，大到装饰着花卉的立柱雕栏。

刘氏梯号

俗称"红房子"。徽派的风火墙和石库门内却有欧洲洛可可风格之券顶，豪华的罗马柱。

南浔

周庄 /

075

最美理由 /
　　这里建镇已有 900 多年的历史，是江南典型的"小桥、流水、人家"。周庄的魅力在于它的文化底蕴，沈厅、张厅、迷楼、叶楚伧故居、澄虚道院、全福寺等名胜古迹，具有很高的历史、文化和观赏价值。周庄古桥多、双桥、富安桥等极具特色。周庄的船很多，旅游者乘船在波光粼粼的水面上优哉游哉，看古镇风光，听船娘吴歌小唱……

最美季节 /四季皆宜，4 ~ 6 月间周庄会举行盛大的"中国周庄国际旅游节"活动。

最美看点 /双桥、沈厅、张厅、迷楼、周庄夜景

最美搜索 /江苏

周庄的小桥流水人家

　　周庄，春秋战国时为吴王少子摇的封地，称摇城，后又称贞丰里。北宋时周迪功郎信奉佛教，将 13 公顷捐给全福寺作为庙产，百姓感其恩德，改名周庄。元代中叶，江南富豪沈万三父子迁徙至周庄，由此造就了古镇的繁荣。

　　有"中国第一水乡"之称的周庄虽历经 900 多年的沧桑，仍完整地保存着原有的水乡古镇风貌和格局，古镇区内河道呈"井"字形，民居依河筑屋，依水成街，河道上横跨 14 座建于元、明、清代的古桥梁。周庄的魅力在于其文化底蕴，沈厅、张厅、迷楼、叶楚伧故居、澄虚道院、全福寺等名胜古迹，具有很高的历史、文化和观赏价值。2003 年，周庄获得联合国教科文组织亚太部授予的"文

化遗产保护奖"。

双桥（世德桥、永安桥）

双桥建于明代，由一座石拱桥和一座石梁桥组成，横跨于南北市河和银子浜两条小河上。桥面一横一竖，桥洞一圆一方，错落有致，宛如一把大锁将两条小河紧紧地锁住。1984年，旅美画家陈逸飞将双桥绘成油画，周庄由此名声大噪。

沈厅

沈厅的主人是明代巨富沈万三。沈厅是明清江南民宅建筑的典范，共有七进，气派的庭院，精雕细琢的门楼，院子里九曲回肠，仿佛进了迷宫，各种各样的明清花窗、雕工精细的明清家具，连花园地面的碎石子的铺法都十分讲究。

张厅

为明代中山王徐达之弟徐逵后裔所建，清初卖给张姓，又称玉燕堂。张厅的结构布局兼具庄重与秀美之韵，于古朴之中透着灵气。后院还有一个"私家码头"，这就是当年典型的"轿从门前进，船在家中过"的景象。

迷楼

迷楼位于贞丰桥畔，原名德记酒店。早在20世纪20年代初，南社发起人柳亚子、陈去病和周庄的南社社员王大觉、费公直等人四次在迷楼痛饮酣歌，乘兴赋诗，慷慨吟唱，后将百余首诗编结为《迷楼集》流传于世。迷楼由此名声大震。

周庄夜景

游周庄最好是傍晚以后。落日浑圆，余晖柔和，周庄渐渐趋于平静，显露出朴实无华、小巧雅致的风韵。此时，租一只船，船娘娴熟地摇着桨，缓缓地穿过一个个形状各异的古老桥洞，就像走进周庄的梦。

周庄的居民依河筑屋，依水成街，河道上横跨着14座建于元、明、清代的古桥梁

和顺 /

076

最美理由 /
　　春季的和顺风光尤其秀美，金黄的油菜花在徽派建筑的映衬下格外娴娜。过了立夏，荷花便盛开在小镇的入口处。满眼的荷叶摇曳生姿，暑热初来，荷花次第盛放，千万朵蓓蕾在一片绿色中甚是夺目。曲曲折折的亭台通道，古色古香的牌坊，跨过双虹桥，仿佛迈入了一方世外桃源，从此远离一切尘世的喧嚣。

最美季节 / 3 ~ 8 月

最美看点 / 古道、陷河、艾思奇纪念馆、龙潭、双虹桥、洗衣亭、和顺图书馆

最美搜索 / 云南

"云涌吉祥，风吹和顺"的和顺是一个人杰地灵的地方

　　和顺位于腾冲县城以西 3 公里处，和顺的名称源于"云涌吉祥，风吹和顺"的诗句，自古以来，这里就是一个文化发达，人杰地灵的地方。

　　和顺古名阳温暾，因境内有一条小河绕村而过，更名"河顺"，后取"士和民顺"之意。全镇住宅从东到西环山而建，渐次递升，绵延两三公里。一个个白墙灰瓦的古刹、祠堂、明清古建疏疏落落围绕着这块小坝子，显得干净清爽。这些院落用一道道巷道串联在一起，每个巷道和每个巷道相连。乡前一马平川，清溪绕村，垂柳拂岸，夏荷映日，金桂飘香，让人流连忘返，民国代总理李根源有诗赞和顺"绝胜小苏杭"。和顺乡是著名的侨乡，历史上出过不少杰出的人物。走进和顺乡，古朴典雅的祠堂、月台、亭阁、石栏比比皆是，记载了繁盛一时的历史和深厚的传统文化积淀。这里的风光如诗如画，许多电影导演、摄影师、画家都喜欢到这里取景画画。

和顺，这个地方和它的名字一样美丽。

古道

古道从和顺乡村后的山坡经过，村里的人把那段坡叫作隔娘坡，云南最早的跨国贸易就是从这条小巷开始的。几乎每个成年男子在过去都要从这里离开，闯缅甸，走夷方。李家巷子深处的三成号曾经就是云南最古老的跨国商号。像这样的跨国商号和顺乡还有很多家。其实和顺乡最著名的商号是弯楼子，这个老宅曾经的主人当年经营的商号几乎遍及了东南亚所有主要的城镇。

陷河

是一片以生物多样性为特征的湿地。因其人行其中极易陷入，被和顺人形象地称为陷河。和顺陷河水草丰茂，野鸭水鸟嬉戏其间。泛舟其上，田园野趣，令人沉醉。和顺游子有词云："家乡好，最好陷河头，绿柳丛中穿紫燕，红莲塘畔卧青牛，结伴泛孤舟。"

艾思奇纪念馆

艾思奇，是我国现代著名哲学家。他青年时代所写的《大众哲学》和《哲学与生活》两部著作，曾引导了无数青年走上革命道路。"艾思奇纪念馆"院内串楼同栏，点缀西式阳台。环境清幽典雅，中西合璧的房屋建筑风格独特。

龙潭

和顺龙潭为地下涌泉形成，潭方数十亩，碧波荡漾，游鱼可数，潭周边以精美石栏饰之，潭中石亭巍然，潭畔古木苍天。元龙古阁临潭而建，

阁身倒映潭中，如诗如画，为和顺侨乡一胜景。

双虹桥

和顺村头小河绕村而过，两座石拱桥跨河而建，形似双虹卧波，故名双虹桥，据传建于清道光年间。两桥造型精美，桥畔绿柳成荫、红莲映日，村妇捣衣之声不绝；桥下群鸭戏水，鱼翔浅底，一派恬美风光。

洗衣亭

和顺前辈出国"走夷方"，时刻挂念家中的亲人。为了家乡妇女洗衣有个遮风避雨的地方，从清光绪年间开始，逐步沿河修建6座形态各异的洗衣亭，是和顺最独特、最温柔的建筑。

和顺图书馆

和顺图书馆为中国最大的乡村图书馆之一，于1924年由华侨集资兴办，为中国传统的楼房建筑，前置花园，美观素雅，图书馆中藏书8万余册，分藏古籍、民国、现代三个书库，典藏文献图书较为丰富。

和顺最独特的建筑——洗衣亭

西塘 /

077

最美理由 /
　　江南六大古镇之一，廊棚是西塘与其他水乡古镇最大的不同，既连接河道与店铺又可遮阳避雨，总长1300 多米，代代传承，相沿成习。西塘的明清旧宅具有江南民居的典型性，而且它弄弄相连，形成了 "雨天不湿鞋，照样走人家" 的景象。

最美季节 / 4 月，此时杜鹃花开
最美看点 / 烟雨长廊、西塘弄堂、西塘的桥、西塘的黄昏
最美搜索 / 浙江

几千年来，西塘默默守着一份散漫与宁静，最终也成就了江南水乡的诗情画意。

西塘，古称胥塘、斜塘，又名平川，在春秋战国时代，曾是吴越两国相争的交界地，故也有"吴根越角"之称，是古代吴越文化的发祥地之一。西塘几千年来默默地守住了古镇应有的一份散漫与宁静，最终也成就了江南水乡的诗情画意。

烟雨长廊

西塘古镇中最著名的风景，廊棚沿河而建，有数百米长，全部为木结构的柱子，一色的鱼鳞黑瓦盖顶，廊棚的下面是一条石板道，绵长古旧，却很有味道。雨天走在里面，一串串晶莹的雨珠从廊檐垂滴而下，河面被雨滴敲打出点点涟漪，很有诗意。

西塘弄堂

弄堂是西塘的脉络。122条弄堂分成三种：两头通街的是"街弄"，一头是死胡同只通向私人家里的叫"陪弄"，而一头直接通到河边的便叫"水弄"。看上去毫不起眼的巷弄，一扇扇虚掩的门楣后面，或许就有显赫的深宅大院。

西塘的桥

既然是水乡，桥自然是少不了的。西塘濒临运河与太湖，由9条河道将全镇分划成8块，而五福桥、卧龙桥、环秀桥、送子来凤桥等众多的石桥又把全镇串联在一起。一块块石头搭起的拱桥，貌似普通，却连接着600年历史古镇的完整，也是鸟瞰渔舟唱晚的最佳地点。

最好看的桥是送子来凤桥，位于小桐街东侧，水上戏台对面。桥始建于明崇祯十年（1637），桥宽10米，正中有花墙相隔，行人

西塘是活着的、原汁原味的江南水乡

可各走一边。桥顶有棚，红檐黛瓦，古朴又新颖。走这座桥还有点讲究，南男北女。此桥南面一边是阶梯，北面一边是斜坡。男子走台阶步步高升，女子三寸金莲小迈步，持家稳稳当当。老人们说"新婚夫妇走一走，南则送子，北则来凤"。

西塘的黄昏

西塘的黄昏很美，游人退去之后，原本的平和显现出来。夕阳西下，沿河点亮了一串串红灯笼，乘一只乌篷船夜游，从水中来品味这清凉安心的味道。

镇远 /   078

最美理由 /
　镇远自古为湘楚入夜郎舍舟登陆要冲，也是京城与西南边陲以及安南、缅甸、暹罗、印度等国礼物献赠和信使往还的捷径和必经之地，有"南方丝绸之路"要津之美称。有人说"镇远是一幅画"，是一幅"朴素中见珍奇，淡雅中显神韵"的水墨画。镇远山水旖旎，风光迷人，大自然为镇远造就了濡水清、山峰秀、峡谷幽、溶洞奇、瀑布美，使它深深地吸引着中外游人。

最美季节 / 3 ~ 8 月
最美看点 / 镇远古镇、㵲阳河、青龙洞、高过河、铁溪
最美搜索 / 贵州

既有江南庭院的风貌，又有山地建筑的布局

　　镇远古镇位于㵲阳河畔，四周皆山。河水蜿蜒，以"S"形穿城而过，北岸为旧府城，南岸为旧卫城，远观颇似太极图。两城池皆为明代所建，现尚存部分城墙和城门。城内外古建筑、传统民居、历史码头数量颇多。

　　镇远，是一座历史悠久、物阜境优的文明古城。镇远古民居既有江南庭院的风貌，又有山地建筑的布局，这种民居与山地的完美结合，使镇远的民居成为中国建筑史上的奇迹。其中"歪门邪道"是镇远的民居建筑中独具特色之处。作为一座中国历史文化名城，镇远熔佛、儒、道三教文化内涵于一炉。镇远有"龙舟之乡"的美誉，每年端午节都要在㵲阳河上举行龙舟赛。人们常说"春来江水绿如蓝"，而一江㵲阳河水，却难以用一个"绿"字来描述。因为㵲阳河水绿得五彩斑斓，绿得千种风

情，万般神韵。

潕阳河

潕阳河是沅水支流，流经镇远这座古镇时，形成一个"S"形的大弯，据说这是朱元璋手下的一位大将军，带领部队路过镇远时发现的，从此潕阳河把古镇划分成了一个八卦图形，镇远的两部分就像八卦图的阴阳两极之说便传开了，这也为镇远古镇增添了无尽的魅力。

潕阳河上的"桃花岛"上住着 128 户人家，岛上不通公路，只能靠船只往来，可以说它是真正与世隔绝的世外桃源。

青龙洞

青龙洞背靠青山，面临绿水，贴壁临空，五步一楼，十步一阁，翘翼飞檐、雕梁画栋。既有临江远眺的吊脚楼，也有恬静幽邃的寺院神台，有琅琅书声的学子院，更有锣鼓喧天的

戏台，集天下山水楼阁为一方。

高过河

位于镇远北部羊场与尚寨乡的洞塘，西至大地乡路腊村境内。以龙江河的上段——高过河为轴线，向西北蜿蜒 11 公里，河流落差 200 米，两岸原始森林植被拓展数公里。景区内山势险峻，河谷深切，森林密布，人迹罕至。

铁溪

地处镇远古城东北角 4 公里处，流经 21 公里汇入潕阳河，有甘溪、马路河、龙池、翁仲河、独柱峰等景点，景致各有千秋。以翁仲河的溶洞奇、龙池水的宝蓝和深不可测，以及郁苍幽深的森林和峡谷令人神往。铁溪的名山胜水早在 500 年前就吸引了众多南来北往的游人，许多名人雅士曾到此游览逗留。

轻雾缭绕的潕阳河

同里 /   079

最美理由 /
　　同里是纯正的水乡，镇外四面环水，古镇镶嵌于同里、九里、叶泽、南星、庞山五湖之中。15 条河流纵横交错，把小镇划分成 7 个小岛；40 多座桥梁，又把小岛连成一个整体，居民宅院傍水，因水成园，家临河，户户摇橹，有"东方小威尼斯"之誉。

最美季节 / 四季皆宜

最美看点 / 三桥、退思园、嘉荫堂、崇本堂、串心弄、南园茶社

最美搜索 / 江苏

民居傍水，因水成园，家家临河，户户摇橹

　　同里古镇是江南六大名镇之一，位于太湖之畔古运河之东的苏州市吴江区，始建于宋代，至今已有 1000 多年历史，以"醇正水乡，旧时江南"的特色闻名。由于同里处于泽国河网之中，历史上交通不便而少有兵燹之灾，古建筑保存较多，是江苏省目前保存最为完整的水乡古镇之一。因水成园，家家连水，户户通船，构成层次错落有致的优美画卷。

　　同里古镇中明清建筑就占了 1/3，这也使得这座依水而建的古镇有着园林般典雅秀丽的气质。其中，列入《世界遗产名录》的"退思园"更使得同里声名远扬。

三桥

　　"三桥"是太平、吉利、长庆三座桥的合称，分别建于明、清两代，很古朴典雅。同里人把三桥看作消灾消难、吉祥幸福的象征，分别在出生满月时、结婚时、六十大寿时步行走过这三座桥面，俗称"走三桥"。这一风俗已被同里人代代相传近千年。

明清街

　　明清街是古镇重要商业街之一。1996 年始辟建"明清一条街"，街长 160 余米，为明

清建筑风格，较完整保留了江南特有的上街、下街，两街道平行的格局。入口"清明遗风"匾额由费孝通副会长题书。

退思园

江南名园，建于清光绪年间，取"进则尽忠，退则思过"之意。整个退思园占地不到 10 亩，却安排精巧，移步换景，千变万化。在众多的江南古镇中，只有同里的退思园被列入世界文化遗产。

嘉荫堂

嘉荫堂建于 1922 年，宅主柳炳南，与著名爱国诗人柳亚子先生同宗。柳亚子先生曾在此居住。嘉荫堂采用极精细的木雕和砖雕工艺，纤巧古雅。

崇本堂

崇本堂坐北朝南，面水而筑，共五进，由门厅、正厅、前楼、后楼、厨房等组成，面积虽不足一亩，但非常紧凑和精致。崇本堂的各种雕刻最为精彩，内宅堂楼有全套《西厢记》故事等木雕 100 多幅，前楼底层有《红楼梦十二金钗图》等。后楼是崇本堂所有雕刻的精华所在，共有木雕 58 幅。

串心弄

同里的弄堂中最著名的是串心弄，俗称"响板弄"，原来石条下是空心的，小弄蜿蜒前伸，而那一条条石板故意铺排不齐，留下大大小小的空隙，于是行人走过，也就发出动人的声音。

南园茶社

初名"福安茶馆"，始建于 1898 年，因陈去病、柳亚子在此商讨成立"南社"之事，

TIPS

🈂 打莲厢

莲厢是流传于浙江沪一带的一种民间自制器乐。它一般选用一米长、内径为两厘米左右的青竹为原材料，艺人们从两端起每隔 10 厘米左右就在竹筒上打一个穿通的孔，在孔中嵌两个铜钱（孔稍大于铜钱，能摇响铜钱即可），并用螺丝螺帽固定住，同时在此处系上红绿黄的绸带。一般两端各打三个孔，系上三对五彩绸带。

而所谓的打莲厢就是艺人们手持莲厢，和着乐曲按照各种方法用莲厢拍打自己的手脚、胳膊、肩腿等。舞动时，莲厢内的铜钱会因此发出悦耳的声响，五彩的绸带也上下翻飞，煞是好看。初时的莲厢艺人一般均为男子，身穿白衣白裤，在庙会及重大活动中表演。演变至今，许多女子也打起了莲厢，同里的妇女们时常身穿蓝布印花衣衫，头包蓝布碎花头巾，在各种喜庆场所及重大节日里翩翩舞动。

水上有桥，水中白舟，舟行桥下，两岸人家尽枕河

即被后人俗称"南园茶社"，是中国现存最古老且仍在经营的茶楼之一。

罗星洲

位于同里镇东，是浮现在湖面上的一个小岛，往来必需舟楫。沿途可欣赏同里湖烟波浩渺、渔帆点点的水乡景色。

楠溪江古村落 /　　　　　　　　　　**080**

最美理由 /
　　被誉为"中国山水画摇篮"的楠溪江,悠悠三百里,逶迤曲折,以水秀、岩奇、瀑多、村古、滩林之美而名震天下。楠溪江江水纯净柔和,被誉为"天下第一水"。楠溪江的山,奇峰林立,姿态万千。日间泛舟楠溪江,远眺青山,近赏滩林,饱览溪光山色;夜间游江,渔火点点,渔舟晚唱,幽情逸致

最美季节 / 四季如春,尤以春季最佳
最美看点 / 藤溪十瀑、石门台九漈瀑、尚书村等古村
最美搜索 / 浙江

乘竹筏溯源楠溪江,乃人生一大快事

　　这里自古就有"楠溪江是天下乐土,永嘉县是地上文章"的美誉。楠溪江因盛产楠木而得名。上游多峡谷急流,中游多曲水漫滩,下游则多佳木繁花。

　　楠溪江有七十二湾、三十六滩。这里的江水含沙量低,水质中性。江水清澈见底,

游鱼穿梭清晰可见。江上游悬泉瀑布飞泻其间，形成具有一定规模、观赏价值的瀑布50多处。比较有特色的瀑布有高达124米的百丈瀑、声如锣鼓的击鼓瀑和打锣瀑、入不见其内的崖下库含羞瀑、世间罕见的五级瀑布"藤溪十瀑"等。最堪称奇景的是"石门台九漈瀑"，在不到两公里的溪谷中居然变幻出形态各异的九叠飞流，飞珠溅玉，多姿多彩。其中第九漈高三四十米，在三面环合的崖壁间倾泻，直捣深潭，潭水出石门又转三折呈"八"字依壁而下。

在楠溪江下游乘竹筏漂流，乃人生一大快事。江宽水浅，水深一米。滩有急流，有惊无险，水平而不阻滞。江岸奇岩险峰，星罗棋布，有绝壁奇观太平岩、深潭凝碧三角岩、天然盆景狮子岩、峥嵘入云十二峰、屯兵扎营南崖寨等，奇岩险峰，清幽雅致。

楠溪江两岸珠玑般散布着无数古村落，保存着新石器时代的文化遗址，唐代至清代时的古塔、桥梁、路亭、牌楼和古战场，以及以"七星八斗"布局的芙蓉古村等。中下游的古村落中还保存着完整的百家姓宗谱、族谱，是解读我国农耕社会时期的珍贵资料。

芙蓉古村

已有600多年的历史，仍保持旧时七"星"八"斗"的规划，意在纳天上星宿，企望子孙发达。村内道路交会点有一高方台，称为"星"，村内水渠交会点有方形众多水池称作"斗"。村中心最大的水池是芙蓉池，俗称大斗，兼具储水、防旱、防火、洗涤等功能。村内有9条街巷，五纵四横。

"尚书故里"屿北村

位于楠溪江岩坦景区，四周被5座酷似莲花的山簇拥着。屿北村始建于唐。南宋时，吏部尚书汪应辰、汪应龙兄弟为避秦桧奸党迫害来到此间，迄今已历三十五世，后人中多出才俊。

"七星八斗"芙蓉村

位于楠溪江中游。现在仍然保存着600多年前的聚落规划面貌。村内道路交会点的方形平台称为"星"，水渠交汇处有方形水池称为"斗"，即"七星八斗"，意指纳上天星宿，期望后辈子孙发达。

"浙南天柱"石桅岩

石桅岩是一座巨峰，擎天拔地，形似船桅。相对高度有306米，通体为浅红色石，岩顶如并蒂莲。

"天然盆景"狮子岩

狮子岩是楠溪江中的两座小屿，一座怪石嶙峋，如狮昂首张望；另一座似球，其上草木丛生，树冠随风摇曳，如狮球滚动。

楠溪江古村的戏台至今还在上演古韵依依的戏曲

最美古都古建 Chapter ⑨

　　每座古都都带着历史的厚重，带着岁月的积淀。在这里，能触摸到时间的纹理，那些纹理就在看得见的历史建筑中，读得到的历史故事中，尝得到的传统美食中，品得到的市井风情中。在古都中游荡，感受皇城的气派，感受时间的厚重，心向静逸之境。

北京 /

081

最美理由 /
　　古老的皇城，无论时光飞逝，它的大气磅礴始终
岿然不动。这里停留着厚厚的历史光影与尘埃。一瓶
老酸奶，一根老冰棍，蹲在城墙根下，听那些"老北京"
摇着扇子与你慢慢道来。一年又一年，北京始终逃离
不了一个"老"字，老北京，老北京，这里充满了让

人着迷的京味儿，让人神往的古老的故事。

最美季节 / 9 ~ 11 月

最美看点 / 故宫、天安门广场、恭王府、雍和宫、王府井、
南锣鼓巷、后海、三里屯、798 艺术区、奥林匹克公园、
颐和园、圆明园、八达岭长城、潭柘寺

最美搜索 / 北京

长城、红枫、天空、晚霞构成一幅色彩分明的图画

北京是全球拥有世界遗产（6处）最多的城市，是全球首个拥有世界地质公园的首都城市。北京有世界上最大的皇宫紫禁城、祭天神庙天坛、皇家花园北海、皇家园林颐和园和圆明园，还有八达岭长城、慕田峪长城以及世界上最大的四合院恭王府等名胜古迹。

老舍先生说："按照北京的老规矩，过农历的新年（春节），差不多在腊月的初旬就开头了。'腊七腊八，冻死寒鸦'，这是一年里最冷的时候。可是，到了严冬，不久便是春天……"春天到了，玉渊潭的樱花开了，湖水荡漾、绿树成荫；夏日，什刹海荷塘莲莲，凉风习习，波光潋滟；秋天，香山红枫，层林尽染；冬日，颐和园下了一场大雪，昆明湖也结起了冰，一片白茫茫，有人说，这样静谧的颐和园才最美……

故宫

故宫，这里曾居住过 24 位皇帝，是明清两朝的皇宫，无与伦比的古代建筑杰作，世界现存最大、最完整的木质结构的古建筑群。

天安门广场

位于北京的正中心，总面积 44 万平方米，可同时容纳 100 万人集会，为世界最大城市中心广场。天安门广场周围有许多重要的建筑物，北端是天安门城楼，西侧是人民大会堂，南面是正阳门和前门箭楼，五星红旗在广场上空高高飘扬，广场中心矗立着人民英雄纪念碑和毛主席纪念堂，整个广场整齐对称、气势磅礴。另外，这里还是看升国旗的地方。

恭王府

世界最大的四合院就是北京的恭王府。

🎭 京剧

京剧是中国国粹艺术，已有 200 多年的历史。它也是具有世界级影响的大剧种。在方寸舞台之间，能表现千军万马的气势，全靠演员的唱腔、一招一式。京剧以"唱、念、做、打"为四种艺术表现手法，综合运用手、眼、身、法、步，唱腔优美浑厚，悠扬委婉。

🍴 美食

北京菜是山东菜、民族清真菜和宫廷菜三种风味的混合体。基本特点是选料讲究，刀工精湛，调味多变，火候严谨，讲究时令，注重佐膳。烹调方法众多，以爆、烤、涮、炝、熘、炸、烧、炒、扒、煨、焖、酱、拔丝、白煮、氽等技法见长。口味酥脆鲜嫩，清鲜爽口，保持原味，并且色、香、味、形、器俱佳。名菜有北京烤鸭、烤肉、涮羊肉、油爆肚仁，以及满汉全席等。

北面的祈年殿是天坛内最宏伟、最华丽的建筑

世人都知道这里是和珅的府邸，谁又曾料想一处恭王府，完全可称得上半部清代史。恭王府及花园左依什刹海，背倚后海，四周环境非常幽美，始建于明朝。园中的康熙御笔"福"字

碑和木结构建筑及山石叠砌的技法都具有明代工艺特色。

雍和宫

雍和宫是北京地区规模最大、保存最好的喇嘛教（藏传佛教）格鲁派寺院。这里具有融汉、满、蒙古、藏等多种建筑艺术为一体的独特艺术风格。此外，雍和宫有"藏传佛教博物馆"之称，达赖、班禅都曾来这里讲经传教。雍和宫旁就是国子监。北京国子监是元、明、清三代国家设立的最高学府，又称"太学"。国子监左侧与"孔庙"相邻，合乎"左庙右学"

南锣鼓巷是北京最古老的街区之一，也是北京城时尚创意的聚居地

之制。右边通"箭场"，是监生习武的场所。院内古树名木繁茂，环境幽雅。

王府井

北京王府井步行街是具有数百年悠久历史的著名商业区，与东单商业街相对而称"金街"。王府井大街由南向北全长810米，在大街两侧分布着700多家大大小小的商店，密集着许多世界顶级品牌的专卖店，也有东来顺涮羊肉这样的老字号。

南锣鼓巷

南锣鼓巷为北京最古老的街区之一，由东西走向的8条胡同和南北走向的8条胡同及以东边的8条胡同组成。这里是北京城时尚人士的会聚地，各种创意小店、时尚个性化的服装店、咖啡馆和小餐馆遍布于此。同时，南锣鼓巷还是有名的酒吧街，与后海和三里屯不同，这里以四合院为主，远离城市喧嚣，更贴近生活。

后海

后海是什刹海的一个组成部分。由前海、后海、西海三块水面组成的什刹海，为了与北海、中海、南海"前三海"区别，被称作"后三海"。后海是老北京久负盛名的消夏、游玩场所。夏日波平如镜，垂柳依依，荷花盛开，冬季则是天然溜冰场。这里的街巷结构具有北京传统建筑的典型特征。现在的后海之夜，觥筹交错，灯火阑珊，已是北京旅游必到之地。尤其受到年轻人的追捧。

三里屯

三里屯最初以汽配、服装市场闻名。后来，逐渐成了酒吧街。三里屯胡同里的小店，大多出售一些很稀少的具有民族特色的东西，这里就像其酒吧一条街一样，充满着慵懒却缤纷的气息。

奥林匹克公园

位于城市中轴线的北端，公园内有 15 个奥运会比赛和训练场馆，还包括 760 公顷的森林绿地。著名的水立方和鸟巢就在这里。

798 艺术区

"798" 原来是座军工厂，现在却是京城继三里屯和后海之后最值得游的"艺术区"。从街道上望去，"798" 呈现出工业的、富于秩序感的静谧之美。道路上、街角、墙根和空气中漂浮着诡异、前卫的味道。

颐和园

北京西郊的西山脚下海淀一带，泉泽遍野，群峰叠翠，水光山色，风景如画。这里就是清朝帝王的行宫和花园，前身为清漪园，后称为颐和园。颐和园由万寿山和昆明湖组成，环绕山、湖间是一组组精美的建筑物。

圆明园

有"万园之园"之称的圆明园，原有亭台楼阁 140 多处，可以说是我国园林建筑艺术和技术的总汇。1860 年英法联军入侵北京后，大肆搜掠园内的文物珍宝，最后放火将这座万园之园彻底焚毁。经过清理、修复，如今又复建了九州清晏景区。

八达岭长城

八达岭长城是最具代表性的明长城之一。

听一场京剧，感受老北京的底蕴

八达岭长城全长 3741 米，游览中瓮城和两翼长城是重点，另外是长城上的三台，即城台、敌台或战台、烽火台。八达岭长城辟有夜游长城的项目，可在长城脚下的宾馆住下来，在夜风中登长城去看璀璨的长城夜景。

潭柘寺

潭柘寺距今已有 1700 多年历史，是北京最古老的古寺，始建于西晋永嘉元年（307）。寺院初名"嘉福寺"，清康熙皇帝赐名为"岫云寺"，但因寺后有龙潭，山上有柘树，故民间一直成为"潭柘寺"。素有"先有潭柘寺，后有北京城"的民谚。

洛阳 /

082

最美理由 /
　　素有 "九州腹地" 之称的洛阳凭借其优越的地理位置在历史舞台上大放异彩，十三朝古都既有古色古香、凝重古朴的人文气息，又有雍容华贵、国色天香的牡丹风骨。"洛阳地脉花最宜，牡丹尤为天下奇"。自古以来，洛阳牡丹就以品种繁多、花色绝伦闻名于世。来到洛阳 就好像是跨越千年，来到尘封已久的旧国都城。

最美季节 / 4 月、9 ~ 11 月

最美看点 / 牡丹文化节、龙门石窟、白马寺、关林、老君山

最美搜索 / 河南

白马寺是佛教传入中国后第一所官办寺院

　　洛阳是我国八大古都之一，驰名中外的历史文化名城，居 "天下之中"，素有 "九州腹地" 之称。

　　洛阳，立河洛之间，居天下之中，既秉承原大地敦厚磅礴之气，也具南国水乡妩媚风流之质。开天辟地之后，三皇五帝以来，洛阳以其天地造化之大美，成为天人共羡之神都。它不仅是中国最早的政治首都，更是中华思想与文化的源头圣地，可谓中华民族

历史的精神首都。自古以来，这里墨客骚人云集，因此有 "诗都" 之称。每年阳春三月，这里都会举办盛大的牡丹花节。牡丹香气四溢，有 "花都" 的美誉。洛阳的龙门石窟是中国三大石窟之一，白马寺是中国第一座官办佛教寺院，洛阳古墓博物馆是世界上最大的古墓群，此外还有二程墓、白园、关林等一大批历史遗迹。

　　洛阳城中有洛河、伊河、涧河等穿流而过。

行走在洛阳，如同穿越历史时空，说不尽的沧海桑田，阅不尽的文物古迹。龙门石窟乃一峡谷，两山对峙，伊水从中流过。龙门石窟集中了北魏至唐代 400 多年间佛像雕刻艺术的精华。如今这里有 1300 多个石窟，10 万余尊佛像。那些佛像神态自若，栩栩如生，展示了古代雕刻的精湛技艺，已列入世界文化遗产。从西山的龙门石窟出来，过桥便是东山，这里石刻较少。白居易的墓白园就坐落在东山上。整个园子从山底建到山腰，在春光里更是林木葱郁，鸟鸣啁啾，极为幽静。

龙门石窟

龙门石窟是中国石刻艺术宝库，位于洛阳市南郊伊河两岸的龙门山与香山上，开凿于北魏孝文帝迁都洛阳之际，之后历经东魏、西魏、北齐、隋、唐、五代的营造，南北长达 1 公里，至今存有窟龛 2345 个，造像 10 万余尊，碑刻题记 2800 余品，其中"龙门二十品"是书法魏碑精华，褚遂良所书的《伊阙佛龛之碑》则是初唐楷书艺术的典范。

白居易曾说"洛阳西郊山水之胜，龙门首焉"，因而"龙门山色"很早就被誉为洛阳八大景之首。

白马寺

白马寺由"白马驮经"而来，位于洛阳城东 10 公里处。它是佛教传入中国后第一所官办寺院，建于东汉明帝永平十一年（68），距今已有近 2000 年历史，是"中国第一古刹"。

北魏、唐、宋时代，因为佛教极盛，白马寺寺院殿堂巍峨，曾有僧众千余名，僧人们每天早晚按时上殿诵经。每当月白风清之夜，晨曦初露之时，殿内击磬撞钟诵佛，钟

TIPS

◉ 牡丹文化节

洛阳是一座"花都"，富贵牡丹在这里随处可见，城中分布着多座牡丹园，其中较为著名的有洛阳牡丹园、国色牡丹园、王城公园牡丹园、牡丹花园牡丹园、西苑公园牡丹园等，各具特色，都是观赏牡丹的好去处。春日洛阳赏牡丹，早已成为这座古城从古至今的一种风俗。虽说牡丹的花期只有 20 天，但是，这些花儿似乎积蓄了整整一年的力量，只为在这 20 天里怒放。

龙门石窟是中国四大石窟之一，是中国古代雕塑艺术完整体系的集中体现

声悠扬飘荡，远播数里，听之使人心旷神怡。白马寺钟声被誉为洛阳八大景之一。

关林

关林始建于明万历年间，清乾隆时加以扩建，在当地被称为"关林庙"。关林是一处保存完好的古建筑群，也是唯一将冢、庙、林合为一体的建筑群，其中最具特色的当数舞楼，现为"洛阳古代艺术馆"。

老君山

老君山为伏牛山三大主峰之一，又名景室山。相传道家创始人老子曾在此山归隐修炼，得名老君山。老君山气势雄浑，北魏时建老君庙，历代重修，一直是豫、陕、皖、鄂等地众香客朝拜的中原道教圣地。

南京 /

083

最美理由 /
　　听着秦淮曲，漫步秦淮河边，才子佳人的故事浮现脑海。这里经历了六朝更迭，数不尽的风流人物会集于此，而和别的古都不同的是，南京，将历史溶解于自然。而这个曾经繁华曾经颓败的城市，这个曾经姹紫嫣红、曾经凄风苦雨的城市，必将会带给你一段

不一样的记忆。
最美季节 / 3 ~ 5 月、9 ~ 11 月
最美看点 / 夫子庙、秦淮河、中山陵、明孝陵、玄武湖、莫愁湖、栖霞山
最美搜索 / 江苏

十里秦淮最是繁华地

　　因为《红楼梦》，我们更喜欢把南京叫作"金陵"。一个多么奢靡又多么让人憧憬的名字。

　　有人说一个对山水和历史同样寄情的中国文人，恰当的归宿地之一是南京。历史上曾有吴、东晋和南朝的宋、齐、梁、陈（史称六朝）在南京建都，实际上共有 10 个朝代在南京建立政权，故称为"六朝胜地，十代都会"。南京既有让人怡情的自然山水，又有

着六朝文化、明文化和民国文化的历史积淀，是兼具古今文明的园林化城市。燕子矶兀立江边，夫子庙深处闹市，中山陵大气磅礴，明孝陵古朴幽静，玄武湖、莫愁湖秀丽婉约，均为金陵胜景。

　　朱自清曾说："逛南京像逛古董铺子，到处都有些时代侵蚀的遗痕。你可以摩挲，可以凭吊，可以悠然遐想；想到六朝的兴废，

王谢的风流，秦淮的艳迹。"

夫子庙

夫子庙即孔庙，原来是供奉和祭祀孔子的地方。夫子庙位于秦淮河北岸的贡院街旁，始建于宋。夫子庙的夜景被称作中国十大夜景之一，特别是金陵灯会绝对值得观看。夫子庙还有许多的小吃和纪念品，若是喜欢淘小东西，一定要在夫子庙逛上一逛。

秦淮河

秦淮河分内河和外河，内河在南京城中，是十里秦淮最繁华之地。秦淮是古城金陵的起源，又是南京文化的摇篮。这里素为"六朝烟月之区，金粉荟萃之所"，更兼十代繁华之地，被称为"中国第一历史文化名河"。

置身画舫中，看着两岸灯火倒映在河中，如此画意之景实在太容易撩起每个人心中的柔然怀古之情。

中山陵

中山陵是中国民主革命的先行者孙中山的陵墓，位于南京市东郊紫金山南麓。不到中山陵就不能算到过南京，中山陵已经成为南京旅游的标志性景点。漫步中山陵确实需要好体力，一步一步地爬上 392 级阶梯，最后的阶梯越来越高，代表着革命到后面越来越艰难。

明孝陵

明孝陵坐落在南京市钟山南麓独龙阜玩珠峰下，它是明朝开国皇帝朱元璋及皇后马氏的陵寝。这座已有 600 多年历史的明代皇家陵墓以其墓主身份显赫、规模宏大、形制独特、环境优美而著称。

玄武湖

这里曾是帝王习武之地，位于南京市东北城墙外，由玄武门和解放门与市区相连。1909 年辟为公园。夏秋两季，天气晴好时还可以乘坐游船游玩于湖上，欣赏湖内养鱼，并种植荷花，水面一片碧绿，粉红色荷花掩映其中，满湖清香，一片迷人的景色。

莫愁湖

位于南京秦淮河西，自古有"江南第一名湖""金陵第一名胜""金陵四十八景之首"等美誉。莫愁湖古称横塘，因其依石头城，故又称石城湖。

栖霞山

栖霞山没有钟山高峻，但清幽怡静，风景迷人，名胜古迹遍布诸峰，被誉为"金陵第一名秀山"。深秋的栖霞山，枫林如火，漫山红遍，宛如一幅美丽的画卷，素有"春牛首，秋栖霞"之说。

栖霞山驰名江南，不仅因景色迷人，还因为这里有一座栖霞寺，更有南朝石刻千佛岩和隋朝名胜舍利塔。

已有 600 多年历史的明孝陵作为中国明皇陵之首，代表了明初建筑和石刻艺术的最高成就

开封 /

084

最美理由 /

　　昔日一幅《清明上河图》，激荡了多少人的心。贵为"七朝古都"的开封府，虽然已不再有《清明上河图》中的景象，但是繁华依然不减当年。最美的是开封的夜。水系丰富的开封城，从天波杨府到包公祠，基本上每个著名的景点都有自己的一片水域。万盏灯，一半在岸，一半在水面。所有的灯光都是黄色或红色，于是也就看不真切那些古代建筑的本色，取而代之的是温暖与沉静。夜晚的古都里小吃摊到处都是，满足你的胃，吃饱之后再沿城走上一遭，真的想在那里慢慢变老。

最美季节 / 9 ～ 11 月

最美看点 / 清明上河园、龙亭公园、包公祠、开封府、大相国寺

最美搜索 / 河南

开封清明上河园以《清明上河图》为蓝本

　　开封，七朝古都，史有"一苏二杭三汴州"之说。古人的"琪树明霞五凤楼，夷门自古帝王州""汴京富丽甲天下"等诗句，都生动地描绘了古都开封豪华盖世的繁荣景象。尤其是在北宋时期，借助汴水漕运的有利条件，开封得到了进一步的发展，人口上百万，成为全国政治、经济、文化的中心，也是当时世界上最繁华的城市之一。悠久的历史和灿烂的古代文化给开封留下了众多的文物古迹和风景名胜。在这里，千年铁塔、繁塔巍然耸立，在宋、金

故宫遗址上建造的龙亭雄伟壮观，明朝修筑的城墙古迹斑斑，道教建筑延庆观风格别致，著名的中原古刹相国寺宏丽华美。开封还是我国著名的"北方水城"，水面面积占城区面积的1/4，龙亭脚下的潘、杨二湖，迎宾大道两侧的包公湖犹如四块巨大的碧玉镶嵌在古城中，令人赏心悦目。

清明上河园

清明上河园位于开封城西北隅，东与龙亭毗邻，是以宋代张择端的名画《清明上河图》为蓝本的大型宋代民俗风情游乐园。整个景区内芳草如茵，钟鼓阵阵，古音萦绕，形成一派"丝柳欲拂面，鳞波映银帆，酒旗随风展，车轿绵如链"的栩栩如生的古风神韵。

龙亭公园

位于开封城内南北交通中枢干线中山路北端。身为六朝皇宫，占地面积1038亩，其中水域面积（包括杨、潘二湖）710亩的龙亭

三面环水，风景秀丽，既有北方宫殿浑厚之气魄，又兼南国园林秀丽之娇美。

包公祠

开封包公祠位于开封城西南碧水环抱的包公湖畔，是为纪念中国历史上著名清官包拯而建的祠堂。

开封府

重建的"开封府"，位于开封包公湖东湖北岸，占地60余亩，建筑面积1.36万平方米，气势恢宏，巍峨壮观，与位于包公西湖的包公祠相互呼应，同碧波荡漾的三池湖水相映衬，形成了"东府西祠"，楼阁碧水的壮丽景观。

大相国寺

大相国寺位于开封市中心，是中国著名的佛教寺院，始建于北齐天保六年（555）。《水浒传》描写的鲁智深倒拔垂杨柳的故事，就发生在其所辖之地。目前保存有天王殿、大雄宝殿、八角琉璃殿、藏经楼、千手千眼佛等殿宇古迹。

大相国寺红墙碧瓦，殿宇巍峨，霜钟远振，有"汴京八景"之"相国霜钟""资圣熏风"，有"相国十绝"名誉天下

西安 /

085

最美理由 /
　　大唐芙蓉园的紫云楼下，歌舞升平；曲江池畔，长安少女结伴来戏水；书院门的仿古一条街开市，城墙根下，老人们抄起家伙认真地唱起那段《王宝钏》……一砖一瓦，一唱一和中，人们细细地寻觅着当年的盛世繁华。钟楼钟声响起，鼓楼广场上白鸽飞了起来。大唐芙蓉园开园，这就是正儿八经千年古都的气质。到了西安你才会真正明白，何谓物华天宝，何谓人杰地灵。

最美季节 / 4～5 月，9～10 月
最美看点 / 钟鼓楼、古城墙、陕西历史博物馆、大雁塔、秦始皇陵兵马俑、大唐芙蓉园、华清池、乾陵
最美搜索 / 陕西

厚厚的明城墙见证着这座城市的沧桑与古老

　　从 100 多万年前旧石器时代的蓝田猿人，到六七千年前的新石器时代的半坡村，西安的建城史已有 3100 多年，作为世界四大文明古都（西安、罗马、开罗、雅典）之一，众多王朝在此建都，历时 1100 多年。难怪"秦中自古帝王州！"在汉唐时期，西安就是中国政治、经济、文化和对外交流的中心，是当时人口最早超过百万的国际大都市。"西罗马，东长安"是西安在世界历史地位的写照。

　　因此有人说，西安随手抓一把黄土，都

会感到历史的厚重。厚厚的明城墙已有 600 多年的历史，是中国乃至世界现存最完整的一座古代城垣建筑。城墙呈长方形，墙高 12 米，底宽 18 米，顶宽 15 米，厚度大于高度，稳固如山，总周长 13.9 公里。城墙的风格古朴雄壮，四周有护城河环绕。环城墙所建的公园，树木参差，亭台楼阁，是西安人晨练、休闲的好地方。而且沿着城墙根一带走走，随处可见西安市民真实的生活场景。

西安的老城以钟楼为标志性建筑，东南西北四条大街汇集在钟楼脚下。西安钟楼建于明代，是我国古代钟楼中形制最大、保存最完整的钟楼。距离钟楼西面半里处还有座鼓楼，共同构成了"暮鼓晨钟"，开启西安人一天的生活。钟鼓楼之间的钟鼓楼广场上有一排仿古建筑，"同盛祥""德发长"等著名西安老字号餐馆就坐落其中。

最值得一提的是，鼓楼北面的西安回坊风情街，在此能品尝到许许多多西安当地名小吃。闻名遐迩的贾三灌汤包、陕西第一碗牛肉小炒、红红酸菜炒米、玫瑰镜糕、黄桂柿子饼等，让人食指大动。回坊深处还隐藏着著名的化觉巷清真寺。它是中国最具特色、保存最完整、最典型的中国式清真寺之一，距今已经有 1200 多年的历史，被联合国教科文组织列为世界伊斯兰文物之一。

在西安随处能感受到 1000 多年前的盛唐气象。城南的大雁塔及其周边已建成国家 5A

秦始皇兵马俑被誉为世界十大古墓稀世珍宝之一

巍巍大雁塔尽显 1000 多年前的盛唐气象

的唐式古建筑规模全国第一，是世界上最大的建筑群。它集中了唐时期的所有建筑形式，堪称一本完整的唐代建筑教科书。

城北的大明宫遗址曾见证了"九天阊阖朝天阙，万国衣冠拜冕旒"的盛况。新建的大明宫国家遗址公园是世界古遗址保护中心确定的"丝绸之路"跨国联合申报世界文化遗址的重要组成部分。这座遗址公园具有纽约中央公园的休闲功能，还具有伦敦海德公园的文化精神。游客在这里可以重温盛唐宫殿的华丽，可以领略太液池的旖旎风光，还可以通过现代科技手段"飞越大明宫"，梦回盛唐。

秦始皇兵马俑
秦始皇兵马俑是世界最大的地下军事博物馆。三座坑共出土了 8000 多尊陶俑，以写实的手法，采用了"静极则生动，愈静则愈动"，使兵阵产生巨大的威慑力，恢宏壮观，空前绝后。其制作工艺复杂，规模庞大都令人叹为观止。尤其难得的是，这些陶俑千人千面，无一雷同。

骊山华清池
骊山是秦岭的支脉，海拔 1000 余米。山上有周幽王烽火戏诸侯的烽火台、唐代供奉老子的朝元阁等。山下是唐代著名避暑行宫华清池。这里得天独厚的温泉是当年杨贵妃沐浴的地方，名曰海棠汤。华清池景区分为沐浴区和园林区。主体建筑有飞霜殿、宜春殿等，大气磅礴，尽显皇家气概。景区中部的九龙湖区是园中的精华地带，有十多座唐式建筑环湖而列，晚上华清池上演的大型山水情景歌舞剧《长恨歌》非常值得一看。

级旅游景区。大唐芙蓉园占地 1000 亩，其中水面 300 亩，总建筑面积 10 万平方米。历史上这里是皇家御苑，如今是中国第一个展示盛唐风貌的大型皇家园林式文化主题公园。园内

苏州 /

086

最美理由 /
　　呢喃吴侬细语、小巷繁花点点，水乡温婉人家，邻家婀娜少女，点缀的是一个万般情愁的姑苏情结。有人说："苏州是俊秀的，一如娇小俊秀的江南女子，水灵顾盼。"这座城市从古到今皆是文人骚客笔下的宠儿。行走在这婉转的巷子中，逸着满足和安逸，那样

的感觉，是永远挥之不去的。
最美气候 / 3 ～ 5 月
最美看点 / 平江路、拙政园、狮子林、沧浪亭、留园、枫桥
最美搜索 / 江苏

苏州有着"小楼一夜听春雨，深巷明朝卖杏花"江南特有的韵味

　　苏州是一座拥有 2500 多年历史的古城。它自古富饶，是曹雪芹笔下的"最是红尘中一二等富贵风流之地"。苏州不仅有光辉灿烂的历史，还有"小楼一夜听春雨，深巷明朝卖杏花"江南水乡的韵味，兼具大家闺秀与小家碧玉之美。著名的苏州园林将人工与天然美景

融合得出神入化，咿咿呀呀的昆曲小调将听众的心撩拨得酥酥软软。所以来苏州一定要细步慢行，好好体味这温柔乡里的一切。

　　在苏州不仅仅是感受苏州之美，还可以感受地道的江南之春。苏州的私家园林寄托着中国传统文人的隐逸遁世情怀。当年那些隐退苏

TIPS

🎭 昆曲

它源于江苏昆山，又称"昆腔""昆剧"，是一种古老的戏曲剧种。明中叶后开始盛行。昆曲风格清丽柔婉、抒情细腻，表演载歌载舞，是中国古典戏曲的代表。著名唱段有《游园惊梦》。

🍜 美食

苏州饮食异彩纷呈，种类极其繁多，从菜肴、卤菜、面点、糖果、小吃、蜜饯、酱菜……大凡和"吃"有关的品种，应有尽有。苏州是"鱼米之乡"，提供了大量食材，饮食讲究时令时鲜。故而有"春尝头鲜，夏吃清淡，秋品风味，冬讲滋补"的饮食文化。就连苏式糕点也讲究春"饼"、夏"糕"、秋"酥"、冬"糖"的传统。

享有"吴中第一名胜"的虎丘，在参天古树的映衬下，格外古朴

州的官宦富贾选择苏州作为自己的一方精神乐土，留下了如今这诸多的园林。苏州园林史从五代就已掀开扉页，到明清盛极。不大的苏州城内竟有园林 190 余处，拙政园、留园、网师园、沧浪亭、环秀山庄等列入《世界遗产名录》。有人说，正是因为这些建园者爱上了苏州的春

天，所以才要让自己的身影留在苏州，从而诞生了这著名的苏州园林。的确，苏州本身的自然条件就近乎天堂，春花繁盛，春草如茵，而巧夺天工的建园布景又使"苏州园林甲江南"。

沧浪亭

苏州"四大名园"中最早的一处——沧浪亭，是苏州园林中历史最悠久的。当年北宋的苏舜钦仕途失意，闲居苏州。他在苏州城内视察了一圈，看上了城南的一块地势高阔，草木郁茂之地。最美的是此间三面环水，如在水之湄，颇有远离尘嚣的意味。苏舜钦建园，并取"沧浪之水清兮，可以濯吾缨；沧浪之水浊兮，可以濯吾足"为园命名。《宋史》里记载苏舜钦时特意提了一笔："家有园林，珍花奇石，曲池高台，鱼鸟流连，不觉日暮。"

网师园

网师园是苏州园林中"小而精"的代表作。全园宛如一曲小令，韵味悠长。它位于红尘闹市中，有着"大隐隐于市"的风范。网师园的特色在于布局精妙，园内有园，景外有景，精巧幽深之至。建筑多而不拥塞，山池小而不局促。著名园林专家陈从周评价网师园是"苏州园林小园极则，在全国园林中亦属上选，是以少胜多的典范"。连纽约大都会艺术博物馆都特意将网师园的"殿春簃"做了个翻版展出。春天的网师园更是花团锦簇，如一位待嫁的新娘。

平江路

晚唐诗人杜荀鹤："君到姑苏见，人家尽枕河。古宫闲地少，水港小桥多。"说的就是苏州的平江路和山塘街。

清丽柔婉的昆曲如同苏州园林一般，兼具大家闺秀和小家碧玉之美

平江路全长 1090 米，与平江路并行的河流叫平江河，是苏州历史最悠久的河。平江路是苏州的一条历史老街，位于苏州古城东北隅，南起干将东路，北越白塔东路和东北街相接，古名又作"十泉里"。在苏州最古老的城市地图宋代《平江图》上，就有平江路这条街道，800 年来，平江路依然在原址保留了河路并行的格局、肌理和长度，小桥流水、粉墙黛瓦，房屋的体量、街道的宽度和河道，比例恰当，显示出疏朗淡雅的风格。"水陆并行，河街相邻"，这里保留有典型的水乡特色。

狮子林

狮子林为苏州四大名园之一，至今已有 650 多年的历史。在中国古典园林中，狮子林是现存的唯一一座禅意园林，更以湖山奇石、洞壑深邃而盛名于世，素有"假山王国"之美誉。

狮子林中的山石，绝大多数都是太湖石，当年，宋徽宗建造名为艮岳的皇家园林，命重臣督办所谓"花石纲"，在江南一带广事搜求的，便是它。自古以来，太湖石之所以一向被人看重，是因为它坚实而润泽，险怪而玲珑，具有"瘦、透、漏、皱"的审美特征。

枫桥

古时的枫桥，在寒山寺北，距山门不过百步之遥，犹如一弯新月横跨在枫江之上。枫江，又称枫桥塘、枫里星河，南接胥江、越来溪，是苏州古城和太湖的另一条北上水道。枫桥风景名胜区是以寒山古寺、江枫古桥、铁铃古关、枫桥古镇和古运河"五古"为主要游览内容的省级风景名胜区。

苏州的太湖西山天堂岛，四季有景，尤其是春景更为迷人。只见鲜花烂漫，茶园飘香，游人坐着木质摇橹船绕岛而行，参与农家活动，乐在其中。生活在苏州本土水乡中的人们在春光里更是显得倍有精神。"民居多古朴，住宅尽清幽"，河道纵横，水网如织，依水而生，因水成街，好一幅"一水东西去窈窕，风家杨柳木芙蓉"的 3 月春景。

拙政园

位于苏州市东北街 178 号。中国四大名园之一，"中国园林之母"。它建于明正德年间。总体以水池为主，建筑临水而建。以其布局的山岛、竹坞、松岗、曲水之趣，被誉为"天下园林之典范"。

虎丘

虎丘享有"吴中第一名胜"的美誉。春秋时期吴王阖闾的墓地所在处。虎丘山高约 36 米，古树参天。虎丘塔矗立山巅已有千年。唐伯虎点秋香的"三笑"故事就发生在这里。宋苏东坡曾赞誉："到苏州而不游虎丘，乃是憾事。"

敦煌 /

087

最美理由 /
　　敦煌是丝绸之路上的沙漠旅游胜地，是古丝绸之路上的交通要道，是世界遗产莫高窟和汉长城边陲玉门关、阳关的所在地。

最美气候 / 5～10 月
最美看点 / 莫高窟、鸣沙山、月牙泉、阳关、玉门关
最美搜索 / 甘肃

莫高窟第 96 窟前建的九层楼，已经成为其标志性建筑

　　敦煌，古代丝绸之路由此通过，敦煌是连接中西方文明的一个枢纽。从地理环境来说，敦煌具有大漠中的一切奇景，在它西面200 公里处有一座雅丹地貌——魔鬼城。唐诗中的"羌笛何须怨杨柳，春风不度玉门关""劝君更尽一杯酒，西出阳关无故人"中的"玉门关""阳关"均位于敦煌，是凭吊的好地方。在阳关公路南侧的大漠戈壁中还有一座敦煌

古城，以《清明上河图》为蓝本，仿造沙洲古城而建，面积达 1 万平方米，具有浓郁的西域风情，再现了唐宋时期西北重镇敦煌的雄姿。《敦煌》《新龙门客栈》等影视剧就是在此拍摄的。

　　在大漠中还有鸣沙山和月牙泉的奇景，"山以灵而故鸣，水以神而益秀"。鸣沙山时时作响，发出丝竹之声；月牙泉千年不干，

水质清澈。因此有"鸣沙山怡性，月牙泉洗心"之说。

鸣沙山东麓的断崖上坐落着驰名中外的莫高窟。敦煌一带石窟有 552 个，历代壁画 5 万多平方米，是我国也是世界壁画最多的石窟群，内容相当丰富，并由此形成了一门专门学问——敦煌学。这些石窟中以莫高窟艺术成就最高，被誉为 20 世纪最有价值的文化发现、"东方卢浮宫"，列入世界文化遗产。

莫高窟

俗称千佛洞，位于敦煌市东南 25 公里处，中国现存最大的石窟，素有"东方艺术明珠"之称。它全长 1600 米，现存石窟 492 个，壁画总面积约 4.5 万平方米，彩塑佛像等造型 2100 多身。

莫高窟最早创建于公元 366 年，历经各代相继凿建，唐时最为鼎盛，已达千余窟龛。现存洞窟 492 个，历代彩塑 2400 多尊，壁画 4.5 万余平方米，唐宋木构窟檐 5 座。最大洞窟高 40 余米，30 米见方，最小者高不过几十厘米。窟外原有殿宇，有木构走廊与栈道相连。莫高窟以壁画和佛像而闻名。壁画绘制精美，内容丰富，不仅有神佛题材，还有表现当时人们生活的内容，如耕作、狩猎、捕鱼、婚丧、歌舞、杂技、旅行等，是一部活生生的生活百科全书。著名的敦煌壁画有九色鹿救人、释迦牟尼传记、萨埵那舍身饲虎等著名的壁画故事。造像为泥制彩塑，生动各异，最大者高 33 米，最小者仅 0.1 米。在藏经洞中还出土了大批古代写本和其他文物，是珍贵的典籍文献。

TIPS

🔲 **敦煌学**

敦煌学（Tunhuangology）是中国的三大区域文化之一，是研究、发掘、整理和保护敦煌地区文物、文献的综合性学科。1925 年日本学者石滨纯太郎第一次使用"敦煌学"一词。1930 年，国学大师陈寅恪概括了"敦煌学"的概念。敦煌学主要有五个分支领域——敦煌石窟考古、敦煌艺术、敦煌遗书、敦煌石窟文物保护、敦煌学理论。

山以灵而故鸣，水以神而益秀

鸣沙山－月牙泉

位于敦煌市城南 5 公里。鸣沙山和月牙泉是大漠一对奇景。鸣沙山因沙动成响而得名，有"沙鸣晴岭"之景。山为流沙积成，还有红、黄、绿、白、黑五色，东西绵亘 40 余公里，南北宽 20 余公里，主峰海拔 1715 米。月牙泉处于鸣沙山环抱之中，形似一弯新月。月牙泉面积 13.2 亩，平均水深 4.2 米。奇怪的是二者距离仅数十米，但泉从未被流沙所淹没，堪称"天下奇观"。

阳关

位于敦煌市西南 70 公里外的阳关镇境内。这里是汉武帝开辟河西的重要关隘，丝绸之路的西出口，有"一夫当关，万夫莫开"之险要。附近有南湖渥洼池、阳关博物馆、葡萄长廊和敦煌罗布麻综合开放中心野麻湾基地等。

万里长城/

088

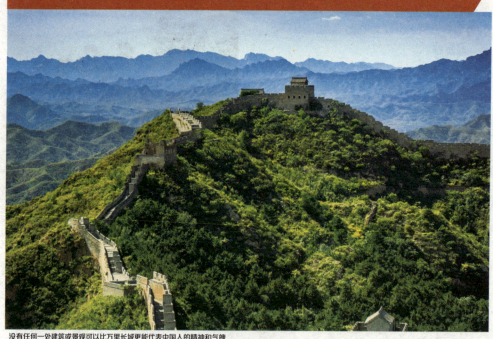

没有任何一处建筑或景观可以比万里长城更能代表中国人的精神和气魄

　　自公元前 9 世纪开始，先后修筑了 2000 多年，分布于中国北部和中部的广大土地上，总计长度达 5 万多公里，被称为"上下两千多年，纵横十万余里"。工程之浩大，蕴含文化之厚重，不仅在中国，就是在世界，也绝无仅有，所以，早在几百年前，长城就与罗马斗兽场、比萨斜塔等齐名，被列入"中古世界七大奇迹"之一。

　　最早的长城可以追溯到公元前 9 世纪的周代，周宣王为防御北方民族的侵袭而修建了列城和烽火台。公元前 221 年，秦始皇灭六国，统一全国后，开始大规模修筑长城，从而有了今人熟知的秦长城。秦长城经甘肃、宁夏、陕西、山西、内蒙古、河北和辽宁等省、自治区，直抵鸭绿江，长达 5000 多公里。此后的历朝历代，修筑长城成了巩固边防的重要军事任务之一。作为防御工程，长城翻山越岭，穿沙漠、过草原、越绝壁、跨河流，所经之处地形复杂，可谓古代建筑工程史上的一大奇观。在万里长城身上蕴藏的中华民族 2000 多年的文化艺术内涵丰富，最突出的是城墙、关城、镇城、烽火台等本身的建筑布局、造型、雕饰、绘画等建筑艺术，此外，诗词歌赋、民间文学、戏曲说唱等也随着朝代更替繁衰更迭，多少帝王将相、戍边士卒、骚人墨客，诗词名家为长城留下了不朽的篇章，边塞诗词已成为古典文学中的重要流派。

八达岭长城

位于北京市昌平区的八达岭长城是明长城中保存最完好、最具代表性的一段。这里是重要关口居庸关的前哨，海拔 1015 米，地势险要，历来是兵家必争之地。登上这里的长城，可以居高临下，尽览崇山峻岭的壮丽景色。

慕田峪长城

位于北京市怀柔区，自古以来一直是兵家必争之地，共有敌台 22 座。这里自然风景优美，绿树成荫，四季景色宜人。

司马台长城

位于北京市密云区境内，由戚继光督建，是我国唯一一处保留明代原貌的长城，被联合国教科文组织确定为"原始长城"。共有敌台 20 座，至今保存完好。

山海关

位于秦皇岛的山海关是长城东端起点，建于明洪武十四年（1381），有"天下第一关"的美称。城高 14 米、厚 7 米，防御体系相当完整。登上城楼，可以看到碧波万顷的大海和蜿蜒的长城，景色雄伟。

嘉峪关

位于甘肃省的嘉峪关是明代长城最西端的起点，建于明洪武五年（1372），是目前保存最完整的一座城关，河西第一隘口，有"天下第一雄关"的美名，也是丝绸之路上的重要一站。城关则是由内城、外城和城壕组成的完整军事防御体系。现在看到的城关以内关为主，由黄土夯筑而成，外面包以城砖，坚固雄伟。城关两端的城墙横穿戈壁，在这里可以体会到大漠孤城的苍凉。

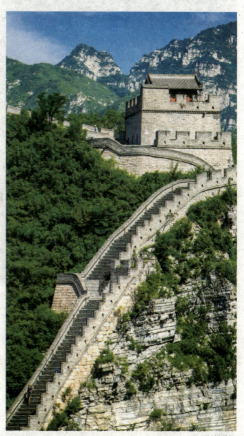

八达岭长城

福建土楼 /

089

3 月的闽西花木繁盛，阳光明媚，让土楼这东方古堡变得美轮美奂

　　位于福建西部的土楼乃是世界上独一无二的山区大型夯土民居建筑。这些风格奇异的土楼被称为 "东方式古堡"，或圆、或方、或呈交椅形，散布在闽西的永定、武平、上杭及闽西南的南靖、平和、华安、漳浦等地。衬托着无边春色，如一位老者，讲述着历史的沧桑。

　　福建土楼以历史悠久、种类繁多、规模宏大、结构奇巧、功能齐全、内涵丰富而著称于世，被誉为 "世界建筑奇葩" "世界上独一无二的、神话般的山区建筑模式"。它们产生于宋元时期，成熟于明末，到清代和民国继续发展。这是当年中原人迁徙此地后，为防匪患，聚集力量，共御外敌所建。

土楼造型、装饰、建造工艺，均为世所罕见。大多数土楼为福建客家人所建，又称"客家土楼"。它们依山就势，合理布局，采用"风水"理念，高可达四五层，供几代人同楼聚居，适应聚族而居的生活和防御要求。3 月的春山刚刚披上绿衣，这些土楼就巧妙利用了山间狭小的平地，见缝插针式而建，将青山绿水点缀得更富有生气。

土楼的建筑材料也是取材于当地生土，再掺上细沙、石灰、糯米饭、红糖、竹片、木条等，经过反复揉、舂、压而成。这样夯筑的土楼具备了冬暖夏凉的特质，并以最原始的形态体现了绿色建筑的理念，且坚韧无比。据史料记载，曾有一次七级地震使永定环极楼墙体震裂 20 厘米，但它却自行愈合了。

永定县的初溪土楼群、洪坑土楼群，南靖县的田螺坑土楼群、河坑土楼群，华安县的大地土楼群等"六群四楼"46 座福建土楼，被列入"世界文化遗产"。世遗土楼中最古老的是直径 66 米的集庆楼，现已有 600 余岁"高龄"；而直径 31 米的善庆楼仅 30 多年历史。

承启楼

"高四层，楼四圈，上上下下四百间；圆中圆，圈套圈，历经沧桑三百年"。承启楼位于龙岩市永定县。明崇祯年间奠基，至清康熙年间竣工，历时三代。承启楼规模巨大，造型奇特，充满浓郁的乡土气息。楼有三层，400个房间，中心是祖堂。楼内最珍贵的是楠木寿屏。这是乾隆十九年（1754），承启楼创建者

TIPS

📖 土楼文化

一座土楼就是一个家族的凝聚中心。土楼里一楼之内乃"一公之孙"，多代同堂。从布局上来看，方楼圆寨均在中轴线中心位置建一高大厅堂，作为全楼的中枢和向心点，楼内每环每层每间房屋朝向中枢，体现了客家人的家族向心力和统一性。土楼中还包含道家哲学。主楼共分八卦、八大部分，每卦八开间，合六十四卦六十四开间，是客家人对中原文化的继承。客家人重视文化教育，因而土楼内多设学堂、题对联诗文。

◎ 贴示

福建土楼比较分散，选择具有代表性的土楼进行参观即可。

江集成次子江建镛七旬大寿时，朝中人贺寿合赠。寿屏由 12 扇楠木板连接而成，雕刻面积达 15.03 平方米。正面中间雕刻一幅特大的《郭子仪拜寿图》，上下两边分别为《二十四孝图》和《四季图》，雕刻着 187 个人物，栩栩如生。

和贵楼

位于南靖县梅林镇。建于清雍正十年（1732），建造总投资一万五千两银子。它占地 1547 平方米，高 21.5 米，5 层，是南靖最高的土楼。这座土楼建在沼泽地上，用 200 多根松木打桩、铺垫，历经 200 多年仍坚固稳定，保存完好。和贵楼每层有 28 个房间，共有 140 个房间。

田螺坑土楼群

位于南靖县书洋乡。这里是黄氏家族聚居地。田螺坑土楼群坐落在海拔 787.8 米的山半坡上，由方形的步云楼和圆形的振昌楼、瑞云楼、和昌楼、椭圆形的文昌楼组成，俗称"四菜一汤"。

开平碉楼 /

090

最美理由 /
　　开平碉楼是中国乡土建筑的一个特殊类型，是一种集防卫、居住和中西建筑艺术于一体的多层塔楼式建筑。开明现存 1600 多座桥，在中国古代建筑史中有特殊的一页。

最美气候 / 4~6 月，9~10 月
最美看点 / 自力村碉楼群、瑞石楼、马降龙碉楼群、景辉楼
最美搜索 / 广东

风格各异、造型优美的碉楼就散布在水塘间、稻田里、草地中，形成一幅田园诗般的风景画

　　开平碉楼约产生于明代后期，到 20 世纪 20 年代初形成了"侨文化"典型建筑形态。这是中国乡土建筑的一个特殊类型，类似于西方的古堡，集防卫、居住于一体，为多层塔楼式建筑。加之当地侨胞众多，中西文化交融，碉楼呈现出中西合璧之美，具有古希腊、古罗马、伊斯兰等多种风格。

　　开平碉楼最初建筑目的是防止匪患和自然灾害。在建筑上体现为窗户较小，并设有铁板门窗，碉楼上部四角都建有突出悬、挑的全封闭或半封闭的角堡，可居高临下以备战。自力村是岭南乡村西洋城堡村落。该村自然环境优美，15 座风格各异，造型优美的碉楼就散布在水塘间、稻田里、草地中，形

成一幅田园诗般的风景画。这里的碉楼是开平碉楼兴盛时期的代表，多建于20世纪二三十年代，是当地侨胞为保护家乡亲人的生命财产安全而兴建的。它将中国传统乡村建筑文化与西方建筑文化巧妙相融，成为近代中西文化在中国乡村交流的佐证，以及华侨文化的建筑展现形式。碉楼与美丽的田园诗意共同构成了"诗意地栖居"。

"开平第一楼"瑞石楼是开平现存最高、最美的碉楼，华丽气派，在电影《让子弹飞》中正是"黄四郎"的居所。该楼建于1921年，是中西建筑风格完好结合的典型。该楼有9层之高，全部是钢筋混凝土结构。外部造型是西式风格，罗马穹隆顶、拜占庭穹隆顶等；而内部装潢及用具完全是岭南传统样式，门窗上雕龙附凤，更是具有中国传统特色。

马降龙碉楼群

位于开平市百合镇。这是黄、关两姓家族于清末民初兴建的。该地5个自然村，背靠百足山，面临潭江水，13座碉楼错落有致地分布在青山绿水间。这些碉楼造型别致，保存完好，在保护当地村民的生命财产安全方面起到了积极作用。

景辉楼

位于赤坎镇的欧陆风情街。景辉楼是岭南水乡著名的骑楼。楼高3层，建筑长45米，宽5米。每层都有双客厅、双寝室、双开放式楼梯，垂直天窗，桥式天井，属典型的岭南古镇骑楼民居。楼内依旧按照原样布置，让人有穿越之感。

TIPS

🏮 泮村灯会（舞灯会）

每年农历正月十三日举行。这是当地大型群众性民间艺术活动。习俗相传始于明朝。泮村一带都是黑石山，山形似象、狮、虎、牛、羊"五兽"，被称为"五兽地"。当年迁徙者到此总是人丁不旺，百业不振，是因为"五兽"中的狮王成天打瞌睡，睡意浓浓，其余四兽就乘机到处为害。特别是每年正月十三，祸患尤甚。于是到这一天只扎起三头巨型花灯，敲锣打鼓舞狮，巡游各村，所到之处，锣鼓声、爆竹声震天动地，以求将狮王惊醒，震慑四兽，消除祸患，让子孙昌盛，永享太平。

🍴 美食

开平美食注重选料，以及食与疗相结合。"羊肉"是开平美食一大特色。羊肉在烹制时辅以各种中药材，如"灵芝炖羊胎""白切羊"等。"灵芝炖羊胎"是以羊胎为主要原料，并配以灵芝、红枣、枸杞子等文火炖制而成，具有美容、抗衰老功效。"白切羊"专门选用中龄羊只精制而成，其肉质细嫩，蛋白质含量高，滋阴补气，健力生肌。"狗肉"也是开平最具特色的地方美食，其中以楼冈圩和振华圩一带烹制的狗肉最为有名。

掩映在茂林修竹中的开平碉楼更显得俊秀而威仪

坎儿井 /   **077**

最美理由 /
　　在地下静静流淌的坎儿井，与万里长城、京杭大运河并称为中国古代三大工程，也是吐鲁番人民世代赖以生存的"生命之源"。

最美季节 / 夏季
最美看点 / 坎儿井民俗风情园、坎儿井乐园、坎儿井博物馆
最美搜索 / 新疆

坎儿井是酷热的吐鲁番最清凉的地方

　　在前往吐鲁番的途中，很容易看见绿洲外围的戈壁滩上，依坡就势地分布着一堆一堆相距不远的圆土包，这些中间凹陷的土圈其实是人工挖掘的竖井，一个个连成串向着远处的绿洲延伸而去。倘若从飞机上俯瞰整个吐鲁番盆地，那一条条绵延十几公里的触须样的珠线更是星罗棋布，尤其是吐鲁番到鄯善之间，那些裸露在地面上的圆井更集中、更壮观，这就是坎儿井。

　　有着 2000 年历史的坎儿井，早在汉代时期就已经出现在了吐鲁番地区。关于坎儿井的起源，有说是汉通西域后，陕西关中地区挖掘

地下井渠的技术被传至于此，而后被当地百姓因地制宜地日趋完善，最终发展成了适合当地条件的坎儿井。当然，对于如此伟大的建筑来说，更少不了民间传说的渲染，相传在很久以前，有个年轻的牧羊人，为了寻找水源，用手在戈壁上挖出一个个水井，从此代代相传，最终连成了一条条地下运河。

坎儿井的水是清澈的，清澈得可以映现历史的影子，吐鲁番现存的坎儿井大多是清代以来陆续兴建的，总数足有1700多条。当年被贬戍新疆的林则徐在吐鲁番时，不仅对坎儿井大为赞赏，还大力推广，使得坎儿井得到了迅速的发展，一条条纯净的地下河总长超过了5000公里，竟然比京杭大运河还要长。

酷热少雨的吐鲁番犹如一个聚宝盆，把北面博格达山、西面喀拉乌成山的大量冰雪融水和夏季的雨水统统收纳于盆底，又从干旱的戈壁上渗入地下汇成潜流，在人工挖掘的坎儿井巧妙的引导下，灌溉着绿洲的葡萄园和瓜田。这个神奇的灌溉工程，由竖井、暗渠、明渠和涝坝组成。竖井是通风和挖掘坎儿井时提土用的通道，不足1米高的地下暗渠能够最大限度地保证水源不被蒸发或被风沙污染，出水口刚好又与地面的明渠相连，这样几十米深的地下水便可以把水引到地面，清冽甘甜的地下水不仅可以灌溉良田，还能供人们生活饮用，成为取之不尽用之不竭的生命之源。

人们依水而居，随处可见以坎儿井命名的村落，满眼都是怡人的田园风光，即使在炎热的夏天也能享受到坎儿井带来的徐徐凉意。当地开发的坎儿井民俗风情园、坎儿井乐园等多

TIPS

📍 **贴士**

这里是吐鲁番地区最凉爽的地方，到火洲一定不能错过这里。最好请导游仔细讲解才可感受到古人智慧的强大，通过参观博物馆的模拟场景，可以更清楚地了解整个坎儿井构造与规模。坎儿井是维吾尔族人生命的源泉，参观时一定要注意保护水源的清洁，不能随意污染。

坎儿井将清冽甘甜的水源引到地面，成为吐鲁番人民的"生命之源"

处旅游景点，是人们热衷的参观地，其中有条由维吾尔族人米衣木·阿吉开掘的坎儿井，因有着200年历史而名气最大。人们不仅可以参观坎儿井博物馆，还能走进专门加宽的暗渠里，感受地下长河的神奇与清凉。

石窟 /

078

最美理由 /
 也许光阴荏苒，也许繁华褪尽，但是那些神情淡定的佛像、灵动鲜活的壁画依然在时光的尽头，超脱于世间红尘，静待沧海桑田，云舒云卷

最美季节 / 秋季
最美看点 / 莫高窟、龙门石窟、云冈石窟、麦积山石窟、克孜尔千佛洞
最美搜索 / 中国西北地区

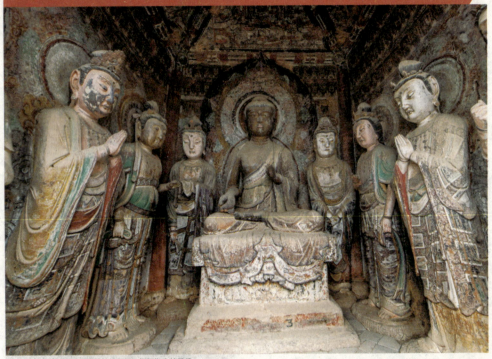

麦积山石窟中驻守着数百尊神情各异、栩栩如生的佛像

　　石窟又称石窟寺院、石室、窟寺、窟院、窟殿。即将山岳之岩质断崖凿成洞窟，并安置佛像以作为寺院者。其起源甚早，公元前一二世纪之古代印度即已有之。法显、宋云、玄奘等旅行游记中即有关于开凿石窟寺院之记载，其中且有保存至今者。我国石窟之开凿，依目前所发现者推知，约在前秦建元二年（366），由沙门乐僔于敦煌鸣沙山试凿开始，盛行于 5 ～ 8 世纪，直至 15 世纪，历时千余年而不衰。现存石窟主要分布在新疆地区（古代的西域）、甘肃西部（古代河西地区）、黄河流域和长江流域地区，在南方也有一些零星分布。从规模或艺术成就而论，敦煌莫高窟、云岗石窟、龙门石窟和麦积山石窟堪称中国

四大石窟。

莫高窟

俗称"千佛洞",前临宕泉,东面三危山,创建于前秦建元二年(366),迄今保存北凉、北魏、西魏、北周、隋、唐、五代、宋、西夏、元代,历时1000多年的多种类型洞窟735个,其中有壁画和彩塑的洞窟492个,壁画45000平方米,彩塑2400余身,唐宋木结构窟檐5座。莫高窟第96窟前建的九层楼,已经成为其标志性建筑。

莫高窟各窟均由洞窟建筑、彩塑和壁画综合构成。现存洞窟中,有形式多样的禅窟、殿堂窟、塔庙窟、影窟等形制,它们是设置宗教雕塑和壁画的神殿,也是僧侣从事宗教活动的场所。从早期石窟到隋唐、宋元,建筑形式不断演变,既有外来艺术成分,也有融合吸收,发展成为中华民族的独特形式。

莫高窟最引人注目的是数量最大、内容最多、色彩最鲜艳的壁画艺术,内容分为佛像画、故事画、经变画、山水画、动物画、佛教史迹画、神话题材画、装饰图案画等,反映了我国历代各民族、各阶层的劳动生活、社会活动、科学技术、音乐舞蹈、民族风情、衣冠服饰等。其中61窟的百戏娱乐、103窟的盛唐壁画、158窟的举哀图、217窟盛唐时期的观无量寿佛经变、257窟九色鹿壁画等都值得一看,而且,各朝代绘画风格不同,构成了一部中国古代美术史。

麦积山石窟

麦积山石窟的开凿年代,大部分学者认为始于后秦,历经北魏、西魏、北周、隋、唐、五代、宋、元、明、清历代都有不断地开凿和修缮,现存造像中以北朝造像原作居多。

与其他石窟相似,麦积山石窟内分为泥塑和壁画两大类艺术形式,由于当地潮湿多雨,所以壁画大多脱落,但泥塑则基本保存完好,既有北朝的"秀骨清像",又有隋唐的"丰满圆润",故有"东方雕塑陈列馆"的美誉。作品上彩不重彩,或者直接用素泥表现佛像质感的独特手法都是麦积山石窟的重要艺术特点。

这里的造像最高大者达16米,最小者仅十余厘米,系统展现了泥塑艺术的发展过程。其中第44窟造像被称为"东方的维纳斯"。西

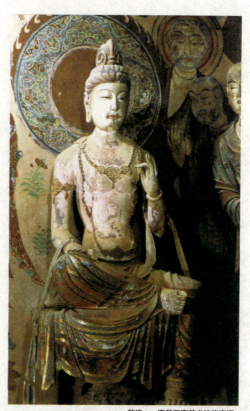

敦煌,一直是石窟艺术的代言词

云冈石窟与敦煌莫高窟、洛阳龙门石窟和天水麦积山石窟并称为中国四大石窟艺术宝库

秦的 78 窟、128 窟的造像的僧衣细致地绘出了图案。西端顶部的车马行人图，无论从哪个角度看车马所走方向均不相同，堪称国内壁画构图之经典之作。

龙门石窟

历史上，洛阳曾是东汉、北魏和武周等朝代的都城，东汉时佛教开始传入中国。北魏皇帝普遍崇尚佛教，而武则天对佛教更是笃信有加。为了表示对佛祖的虔诚，这些朝代在洛阳大兴土木，龙门石窟就是其中最有名的一处。

龙门石窟位于洛阳市东南，伊水两岸的崖壁上，南北长达 1 公里。龙门石窟始凿于北魏孝文帝迁都洛阳（493）前后，迄今已有 1500 多年的历史，先后历经 400 多年的营造，才形成如此庞大的规模。龙门石窟现存石窟 1300 多个，佛洞、佛龛 2345 个，佛塔 50 多座，佛像 10 万多尊，另有历代造像题记和碑刻 3600 多品。龙门造像以北魏和唐代为主。

北魏约占 30%，唐代占 60%，余者散见诸朝。自武则天立为皇后直至改唐为周后，其间近半个世纪，武氏利用佛教为其称帝造舆论，此为龙门广开窟龛的政治原因。石雕技术的日益精湛，给规模宏大、形象逼真的艺术作品的出现提供了保证。在众多的洞窟中，最具代表性的作品有奉先寺、万佛洞、潜溪寺、看经寺等，而大卢舍那佛龛是龙门规模最大、雕刻技法最精湛的一组石雕艺术。此外，魏碑精华"龙门二十品"和唐代著名书法家褚遂良所书《伊阙佛龛之碑》也是书法艺术史上的珍品。

云冈石窟

中国规模最大的古代石窟群之一，与敦煌莫高窟、洛阳龙门石窟和天水麦积山石窟并称为中国四大石窟艺术宝库。云冈石窟距今已有 1500 多年的历史，始建于公元 453 年，大部分完成于北魏迁都洛阳之前，造像工程则一直延续到北魏正光年间。石窟依山而凿，东西绵延约 1 公里，代表了公元 5 ~ 6 世纪时中国杰出的佛教石窟艺术。

云冈石窟按照开凿的时间可分为早、中、晚三期，不同时期的石窟造像风格也各有特色。早期的昙曜五窟气势磅礴，具有浑厚、淳朴的西域风情。中期石窟则以精雕细琢、装饰华丽著称于世，显示出复杂多变、富丽堂皇的北魏时期艺术风格。晚期石窟规模虽小，但人物形象清瘦俊美、比例适中，是中国北方石窟艺术的榜样和"瘦骨清像"的源起。此外，石窟中留下的乐舞和百戏杂技雕刻，也是当时佛教思想流行的体现盒北魏社会生活的反映。

现存主要洞窟 45 个，大小窟龛 252 个、石雕造像 5.1 万余尊，最大者达 17 米，最小者仅几厘米。窟中菩萨、力士、飞天形象生动活泼，塔柱上的雕刻精致细腻，上承秦汉现实主义艺术的精华，下开隋唐浪漫主义色彩之先河。

大足石刻

它最早开凿于唐末，完成于南宋，历时250 年，集儒释道三教造像之大成，以大量民族化、生活化的实物形象和文字史料，展示了公元 9 世纪末至 13 世纪中叶中国石窟艺术风格及民间宗教信仰的重大发展、变化，是中国北方石窟走向衰落之际，在中国南方崛起的又一座大型石窟群。

大足石刻集儒释道造像艺术的精华，最动人之处是极具生活化，让中国佛教艺术从庙堂走向民间，成为中国石窟艺术宝库中熠熠生辉的明珠。规模宏大，雕刻精美，题材多样，保存完整。目前大足拥有石刻 40 多处，现存雕刻造像 4600 多尊，是中国晚期石窟艺术中的优秀代表，以宝顶山和北山石刻最为著名。

克孜尔千佛洞

新疆的石窟遍及古代丝绸之路的东西沿线，位于拜城的克孜尔千佛洞，正处于古西域三十六国的龟兹国境内。这里曾是西域的佛教圣地，也是中国佛窟分布最靠西的地区。

克孜尔石窟始凿于公元 3 世纪的东汉时期，比敦煌莫高窟还要早，直到唐末才渐疏发展。历经 1700 年历史的克孜尔千佛洞是新疆所有石窟中规模最大的一处，这里曾经是繁华的过往之地，是僧侣修行栖身之所，也是虔诚的佛教徒倾力打造的信仰圣地。在拜城县明屋达格山连绵 3 公里的红褐色山崖上，密密麻麻

分布着 230 多个石窟，举目远眺，层层叠起的洞窟非常壮观。

关于克孜尔石窟群留存下的 1 万平方米壁画，有专家说这在世界上是仅次于敦煌壁画的艺术宝库，堪称"中国第二敦煌"。这些壁画大多采用红、绿、蓝三色的晕染画法，远古的天然矿物颜料至今依然散发着艳丽的色彩，犹如一条佛教壁画长廊，令人赞叹不已。当然除了佛教内容以外，石窟群，犹如一条佛教壁画长廊，也有许多涉及耕种、狩猎、商旅往来、音乐舞蹈和民族风貌的画面。

大足石刻是中国晚期石窟艺术中的优秀代表

最美城市风情

Chapter ⑩

城市, 如同人, 有各自不同的历史、现在和未来, 每座城市都在大街小巷间、市井民生中展示着自己与众不同的魅力。无论香港的现世繁华、苏杭的人间天堂、成都的闲适安逸、拉萨的天高云阔, 还是阳朔的青山绿水、台北的华灯璀璨⋯⋯一城一故事, 一市一风景。

上海 /

093

最美理由 /
　　上海，与其说是一座城市，不如说是一种情结。在这座城市里，中西文化、殿堂文化与市井文化，混杂在一起，形成一种特殊的味道"海派"。

最美气候 / 四季皆宜
最美看点 / 外滩、东方明珠、城隍庙、豫园、朱家角、新天地
最美搜索 / 上海

上海，一座饱含七情六欲的城市，充满了多元文化的铺张，张扬着物质欲望的浮华

　　旧时的它，曾有"远东最大城市"之称，烈火烹油的繁华让上海成为多少人心目中的"冒险乐园"。许多生活在上海或者与上海有某种关联的人都对这里充满了浓浓爱意。就像张爱玲那样，发出"到底是上海人"的骄傲感言。

　　上海的精魂在于那条滔滔黄浦江。长江奔

腾几千里后从此入海，有种万众归一的气势，也是对一个故事画出的最后句点。就是这条黄浦江，不知流出了多少故事，千古兴亡，儿女情长，有人哭有人笑，魂牵梦绕到如今。难怪那些"上海滩"题材的影视剧拥有极大的观众群，缘于这里的每一寸土地都书写着传奇的字样。

外滩

上海的美在于它的"洋气"，而外滩则是上海最亮丽的一道风景线。外滩全长约 1.5 公里，东起中山一路，北起外白渡桥，南至金陵东路，面临黄浦江。江畔有 52 幢风格各异的建筑，哥特式、罗马式、巴洛克式、中西合璧式等。

19 世纪后期，外滩是租界最早建设和最繁华之地，许多外资银行在外滩开办投资场所，使它成为"东方华尔街"，对中国近百年来的经济活动产生了巨大深远的影响。在外滩能拥有一小块土地更是财富与荣誉的标志。外滩的建筑大多经过三次或三次以上的重建，各国建筑师在这里大显身手。1 号是"外滩第一高楼"，建于 1913 年，也是上海最年长的高层建筑。2 号上海总会大楼，建于 1861 年，具有"东洋伦敦"之称，曾是上海最豪华的俱乐部上海总会。那个三角形电梯是 90 多年前西门子公司制造的，还有一条长 110 多英尺的吧台，号称远东最长的吧台。外滩著名的建筑 10 ~ 12 号被誉为"从苏伊士运河到白令海峡最考究的建筑"。这里原为汇丰银行上海分行所在地，建于 1923 年，耗资 800 万两白银。底层中部是一个八角形门厅，门厅顶部有八幅彩色马赛克镶拼成的壁画，分别描绘了 20 世纪初上海、香港、伦敦、加尔各答等八大城市的建筑风貌。英国制造了三扇青

黄浦江岸的外滩，分布着 52 幢风格各异的大厦，给人一种"十里洋场"的夜上海之美

铜大门和两旁的铜狮子，而且建成后铜模毁掉，使狮子成为绝版珍品。

东方明珠塔

坐落于黄浦江畔的东方明珠广播电视塔是上海最著名的地标。塔高 468 米，亚洲第一、世界第三。电视塔将 11 个大小不一、高低错落的球体从空中串联到草地上，两个巨大球体与塔下上海国际会议中心的两个地球球体，构成了"大珠小珠落玉盘"的诗意情景。塔两侧的南浦大桥和杨浦大桥形成"双龙戏珠"之势。亚洲最高的旋转餐厅就在塔 267 米高的球体上。在此用餐可饱览浦江秀色，也可欣赏对岸的外滩建筑，这是何等浪漫！

城隍庙

"到上海不去城隍庙，等于没到过大上海"。如果说外滩象征着上海的显贵，那么，城隍庙则是上海最平民化的地方。建筑面积 1 万平方米，包括两座园林。正门为四柱三门，飞檐牌楼上塑有八仙，大殿翠瓦朱檐，峥嵘璀璨。庙里供奉着三位护城菩萨，香火极盛。这里商贾

TIPS

海派"滑稽戏"

活跃在当今脱口秀舞台上的周立波原本就是上海著名的滑稽戏演员。滑稽戏是流行于上海、江苏、浙江一带的特殊剧种。它产生于抗日战争中期，是在上海的曲艺"独角戏"的基础上融合了中外喜剧、闹剧和江南各地方戏曲的影响而逐步形成的。著名的滑稽演员有王无能、江笑笑、刘春山、严顺开等。

美食

上海菜称为"本帮菜"。基本特点是汤卤醇厚，浓油赤酱，糖重色艳，咸淡适口。选料注重活、生、寸、鲜；调味擅长咸、甜、糟、酸。著名本帮菜有"红烧鲴鱼"，色泽红亮，卤汁浓厚，肉质肥嫩。"糟钵头"是把陈年香糟加工复制成，使菜肴糟香扑鼻。

本帮菜还兼容了西点之长。"蟹壳黄"是用发酵面加油酥制成皮加馅的酥饼，饼色酷似煮熟的蟹壳，口感酥松清香。"枣泥酥饼"是用油酥面做皮，黑枣泥为馅，色泽金黄，外皮酥松。"生煎馒头"即生煎包子。用半发酵面包馅，油炸后喷水若干次即熟。"生煎馒头"底部色金黄，馒身白色，软香松酥，肉馅鲜嫩稍带卤汁。

豫园素有"城市山林"之誉，是上海著名的江南古典园林

云集，车水马龙，是购物和品上海小吃的好去处。此处保持着中国古老的城镇街市风貌，红漆木雕门面、青石板砖粗纹路，新建楼群外形也沿袭江南明清园林的风格，氤氲着《清明上河图》里的市井气息。这里浓缩了最地道的"海味"，是上海人对老城厢生活的回味。

新天地

占地 3 万平方米，是石库门改造的代表之作。它既传承了海派文化特色，又是时尚的地标。这片石库门建筑群仍旧保留着 20 世纪 20 年代的风貌，灰色的砖墙屋瓦，但是每座建筑里面则充满了 21 世纪现代人文色彩。国际画廊、时装店、主题餐馆、咖啡酒吧等，无不充满着创意，展示着都市人的生活方式和情感世界。比较有特色的是谭咏麟、成龙等百位香港明星经营的"东方魅力餐饮娱乐中心"，吸引了追星族；台湾艺人杨慧珊开办的琉璃工房主题餐厅，如同一个七彩水晶宫；在露天广场上有许多丰富多彩的参与式表演；石库门博物馆则是再现了 20 世纪初上海一家人的生活情景，让游客沉浸在怀旧的氛围中。

朱家角

位于青浦区中南部，紧靠淀山湖。这里面积 1.5 平方公里，一派小桥流水人家的江南水乡胜景。镇上"长街三里，店铺千家"，花岗岩铺路，遍布青砖黛瓦的明清建筑。小镇有"三多"闻名——名人多，明清建筑多，河埠、缆石、茶馆多。著名景点有慈门寺、珠溪园、课植园等。镇上的扎肉、阿婆粽、麦芽糖等是招人喜欢的小吃。

拉萨 /

094

最美理由 /
　　拉萨是世界上海拔最高的城市之一，年日照3000小时，也是名副其实的"日光城"。这里有世界上海拔最高的宫殿——布达拉宫、世界上最大的藏传佛教寺庙——哲蚌寺、拉萨最古老的寺庙——大昭寺等，孕育了独特的藏族宗教文化。漫步在八廓街，流连于各色酒吧餐吧。皑皑雪山、清澈河流、无垠碧草、明艳野花、成群牛羊、辉煌殿堂、五彩经幡，还有美丽的传说故事。

最美季节 / 3～10月

最美看点 / 布达拉宫（红宫白宫内的珍藏）、大昭寺、哲蚌寺（晒佛仪式）、八廓街、罗布林卡

最美搜索 / 西藏

蓝蓝的天空、纤尘不染的白云、金碧辉煌的寺庙宫殿，6月的拉萨圣洁而美丽

　　"仰望雪域两茫茫 / 风光旖旎草色青青 / 随处都是我心灵的牧场……"一首《我要去西藏》让西藏成为多少游人心中一生必去的地方。

拉萨正是寻梦人追逐的地方。这里海拔3560米，是雪域高原上的一座圣城，拉萨河从城中缓缓流过。这里有着不一样的空气，处处流淌

TIPS

🔲 煨桑节

藏族的一个重要节日，已经具有上千年历史。煨桑节主要是为祭祀祖先和神灵，在藏族人心目中是一个凝聚全族力量和人心的重大盛典。祭祀时将代表藏族的艾蒿、小叶杜鹃等的枝叶，中间摆放上五谷杂粮，然后进行点火祭祀。

🔲 雪顿节

在藏语中，"雪"是"酸奶子"的意思，"顿"为"宴"的意思，"雪顿节"意为"吃酸奶子的节日"。雪顿节在每年藏历六月底七月初到来，这是西藏最为盛大的节日。雪顿节期间，最主要的活动集中在拉萨哲蚌寺和罗布林卡。如是年恰逢哲蚌寺举行晒大佛仪式，那必定人潮涌动，千千万万信徒从四面八方赶来顶礼膜拜，其壮观景象唯有亲眼所见方能体会。而罗布林卡主要进行藏戏表演。看过表演，再在林卡内铺上卡垫、地毯，摆上各种酒和饮料、菜肴，尽享节日的欢乐。

着神秘的气息。香火缭绕的寺院、金碧辉煌的布达拉宫、包罗万象的八廓街，加之现代化的悄悄涌入，车水马龙的景象与雪山牛羊形成强烈的对比。

站在布达拉宫顶上俯瞰拉萨全城，整个拉萨市区掩映在绿树当中。八廓街一带密布着藏式风格的屋舍，经幡飘飘，桑烟荡漾。八廓街是拉萨本来面目保留最完整的街道，街上商铺林立，游人穿梭。街中心的大昭寺是西藏现存最辉煌的吐蕃时期建筑，也是西藏重大佛事活动的中心，如"金瓶掣签"等都在这里进行。西藏人认为，只有到了大昭寺和八廓街，才算到了真正的拉萨。

哲蚌寺、甘丹寺、色拉寺是拉萨格鲁派三大寺院。其中，哲蚌寺是全世界最大的寺庙；甘丹寺是宗喀巴亲自筹建的，是格鲁教派的祖寺；色拉寺内藏有大量的珍贵文物和工艺品，

《甘珠尔》《丹珠尔》经书全是用金汁抄写，十分珍贵。

由于近年来拉萨旅游兴盛，中外游客为这座古老的城市注入了现代风情。八廓街上的酒吧、餐吧是"藏漂儿"、驴友的好去处。岗拉梅朵盛产"拉萨情绪"，并有西藏题材的绘画作品出售；旅行者吧是"藏漂儿"们喝酒聚会的窝点，数年来英超德甲世界杯转播指定看点。这里的酒吧各具特色，是休闲小憩的好去处。

布达拉宫

始建于公元 7 世纪，历代达赖不断扩建，如今看到的是清代建筑。布达拉宫由红宫、白宫两大部分组成。它的宫殿布局、土木工程、金属冶炼、绘画、雕刻等方面均闻名于世，体现了以藏族为主，汉、蒙古、满各族能工巧匠高超技艺和藏族建筑艺术的伟大成就。特别是殿内的金银器皿、珠宝珍奇，让人震惊。五世达赖喇嘛的灵塔高 14.85 米，耗费黄金 11.9 万两，镶满了宝石玛瑙，分外耀眼。

八廓街

位于拉萨市中心，也是西藏风土人情的集结地。八廓街是六角环形街道，围绕着大昭寺而建。按西藏佛教教徒的说法，以大昭寺为中心绕一周称为"转经"，以示对供奉在大昭寺内的佛祖朝拜。这里是拉萨最繁华的老商业街，旅行者可以买到西藏特色纪念品。街区里僻巷幽幽，宫厦套百屋，弥漫着浓郁的藏族文化气息。

大昭寺

位于拉萨老城区的中心，始建于唐贞观二十一年（647），距今已有 1369 年的历史，

是西藏最早的土木结构建筑，开创了藏式平川式的寺庙布局规式。大昭寺殿高 4 层，上覆金顶。整个建筑，金顶、斗拱为典型的汉族风格，碉楼、雕梁则是西藏样式。大昭寺是佛教中关于宇宙的理想模式——坛城（曼陀罗）这一密宗义理的再现。

哲蚌寺

哲蚌寺占地面积 20 万平方米。寺庙沿山势逐层而建，殿宇相接，群楼耸峙。哲蚌寺建筑中出名的有甘丹颇章和措钦大殿。甘丹颇章有三层，每个窗口都种了花。这里曾是一至五世达赖喇嘛居住的地方。西北侧是措钦大殿，供有哲蚌寺的主要信仰物——右

旋法螺。东边有一个半地下的小山洞，是宗喀巴闭关静修的地方，也是哲蚌寺最早的建筑。大殿里的强巴佛像是宗喀巴亲自开光的。大殿旁边有一座西藏最大的厨房，在寺庙全盛时要供一万多名僧侣的饮食。每年雪顿节，哲蚌寺都会举行晒佛仪式，在山坡上展示一幅巨型佛像唐卡。

罗布林卡

位于西藏拉萨西郊，始建于 18 世纪 40 年代，是达赖喇嘛的夏宫。建筑以格桑颇章、金色颇章、达登明久颇章为主体，有房 374 间，是西藏人造园林中规模最大、风景最佳的、古迹最多的园林。内有拉萨唯一的动物园。

大昭寺是西藏重大佛事活动的中心

成都 /   095

西蜀第一街——锦里

　　成都，别称"蓉城""锦城"，自古享有"天府之国"美誉。成都自古为西南重镇，三国时为蜀汉国都，五代十国时为前蜀、后蜀都城。成都是古蜀国文化的重要发源地。成都的文化博大精深，美食文化、休闲文化、茶文化、道教文化、三国文化等在中国人心中影响深刻。

　　1500多年前的晋代诗人左思曾由衷地称成都是"既崇且丽"。不论"诗仙"李白，还是"诗圣"杜甫都曾无限深情地讴歌过这座风姿独具的城市。的确，成都是一座既宁静又繁荣，既有深厚的文化积淀，又有优美环境的城市。

锦里

　　锦里，又称锦官城。号称"西蜀第一街"，被誉为"成都版的清明上河图"。百年木板门，千载石板路。漫游锦官故里，争仰蜀相遗徽。射弩、织锦、客栈，铜锣声声，追寻逝水年华；刺绣、竹编、当铺，花轿悠悠，勾起尘封记忆。

　　"拜武侯泡锦里"。这里，可以让你尽情地"泡"上一个下午、一个白天、一个晚上……深藏在骨子里的小资、小魅力，会在不知不觉中牵动人心。夜晚的"水岸锦里"更加灯影婆娑，幻妙异彩。游离其间，不知此身究竟在梦里，还是在锦里？

武侯祠

　　始建于蜀汉末年，位于成都南门武侯祠大街，是中国唯一的君臣合祀祠庙，由刘备、诸葛亮蜀汉君臣合祀祠宇及惠陵组成。

望江公园

望江公园位于成都市九眼桥锦江南岸，其前身是明清两代时，为纪念唐代女诗人薛涛而先后建起的崇丽阁、濯锦楼、浣笺亭、五云仙馆、流杯池和泉香榭等建筑，民国时辟为望江公园。

杜甫草堂

杜甫草堂坐落于成都西郊浣花溪畔，是中国唐代大诗人杜甫流寓成都时的故居。杜甫草堂面积 240 余亩，是格局典雅、建筑古朴、庭园幽美的文化古迹名胜，也是杜甫行踪足迹中规模最大、保存最完好、馆藏最丰富、最为引人注目的地方。

宽窄巷子

宽窄巷子以"老成都的新名片，新成都的老客厅"，代表了最成都、最市井的民间文化。原住民、龙堂客栈、精美的门头、梧桐树、街檐下的老茶馆……构成了宽巷子独一无二的吸引元素和成都语汇。成都是天府，窄巷子就是成都的"府"，展示成都的院落文化。这种院落文化代表了一种传统的雅文化：宅中有园，园里有屋，屋中有院，院中有树，树上有天，天上有月。

春熙路

这条取"熙来攘往，如登春台"美意的商业街，已成为成都魅力的代名词，是成都的时尚公告牌，近一个世纪的商业人气和成都美女都流经这里；它是成都的流行文化站，全国的街头潮流和品牌在这里跳动着同一脉搏。

📖 茶馆文化

成都的茶馆有大有小，既有上千个座位的大排场，也能三五张桌凑成一个小局。茶馆有一整套规矩，从待客的态度、铺面的格调、使用的茶具、泡出的茶汤、操作技艺等，都有要求。正宗川式茶馆是紫铜茶壶、锡茶托、景瓷盖碗、圆沱茶、茶博士，一个都不能少。

🍜 美食

成都是"美食之都"，有"吃在中国，味在成都"之说。"川菜"是中国四大菜系之首，代表菜品有麻婆豆腐、回锅肉、宫保鸡丁。川菜有"七滋"（酸、甜、苦、辣、麻、辣、香、咸），"八味"（鱼香、麻辣、酸辣、干烧、辣子、红油、怪味、椒麻），"九杂"（用料之杂）之说。常见味型有鱼香味型、怪味型、麻辣味型等 20 多种，花色品种 4000 种以上。

成都小吃更是遍地开花，著名的有双流兔头、夫妻肺片、二姐兔丁、传统锅魁、担担面、龙抄手、钟水饺、韩包子、叶儿粑、甜水面、三大炮、赖汤圆、三合泥、蛋烘糕、渣道面、奶汤面等。

川剧变脸

香港 /   096

最美理由 /
　　香港很小，这座小而美的城市，最具魅力的地方在于它密密切切容纳着无数的生活方式，亦中亦西，华洋杂处，港派风流，真真是看不完的风情万种。香港，是一个丰富的袖珍城市，非常适合慢慢逛。它的公共交通工具各具特色，魅力无穷。比如，一身历史味道的天星小轮，非常花样年华的有轨电车，在山道上飘得风骚的双层巴士，世界上最长的半山电动扶梯，动人心魄的山顶缆车，明净贴心的地铁，驶往广大离岛的渡轮，当然还有冷气十足的的士。

最美季节 / 10 月～次年 3 月
最美看点 / 铜锣湾、旺角、维多利亚港、中环、太平山顶、浅水湾、迪士尼
最美搜索 / 香港

太平山顶眺望的香港景色是这片土地最华丽的篇章

　　香港是国际化大都市、亚洲地区的金融中心、世界上最自由的贸易港、国际旅游中心等。它的历史虽然不长，但充满传奇。100 多年前，这里由名不见经传的小渔村，在历史的选择中，发展成国际化大都市，活脱脱是一个"灰姑娘"华丽变身的城市版本。香港发展的各个时期，况味也截然不同。张爱玲笔下的是 20 世纪 40 年代的香港，沧桑而华美；亦舒文章中的是 70 年代的香港，喧嚣而杂乱……而如今的香港，巧妙地保留了这些时代的印记。中环，代表了香港的繁华富庶，是港人留给世人的第一印象；上环，则是香港华丽转身之后的一块清幽静地，是港人的烟火人生。

　　维多利亚港是香港作为"东方明珠"的象征，也正是它，为香港经济的发展推波助澜。这里港阔水深，是天然良港，奠定了香港作为世界贸易自然港的基础。香港由此腾飞。港口两岸的香港岛和九龙半岛高楼密布，入夜后的那片万家灯火，见证了香港的繁荣。这也使"维港夜景"成为世界三大夜景之一。每逢香港特别节庆，维港便会举行盛大的烟火会，其中的

"幻彩咏香江"激光表演成为"全球最大型灯光音乐会演"。游人可以乘坐自 1898 年起便开始使用的"天星渡轮",饱览维港夜色。坐在这古旧的渡轮上,任凭海风吹拂,欣赏两岸风光,静静地体会香港的万种风情。

香港是一副"欢乐"的表情。海洋公园是全世界最快乐的海洋主题游乐园。这里的海豚表演令大人孩子捧腹大笑。迪士尼乐园吸引了全世界的成人和儿童,大人们在此重拾童趣,孩子们则由此进入梦幻中的世界。

香港也有"市井"的一面。例如,著名的庙街、"平民夜总会"大笪地等,这些地方都极具草根味儿。此间有南拳北腿卖武人、唱戏卖艺人、看手相面相的、卖凉茶的等,三百六十行的小贩们叫卖吆喝着,热闹非凡。

如果想感受一下香港喧嚣背后的宁静,不妨去上环如棋布阵般的里巷间走走。这里随处可见古老的欧式建筑物,叫人疑心置身欧陆。当思维还没转过来时,转角间又与中式的庙宇撞了照面,在不经意中传统又被保留了下来。如果想歇歇脚,在路边摊上叫一杯奶茶,或者钻进茶餐厅要几样小点;要不然,索性坐上叮叮车,随意而行。

铜锣湾

铜锣湾是香港主要的购物区之一,包括时代广场、世贸中心、崇光百货、三越百货与利舞台广场等。露天市场如渣甸坊,则专售大众化成衣及时髦饰品。不仅如此,铜锣湾还是香港的美食胜地,充满了地道的港式风情的茶楼和酒楼。如果时间充足的话,还可以搭乘电车到跑马地马场小赌一把。

赛马场最能展现香港深入骨髓的活力与激情

旺角

旺角是九龙的心脏地带,是传统与现代交错的地区。以弥敦道为界,以东是购物中心集中地,以西则是住宅区。这里到处是老房子,没有电梯的老式唐楼、开在影音器材店旁的鱼蛋档、女人街里物美价廉的杂货,连街道的名字都是洗衣、豉油、通菜,处处洋溢着柴米油盐的生活气息。旺角是香港平民社会的最佳缩影。

维多利亚港

维多利亚港水面宽阔,景色迷人,被称为"世界三大夜景之一"。尤其是每晚 8 点准

摩天大楼林立的中环是香港的心脏，是香港最华美的乐章

时开始的"幻彩咏香江"活动，香港岛沿岸的18幢主要建筑物一齐亮起璀璨灯光，加上激光舞动，并配以音响效果和旁白。每逢周六和周日，有时会有小型烟火会演配合。在特别日子，如"五一"劳动节、香港回归纪念日，幻彩咏香江会特别加插烟火效果。音乐、灯光、海风映衬着梦幻般的香港维多利亚港的夜景。维多利亚港湾的金紫荆广场及香港会议展览中心是香港的标志，每天早上在金紫荆广场都会举行国旗和特区区旗的升旗仪式。

中环

常被比喻为"香港华尔街"的中环，是英国侵占香港岛后最早开发的地区。第二次世界大战战后初期，中环已经成为香港的经济、商业和交通中心。香港特区政府、立法局、香港廉政公署、终审法院等政府办公机构，香港中国银行、恒生银行、渣打银行和汇丰银行4大著名银行都在这里。中环也是一个精彩的购物乐园，顶级购物商场林立，还有一个集全世界美食于一身的 SOHO 美食区。乘着夜色还可以到几乎成为夜香港标志的兰桂坊一游。

太平山顶

香港最著名的游览胜地之一。山顶设有很多专为游客观景的设备，从山上俯瞰维多利亚港及九龙半岛，一览无余。"旗山星火"就是指从太平山顶观看港岛夜色之美。最佳观赏位置为狮子亭和山顶公园。太平山山顶缆车从1888年开始投入使用，已有100多年的历史。

海洋公园

公园占地170英亩。有海洋馆、海洋剧场、水上乐园、花园剧场、金鱼馆及仿照历代文物所建的集古村等。海洋展览馆有250多种鱼，数量达2000多条。最吸引人的是海豚、海狮表演。

兰桂坊

位于中环。香港时尚男女夜生活的最佳去处，来往这里的多是白领人士。这里的餐厅酒吧充满了欧陆情调。每年圣诞节平安夜和新年春节的除夕狂欢夜，当倒计时的那一刻，人们发出的欢呼声将 HIGH 到极致。

浅水湾

香港最具代表性的泳滩，也是香港最高档的住宅区之一。"香港八景"中的"浅水丹花"即指碧水与万紫千红的杜鹃花交相辉映的景象。浅水湾海滩绵长，沙滩宽阔，水清沙细，风平浪静。著名的浅水湾酒店旧址已成为"影湾园"商场，内有高级商店和餐厅。

台北 /

097

最美理由 /
　　台北是个物质繁荣又不愿精神放浪的地方。台北的车水马龙，高楼大厦，常常让人忽略了它的许多细节之美。是的，它是奢靡的：入夜后人潮涌动、灯火阑珊；但它更是市井的、亲切的：摩天大厦旁是老旧的平房民居，入夜后最热闹的地方更数士林小吃街。

繁荣光鲜的背后，流露出深深植根在台北的人情味与生活质感。
最美季节 / 3～5月，10、11月
最美看点 / 台北"故宫博物院"、阳明山、101大楼、"几米"地下铁、中山北路、西门町
最美搜索 / 台湾

华灯璀璨的台北

　　台北及其周边几乎是每个来台湾旅游的人的第一站，集中了台湾众多的自然和历史人文景观，其中，台北"故宫博物院"仿北京故宫样式设计，阳明山不仅是一座著名的火山遗址公园，还拥有丰富的动植物资源。每年春天，漫山的樱花将阳明山装点得明媚动人，成为台北的一大赏花盛事。台北101楼是台北时尚之地，北投温泉是跟阳明山温泉、关子岭温泉、四重溪温泉并列的台湾四大名泉，开启了台湾的温泉文化，是台北著名的温泉乡；基隆炮台则见证了台湾百年的风雨历程。淡水的湖光山色为其赢得了"东方威尼斯"的称号。除此之外，台北也是时尚的、活力四射的。玻璃幕墙高耸的摩天大楼、繁华前卫的西门町、曼妙的时尚

无论节假日还是夜幕低垂，不管刮风下雨还是艳阳高照，西门町总是人潮汹涌

女郎、热闹美味的夜市……物质之外，台北还有宁静的咖啡馆、书香飘动的特色书店，在繁花似锦中，透着一股人文气息，内敛、轻灵。

台北"故宫博物院"

台北"故宫博物院"于1965年孙中山诞辰纪念日落成。整座建筑仿北京故宫样式设计，但远远望去又有些南京紫金山的气势，是两者的完美结合。"故宫博物院"典藏品数量近70万件，其中以陶瓷、书画、青铜器最为完整。

阳明山

阳明山公园是大型自然公园之一，这里气候温和，无严寒酷暑，一年四季，景色各异，尤其是春季，漫山遍野的杜鹃花与樱花齐放，团团似锦，还有梅花、茶花、桃花、李花、杏花等争芳斗艳。到阳明山公园赏花的最好季节一般从2月21日至4月5日，历时一个半月。

101大楼

台北101，位于台北市信义区，总高度达508米，又名台北国际金融大楼，因层高101，故称"101楼"。其鹤立于台北建筑群之上的造型，犹如破竹节节高升，有着极强的视觉效果。这里不仅是台北的金融中心，也是台北的时尚情报站，因为聚合了时尚服饰区、名牌精品区、化妆品专柜、书店，以及各大餐厅、美食街不同风味的美食，而成为一个具有复合功能的综合性大楼。

中山纪念馆

中山纪念馆是为纪念孙中山百年诞辰而

兴建的，主体建筑于 1972 年建成，是一座有着中国宫殿式外形的雄伟建筑。纪念馆与馆外的中山碑林和中山公园形成一体，是台北闹市中一个洋溢着书香的庄重肃穆所在地。

士林夜市

士林夜市是台北地区最具规模的夜市之一。每当华灯亮起，士林夜市即步入繁华。士林郭葱油饼、士林十全排骨、士林蚵仔煎，家传三代的吉利红烧鳗羹、呛辣有劲的忠诚号生炒三鲜、豪大大鸡排、铁板烧等都是士林夜市出了名的美味。

捷运南港站"几米"地下铁

台北的捷运相当有名，而捷运南港站非去不可："这是台湾设置捷运公共艺术以来，首次将本土创作者的经典作品融入车站设计，是台北最值得参观的捷运站。"南港捷运站整体风格很明亮，站内充满几米的大型壁画，南港站二号出口的阶梯，将历年作品中的代表性人物，融合成一幅仅南港站独有的壁画。

中山北路

中山路原本就是台北城中极富文化底蕴的一条路，其中中山北路一段更是台北历史最悠久、渗透着异国风情的林荫大道，尤其是中山北路一至二段，近年许多创意工业进驻，有各种颇有特色而且气氛悠闲的小店。

西门町

西门町位于台北市万华区东北方，是台北西区最重要的消费商圈。曾有人说过："不到台北市，不知道台湾的繁华；不到西门町，不知道台北的热闹。"无论节假日还是夜幕低垂，不管刮风下雨还是艳阳高照，台北地铁西门町站总是人潮汹涌。

台北"故宫博物院"汇聚了当年北京故宫博物院、古物陈列所、颐和园和国子监的重要文物

昆明 / 　　　　　　　　　　　　098

最美理由 /
　　春城无处不飞花，无论是热闹的街头，还是平民的院落，都可见到色彩缤纷的花卉。尤其是红塔路和圆通山的樱花、黑龙潭的蜡梅、金殿的山茶花等，都是赏花的好去处。

最美季节 / 四季皆宜
最美看点 / 翠湖、滇池、大观楼、太和宫金殿、石林
最美搜索 / 云南

翠湖是昆明的眼睛

春城昆明草木常绿，鲜花常开。在得天独厚的自然环境下，这座城市散发着温馨、散漫的韵味。行走在昆明街头，只见满街怒放的三角梅，笑意盈盈，把这座城市装扮得美轮美奂。悠闲的人们悠然而过，没有大城市的步履匆匆，一切都在从容不迫中进行。

林徽因曾感叹"昆明永远那么美，不论是晴天还是雨天"，杨朔说"一脚踏进昆明，心都醉了"。透过这些生动的文字，现实中昆明的芳踪也是处处可寻。

翠湖

来昆明一定要去翠湖探春。汪曾祺先生称"翠湖是昆明的眼睛"。翠湖岸边杨柳依依，翠色养眼。如果是春天来到翠湖，还能赶上郁

金香展览，让人徜徉花海而忘返。同时还能有幸与来此越冬的红嘴鸥亲密接触。"翠湖观鸥"是昆明最热门的景观之一。游人在此可以喂食红嘴鸥，消磨掉大半天时光。湖畔的休闲小店，也是消磨时光、慵懒度日的好去处。

金马碧鸡坊

市内的地标"金马碧鸡坊"位于中轴线的三市街与金碧路交叉口。牌坊高 12 米，宽 18 米，雕梁画栋，精美绝伦，具有典型的昆明民间建筑特色。它始建于明宣德年间，至今已有近 600 年的历史。在金马碧鸡坊后面是一片酒吧，晚上热闹非凡，是体验昆明夜生活的地方。

滇池

昆明市西南的滇池是云南省面积最大的高原湖泊，素有"高原明珠"之称。滇池最美之处在于它一日多变，水色可随着日色、云彩而发生变化。滇池水面宽阔，富有大海的雄浑，在此泛舟，可谓优哉游哉。滇池畔的大观楼是中国十大名楼之一，"千秋怀抱三杯酒，万里云山一水楼。"这座三重檐琉璃戗角木结构建筑，以"天下第一长联"而闻名于世。长联由清代著名诗人孙髯翁所撰，共 180 个字，赞美

TIPS

🍴 **美食**

昆明拥有众多令人垂涎欲滴的美食。尤其是融合了民族风味的小吃，制作方法或烤或腌或冻，所用器具或石板或香竹或羊皮，引人入胜。在昆明美食文化中"山珍"占有重要地位，各种菌类纷纷登场。

昆明菜有点辣，口味比较重。昆明名菜"青椒松茸"是用红青辣椒和松茸片加上蒜炒制而成，炒好之后浇上肉汤。"凉拌米线"是用各种调料配好的米线加入花生末、芝麻粒、韭菜、木耳等。"红烧鸡枞"是昆明的一种野生菌，十分嫩香。

ℹ️ **贴士**

昆明的花市一定要逛，可以感受到什么是"花的王国"。鲜切花价格低廉，可以购买。

景，叹往昔，对仗工整，韵律优美。

金殿

位于昆明市区东北郊 7 公里，是云南著名道观。它是我国现存最大、最完整的纯铜铸殿。金殿为方形，重檐歇山式建筑，长 6.15 米，高 6.7 米，所有构件全部用铜铸成或锻成，总重约 200 吨。

斗南花市

距昆明市 18 公里。斗南花乡拥有鲜切花基地 6000 余亩，这里是鲜切花交易市场，是体验昆明"花城"的最佳之处。

广州 /

099

最美理由 /

广州有着 2200 多年的文明历史，南越王墓、陈家祠、光孝寺、西关大屋等众多古迹展示了广州悠久的历史。三元里平英团遗址、黄花岗七十二烈士墓、广州公社旧址、黄埔军校旧址等著名景点见证了广州近代史。白云山、越秀公园、流花湖公园、麓湖等自然景观各具看点。同时，广州还是美食和购物的天堂，老西关里各种别具风味的小吃，遍布市区形形色色的市场，上下九路商业步行街、北京路商业步行街等都让中外游客流连忘返。

最美季节 / 10 ~ 12 月

最美看点 / 沙面、陈家祠、西关大屋、余荫山房、白云山

最美搜索 / 广东

广州融汇中外文化之精华

广州，融汇中外文化之精华，形成了独特的岭南文化。岭南画派、岭南建筑、岭南园林、岭南盆景、广东音乐、粤剧、粤菜、粤语以及城市景观、生活习俗等，都体现了岭南文化的风格。色、香、味、形俱全的粤菜及中外各色风味饮食，为广州带来"食在广州"的美称。

冬春时节的广州是一片花的海洋，处处花团锦簇。夏季的广州炎热多雨，清凉的水上活动既可消夏避暑，也可体验水上运动的舒爽。长隆水上乐园、广州世界大观、长隆欢乐世界、美森欢乐营等娱乐场所极具诱惑力，还可以去碧水峡漂流玩漂流，体验惊险之旅。秋季的广州凉爽多风，适合扫货。可到上下九步行街、北京路步行街等知名商业街购物，定会满意而归。

铺天盖地的粤语、大街小巷的鲜花、美味的粥品靓汤，让现代化的广州，仍保留着市井气息，漫步街头，各色靓仔靓女定会吸引你的眼球。

沙面

沙面以其 0.3 平方公里的袖珍之地却拥有大量的欧式建筑而著称，现在许多国家的使馆如美国、英国等都还设在这里。沙面岛上有150 多座欧洲风格建筑，其中有 42 座特色突出的新巴洛克式、仿哥特式、券廊式及中西合璧风格建筑，是广州最具异国情调的欧洲建筑群。

陈家祠

陈家祠是中国清代宗祠建筑。原称陈氏书院。该祠规模宏大，装饰华丽，是广东地区保存较完整的富有代表性的清末民间建筑。陈家祠始建于清光绪十四年（1888）。以大门、聚贤堂和后座为中轴线，通过青云巷、廊、庑、庭院，由大小 19 座建筑组成建筑群体，各个单体建筑之间既独立又互相联系。

西关大屋

西关大屋，俗称古老大屋，是中国广州市荔湾区西关一带兴建的富有岭南特色的传统民居，多为名门望族、官僚巨贾所建。一般每座大屋面积 400 平方米，从入门起设有门厅、天井、轿房、神厅、内房、房厅，还有青云巷、挂廊、花局、庭院等布置，内部装饰多采用木刻的花楣、花罩、屏风和满洲花窗，门前有水磨青砖石墙、矮角门、趟拢门、回字门廊等。西关大屋平面布局狭长，独特的结构又利于穿堂风，故有冬暖夏凉的优点。

余荫山房

余荫山房，又名余荫园，位于广州市番禺区南村镇东南角北大街。余荫山房为清代举人邬彬的私家花园，始建于清同治五年（1866），距今已有 140 多年历史，以小巧玲珑、布局精细的艺术特色著称。

白云山

白云山，作为"广州第一秀"分别以"白云松涛"和"云山锦绣"胜景两度被评为"羊城新八景"之一。每逢九九重阳佳节，羊城人民更以登白云山为乐事，届时，扶老携幼，人流熙熙攘攘的热闹场景便构成羊城一幅独特的风情画。

陈家祠以优美的民间装饰艺术而位列"百粤冠祠"、"广东民间工艺博物馆"

杭州 /

100

最美理由 /
　　"人间天堂"的美在杨柳依依、映日荷花的西湖畔，在清香迎面的梅家坞，在茶楼林立的市井中、在满城桂香的浮动中。而其中，最美的是"暖风熏得游人醉"的西湖。西湖是一幅山水画，很少有外国人能读懂它，因为它的深意绝不仅仅是画面上那简单的几笔而已。

　　如果去别的地方叫作"逛"，西湖是断不能用这个字的，配得上西湖的那个字，应该叫"品"。
最美季节 / 四季皆宜
最美看点 / 西湖、南山路、灵隐寺、龙井、西溪湿地
最美搜索 / 浙江

杭州是一座让南来北往的游子可以诗意栖居的地方

　　忆江南，最忆是杭州，三月天的烟柳西湖、清明前后的龙井馨香、心诚则灵的灵隐问佛、流连不忍归的西溪、情调十足的南山路、霓虹闪烁的钱塘江畔，这就是杭州。

西湖

　　西湖处处有胜景。"西湖十景"，形成于南宋时期，分别为：苏堤春晓、曲院风荷、平湖秋月、断桥残雪、柳浪闻莺、花港观鱼、雷峰夕照、双峰插云、南屏晚钟、三潭印月。每处都有一长段的故事，每处都是一首诗。

　　从断桥开始游西湖是再合适不过的了，白娘子和许仙曾在这里相遇。保俶塔是西湖的标志性景观，而断桥是看保俶塔的最佳地点。"断桥残雪"是西湖十景之一。

　　西湖上有两条著名的长堤，那就是苏堤和白堤。白堤从断桥开始，过锦带桥，止于平湖秋月，长1公里，把西湖划分为外湖和里湖，并将孤山和北山连接在一起，从而形成"孤山不孤"。白堤最著名的景观是"一株杨柳一株桃"，春天在白堤上行走或骑车，暖风熏面，

最能给人江南的感觉。

南山路

这条两边有着茂密法国梧桐的濒临西湖的路，酒吧、餐馆、茶楼、咖啡馆林立。中国美院就在南山路上，附近的劳动路上还有杭州碑林，所以南山路上汇集了一大批画廊，是一个艺术氛围非常浓厚的地方。"西湖十景"之一的"柳浪闻莺"公园就在这条路上。

南山路一带还可以寻访到宋美龄故居、潘天寿故居、恒庐、澄庐等老房子，旁边有一条叫广福里的小巷，是戴望舒笔下的"雨巷"。

灵隐寺

1600 多年前印度僧人慧理来到这里，见山峰奇秀，以为是"仙灵所隐"，在这里建寺，取名"灵隐寺"。灵隐寺又叫"云林禅寺"，是我国佛教禅宗十大名刹之一，香火旺盛，创建于东晋。大雄宝殿内的释迦牟尼坐像由 24 块香樟木雕刻而成，是我国最大的木雕坐式佛像。

龙井

龙井又名龙泓、龙湫，位于西湖西南的凤篁岭上。龙井最出名的当然是龙井茶，老龙井有御封的十八棵茶树。龙井茶有狮、龙、云、虎四个品类。狮字号为龙井村狮峰一带所产，龙字号为龙井、翁家山一带所产，云字号为云栖、梅家坞一带所产，虎字号为虎跑、四眼井一带所产，以"狮峰龙井"品质最佳。

西溪湿地

西溪，古称河渚。这里茂林修竹，河港纵横，芦苇满荡，是杭州最后一片江南水乡，自然而富野趣。西溪自古就是隐逸之地，秋雪庵、泊庵、梅竹山庄、西溪草堂在历史上都曾

西溪湿地是杭州最后一片江南水乡，自然而富野趣

是众多文人雅士开创的别业。在西溪，你可以泛舟湖荡港汊，可以垂钓河塘柳荫，秋风中可以观柿听芦，冬日里可以探访梅花，也可以在初春时踏青漫步，在夏日下采菱赏荷，野趣妙意，令人流连忘返。

虎跑梦泉

位于西湖南面大慈山麓虎跑路。唐元和年间这里有定慧寺，民间传说唐代性空大师游历此山，发现这里风景优美，只是无水源，决定去别处，忽然有神人告诉他将有两只老虎来挖泉。翌日，果然有二虎跑山出泉，故名"虎跑"。泉水甘冽醇厚，纯净无菌，宋苏东坡赞虎跑泉诗中，留有"道人不惜阶前水，借与匏尊自在尝"的佳句。从此"龙井茶叶虎跑水"被称为"西湖双绝"。

责任编辑： 王欣艳
文字作者： 《图行世界》编辑部 刘樱姝 万佳 吴敏 刘立 吴曦 李屏
图片作者： 刘立 刘凤玖 刘湘波 王来君 黄橙 于怀 滕卫华 巴戈
shutterstock/ 达志影像 全景 视觉中国
装帧设计： 何 睦
责任印制： 闫立中

图书在版编目（CIP）数据

中国最美 100 个地方 /《图行世界》编辑部编著 . --
3 版 . -- 北京：中国旅游出版社，2016.10（2022.1重印）
（图行世界）
ISBN 978-7-5032-5664-6

Ⅰ . ①中… Ⅱ . ①图… Ⅲ . ①旅游指南－中国 Ⅳ .
① K928.9

中国版本图书馆 CIP 数据核字 (2016) 第 204716 号

书　　名： 中国最美 100 个地方

作　　者： 《图行世界》编辑部编著
出版发行： 中国旅游出版社
　　　　　　（北京静安东里6号　邮编：100028）
　　　　　　http://www.cttp.net.cn E-mail:cttp@mct.gov.cn
　　　　　　营销中心电话 010-57377108
经　　销： 全国各地新华书店
排　　版： 北京红方众文科技咨询有限公司
印　　刷： 三河市同力彩印有限公司
版　　次： 2016 年 10 月第 3 版　　2022年 1月第 5 次印刷
开　　本： 787 毫米 ×1092 毫米　　1/16
印　　张： 17
字　　数： 221 千字
定　　价： 59.00 元

I S B N 　 978-7-5032-5664-6